Knaur

Über den Autor:

Horst-Eberhard Richter, Professor Dr. med. et phil., geboren 1923, Psychoanalytiker, Psychiater und Sozialphilosoph, ehemaliger Geschäftsführender
Direktor des Psychosomatischen Universitätszentrums in Gießen, ist gegen-
wärtig Direktor des Sigmund-Freud-Instituts in Frankfurt am Main. 1980
erhielt er den Theodor-Heuss-Preis. Zahlreiche Buchveröffentlichungen, u. a.
*Eltern, Kind und Neurose, Patient Familie, Die Gruppe, Lernziel Solidarität, Flüchten
oder Standhalten, Der Gotteskomplex, Die Chance des Wissens* und zuletzt *Wanderer
zwischen den Fronten.*

Horst-Eberhard Richter

Das Ende der Egomanie

Die Krise des
westlichen Bewusstseins

Knaur

Besuchen Sie uns im Internet:
www.knaur.de

Vollständige Taschenbuchausgabe 2003
Droemersche Verlagsanstalt Th. Knaur Nachf., München
Copyright © 2002 by Verlag Kiepenheuer & Witsch, Köln
Umschlaggestaltung: Agentur Zero, München
Umschlagabbildung: dpa, München
Satz: Ventura Publisher im Verlag
Druck und Bindung: Clausen & Bosse, Leck
Printed in Germany
ISBN 3-426-77655-3

2   4   5   3   1

Der moralische Fortschritt ist davon abhängig, dass die
Reichweite des Mitgefühls immer umfassender wird.
Er ist nicht davon abhängig, dass man sich über die
Empfindsamkeit erhebt und zur Vernunft vordringt.

Richard Rorty, 1994

Inhalt

Vorwort

Manie heißt in der Psychiatrie eine Krankheit. Wer von ihr befallen ist, strotzt vor Selbstüberschätzung, hält sich für das Maß aller Dinge und lässt sich in seinen Ansprüchen durch keine Bedenken oder Schuldgefühle hemmen. Niemand ist da, vor dem der Maniker sich verantworten zu müssen glaubt. Er sieht keine Bindung mehr, die ihn verpflichtet oder die ihm selbst Halt geben könnte oder müsste. Wer sich in dieser Weise plötzlich in seinem Wesen verändert, wird zumeist als Patient erkannt und hat damit das Glück, zum eigenen Wohl und zum Schutz seiner Angehörigen in psychiatrische Betreuung zu gelangen.

Manische Züge können aber auch in chronischer Form in eine Charakterstruktur so eingebunden sein, dass die Pathologie der Größenideen schwer durchschaubar wird. Intelligenz, Willenskraft und suggestive Ausstrahlung können solche Persönlichkeiten sogar instand setzen, mit ihren Grandiositätsvisionen große Gruppen mitzureißen. Die Gruppe, die Organisation oder eine ganze Ethnie wird auf diese Weise von Selbstüberschätzung und rücksichtsloser Ansprüchlichkeit erfüllt, wozu der Verführer in der Regel nur deswegen erfolgreich beitragen kann, weil ihm die Mitwelt bereits mit passenden Erwartungen entgegenkommt. Sogar demokratische Strukturen schützen nicht automatisch davor, dass solchen Typen der Aufstieg zur Spitze gelingt.

Aber was ist, wenn der Geist einer ganzen Kultur von manischen Zügen gefärbt ist? Betrachtet man die neuere Entwicklung im Westen, so kann man sich schwerlich der Deutung Freuds von 1930 entziehen, dass der westliche Mensch sich mehr und mehr durch Verinnerlichung Züge angeeignet habe, mit denen er zuvor in gläubiger Verehrung das Bild

Gottes ausgestattet sah. In einem einzigartigen Eroberungszug, gestützt auf technische Ausnützung wachsenden Wissens, ist der Westler inzwischen so etwas wie ein »Prothesengott« (Freud) geworden, der in manischer Überheblichkeit nahe daran ist, sich mit seinen technischen Machtmitteln zu verwechseln, speziell mit seiner neuen Herrschaft über die Gene, durch die er in eine ungeahnte Schöpferrolle hineinzuwachsen im Begriff ist. Zudem hat er sich ein atomares Zerstörungspotential verschafft, das einen amerikanischen General beim Anblick der Bombardierung Hiroshimas bereits an die Verhängung des Jüngsten Gerichtes von Menschenhand denken ließ.

Zur manischen Krankhaftigkeit passt auf der anderen Seite die Verleugnung der eigenen Zerbrechlichkeit oder – andersherum formuliert – das wahnhafte Erstreben einer totalen Unabhängigkeit. Damit geht die Unfähigkeit einher, sich in eine Welt sozialer Gerechtigkeit einzufügen oder eine solche überhaupt für notwendig zu halten. Vielmehr ist alles auf ein Siegen-Müssen abgestellt, Siegen über die Konkurrenz, Siegen über die Naturgewalten, Siegen aber auch über diejenigen eigenen Gefühle, die schwach machen, wie Skrupel, Bangen, Hingabe, Leiden, vor allem auch Mitleiden. Denn in all dem steckt Abhängigkeit, deren Fesseln man unbedingt loswerden will.

Genau wie der manisch Kranke fürchtet, aus der Höhe seiner rauschhaften Grandiosität und scheinbaren Allmacht in ein depressives Loch zu stürzen, so soll der Fortschritt, wie er noch immer verstanden wird, uns von den Resten von Ohnmacht und Hilflosigkeit befreien, die umso mehr schrecken, als man sich keiner Instanz mehr sicher ist, die Trost und Versöhnung spenden könnte.

Geradezu idealtypisch hat es die führende Weltmacht übernommen, diese manischen Züge sinnfällig zum Ausdruck zu bringen. Hier führt die Wissenschaft die Expedition der Gentechniker und Biomediziner an, die in neuer Variante Huxleys »Schöne Neue Welt« planen und die Evolution in die eigenen Hände nehmen. Hier ist man allen anderen in militärischer und wirtschaftlicher Macht so weit voraus, dass man es nicht mehr nötig zu haben glaubt, sich etwa bei Umweltschutz-Konventionen, bei der Kontrolle der Biowaffen oder bei dem Vorhaben eines Internationalen Strafgerichtshofes gemeinsamen Vereinbarungen unterwerfen zu müssen. Ein gigantischer Raketenschutzschild, gegen den ABM-Vertrag durchgesetzt, soll erlauben, alle anderen atomar zu bedrohen, ohne eigene Verletzung befürchten zu müssen.

Der 11. September hat mehr lädiert als den Unbezwingbarkeitsglauben der Amerikaner. Er hat das gesamte westliche Selbst in seinen manischen Allmachtsträumen erschüttert. Er hat Ängste bloßgelegt, deren panische Abwehr wiederum an den Trotz der psychotischen Maniker erinnert, die alle mäßigenden und beschwichtigenden Einwirkungen zurückzuweisen pflegen, um sich in ihrem himmlischen Selbstgefühl nicht irritieren zu lassen. So hat sich der Westen auf der Stelle um die verwundete Führungsmacht geschart, nicht um eine gezielte Verfolgung der Täter aufzunehmen, die man ja bis heute nicht einmal identifiziert hat, sondern um sich selbst und aller Welt diejenige Art von kriegerischer Power vorzuführen, die gerade nicht, wie eben bewiesen, vor den Mitteln des modernen Terrorismus schützt. Die notwendige Bestrafung der eigentlichen Täter ist eine Sache. Eine andere ist es, aus der unerwartet aufgedeckten eigenen Verletzbarkeit zu lernen, dass der bisher eingeschlagene Weg zur Erfüllung der Allmachtshoffnungen in die Irre führt. Das herrschende egomanische Selbstbild ist also in Frage zu stellen, und es gilt zu lernen, dass ein Fortschritt zu kultureller Humanisierung nur gemeinsam und in Gerechtigkeit, nicht aber, wie es heute noch scheint, im Siegen der einen und im Zurücklassen der anderen möglich ist.

Ob das je gelernt werden kann, hängt nicht von klugen Theorien oder von moralischen Appellen ab, sondern davon, ob sich spontan ein Bewusstsein der Verbundenheit und des Aufeinander-Angewiesenseins ausbreitet. Für die Egomaniker klingt das nur nach Einschränkung, Verzicht, nach altmodischem Gutmenschentum. In Wahrheit heißt es, die heutige Stufe, die immer noch von der Unreife überkompensatorischer männlicher Omnipotenzträume charakterisiert ist, endlich in Richtung einer weiter ausgreifenden sozialen Sensibilität und eines gestärkten erwachsenen Verantwortungsbewusstseins zu überschreiten.

Dieses Buch wäre kaum ohne die Ermutigung entstanden, die sich aus den neuen Befunden von über 30 Jahre zusammen mit Elmar Brähler durchgeführten psychologischen Längsschnitt-Studien, zunächst in Westdeutschland, dann in Gesamtdeutschland, ablesen lässt. Die neuen Selbstbilder zumindest der Deutschen weisen unmissverständlich in die Richtung einer Wendung von einer ausgeprägten Ich-Gesellschaft zu einer Wir-Gesellschaft mit entsprechender Betonung von größerer sozialer Nähe und erhöhter Verantwortungsbereitschaft hin (s. Kapitel 22). Hinzu kommt nun das rapide spontane Anwachsen einer neuen internationalen sozialen Bewegung, die sich mit konkreten Projekten zur Überwindung der Ungerechtigkeiten der Globalisierung sowie mit grünen und friedenspolitischen Themen befasst. Ich meine attac, eine Organisation, die sich momentan schneeballartig in Hunderten von deutschen Gemeinden verbreitet und mir selbst die Gelegenheit zu aktiver Teilnahme verschafft hat. Auch diesem Phänomen werden sich die nachfolgenden Ausführungen genauer widmen.

»Das Ende der Egomanie« heißt der kühne Buchtitel. Natürlich ist die kulturelle Egomanie noch nicht zu Ende. Sie wird, wie auch in der Regel die individuelle manische Krankheit, alle Anstrengungen aufbieten, um sich trotz ihrer selbstzerstörerischen Tendenz noch weiter zu behaupten. Aber als vertretbares Projekt ist sie am Ende, und es ist, als müsste sie mit dem entfesselten absurden Bombenkrieg nur ihre Pathologie bzw. ihren geistigen Bankrott noch einmal vor aller Welt drastisch beweisen.

***

Ich danke Elmar Brähler für eine langjährige freundschaftliche Zusammenarbeit bei den empirischen sozialpsychologischen Untersuchungen. Viel verdanke ich auch dem kontinuierlichen Austausch im Kreis der Ärztinnen und Ärzte für Frieden und Soziale Verantwortung (IPPNW), deren kritische Stimme gerade jetzt im Lärm des kriegerischen Zeitgeistes nicht überhört werden sollte.

Es gibt keinen Frieden ohne eine gerechtere Gesellschaft, aber auch keine gerechtere Gesellschaft ohne Frieden.

1.
Was der 11. September
immer noch lehren könnte

Als ich die Gedankenführung dieses Buches schon fast fertig entwickelt hatte, kam der Terroranschlag vom 11. September 2001. Es hieß sogleich, die Welt sei nun nicht mehr dieselbe wie zuvor. Inzwischen weiß man oder sollte man wissen, dass die Welt nur nicht so ist, wie man glaubte, dass sie sei. Unser westliches Selbstverständnis hatte sich an einem ganz wesentlichen Punkt getäuscht, mit dem sich die folgenden Ausführungen ausführlich beschäftigen werden. Man muss jetzt die Hoffnung als trügerisch erkennen, dass der Erwerb der höchsten Machtmittel unangreifbar mache oder dass es eine Unabhängigkeit gäbe, die Leidfreiheit verspräche. Aber diese Einsicht ist schwer erträglich, weil sie an dem Fundament eines gemeinsamen Ersatzglaubens rüttelt, der sich an die Stelle der einstigen gemeinsamen Gottergebenheit gesetzt hat. Die ausgebrochenen panikartigen Befürchtungen richten sich zwar nun auf das äußere feindliche Böse, aber im letzten Grund entstammen sie einer tiefen Selbstunsicherheit. Man ahnt: Es war keine bloße Unachtsamkeit, kein einfaches Versehen, dass der Westen von einer kleinen, so gut wie unbewaffneten Verschwörergruppe ins Herz getroffen werden konnte. Die Ahnungslosigkeit hat eine tiefere Wurzel. Man konnte nicht sehen, was man nicht sehen wollte. Nämlich dass wir alle voneinander abhängig sind und dass keine noch so großartig ausgebaute asymmetrische Herrschaftsposition an diesem gegenseitigen Aufeinander-Angewiesensein das Mindeste ändern kann. Diese einfache Tatsache liegt weitab von unserer traditionellen Vorstellung. Diese überträgt das individualistische Menschenbild, wie es sich nach der Renaissance bis in die Gegenwart fortentwickelt hat, auf das Ganze der westlichen Kultur. Die Fortschrittskultur dient dazu, das Individuum zunehmend der Machtvollkommenheit anzunähern, die dem mittelalterlichen Menschen in der Gestalt Gottes Verlässlichkeit und Sicherheit versprach. Dieses Allmachtsstreben hat zu dem unerbittlichen Wettstreit um Überwindung natürlicher und sozialer Abhängigkeiten geführt und schließlich zur Vormachtstellung einer Nation, die über das überragende Potential an Offensiv- und Abwehrwaffen verfügt, über die stärkste Wirtschaftskraft, die fortgeschrittenste Medizin, den höchstentwickelten Sicherheitsdienst, und die kurz davor steht, sich mit einem Raketenschutzschild auch noch gegen Gefahren aus dem Weltraum unversehrbar zu machen. Wenn irgendwo, dann sollte hier doch der Ort sein, wo der Mensch den Triumph eines Höchstmaßes an Selbstbestimmung und Selbstsicherung feiern könnte. Nun wird diese Illusion in grauenhafter Weise entlarvt. Mehr als 3000 Menschen starben in dem Doppelturm, der die Grandiosität und die Beinahe-Allmacht der westlichen Zivilisation im Land ihrer imposantesten Entwicklung versinnbildlichte. Dazu bedurften einige wenige terroristische Angreifer nicht einmal einer einzigen Handfeuerwaffe. War die Tragödie wirklich unvorhersehbar?

Keineswegs. Denn Jahr für Jahr wurde der Weltöffentlichkeit in kleinem Maßstab vorgeführt, was sich jetzt im Großformat abgespielt hat. In Israel/Palästina tobt unentwegt auf einem kleinen Fleck Erde ein unerbittlicher Kampf zwischen zwei höchst ungleichen Gegnern. Der eine ist hoch, sogar atomar gerüstet, der andere ist schwach, arm und scheinbar ohnmächtig, lässt sich dennoch nicht »totrüsten«. Noch so in die Enge getrieben und gedemütigt, verbleibt ihm immer noch als letzte Waffe der selbstmörderische Anschlag. Die heimliche Macht des Ohnmächtigen und die verdrängte Ohnmacht des Mächtigen gleichen einander aus und machen die undurchschaute wechselseitige Abhängigkeit beider Gegner schlagartig sichtbar. In der Gemeinsamkeit des Leides, das sich beide gegenseitig zufügen, könnten sie das unlösbare Miteinander-Verbundensein erkennen.

Einmal sah es schon so aus, als käme den Kontrahenten diese Einsicht, als sie mit den Osloer Vereinbarungen auf einen Befriedungsprozess zusteuerten. Fast drei Jahre lang war der Terrorismus so gut wie erloschen – bis die Feindschaft nach dem Tode Itzhak Rabins neu aufloderte.

Warum befördert die Weltgemeinschaft diese mörderische Gewaltspirale seit Jahren durch Tatenlosigkeit? Ist das Motiv vielleicht das gleiche, das die USA zur ahnungslosen Überwältigung durch den Terrorismus und anschließend zum unverhältnismäßigen Bombenkrieg gegen Afghanistan geführt hat? Schon war die Rede davon, die Vereinigten Staaten könnten sich in die verhängnisvolle Rolle eines Groß-Israel hineinverstricken. Das Kriegselend für Hunderttausende auf der Flucht und ohne zureichende Versorgung ist geeignet, in den Zentren des Islamismus neuen Hass und neuen Terrorismus zu schüren, das heißt eine Gewaltspirale von verheerendem Ausmaß in Gang zu setzen.

Die geistige Grundlage wäre dann die gleiche wie jene, die in Nahost den Teufelskreis der Destruktivität in Gang hält. Nämlich das Verharren auf einem egoistischen Herrschaftswillen, der die Notwendigkeit einer gerechten gemeinsamen Ordnung verleugnet, in der auch die Schwächeren als gleichberechtigt und ebenbürtig anzuerkennen sind. Das macht allerdings für eine Kultur, in welcher der Bemächtigungswille zum Leitmotiv eines unerbittlichen Konkurrenzsystems geworden ist, ein radikales und schmerzliches Umdenken nötig.

Die Alternative ist ein soziales Menschenbild, das vom Prinzip der Gerechtigkeit getragen wird. Die neue globalisierungskritische Bewegung lässt erkennen, dass das Bedürfnis nach einem alternativen Gemeinschaftsbewusstsein rapide anwächst. Die Ungerechtigkeiten einer Welt-Unordnung, die von den Machtegoismen der Global Players gesteuert wird, wecken Ängste, aber zugleich auch Widerstandskräfte. Vornehmlich aus der Jugend, aber auch aus älteren Generationen stehen Menschen auf, denen der ungebändigte globalisierte Neoliberalismus unheimlich geworden ist. Da die offizielle Politik, weitgehend der Herrschaft des Geldes erlegen, obendrein durch kurzsichtige Machtrivalitäten im Parteienkampf gelähmt, zu einer Zähmung der globalisierten Verwilderung weitgehend unfähig erscheint, hat sich nun eine internationale Bewegung der Globalisierungskritiker auf den Weg gemacht, die eine gerechtere Weltordnung erkämpfen will. Ich habe mich selbst dieser Bewegung angeschlossen und werde am Ende des Buches darüber mehr sagen.

***

Beginnen werde ich indessen mit ganz einfachen Erfahrungen aus der Praxis als Psychoanalytiker und Familientherapeut. Ich fing an, an dem klassischen individualistischen Menschenbild zu zweifeln, das wie überall sonst auch in der Psychoanalyse das Denken maßgeblich bestimmte. Vielleicht ist es gar nicht richtig, dass die Seele im Individuum wie in einer Kapsel eingeschlossen ist? Vielleicht muss man sich seelisches Leben von vornherein als einen durchgängigen Zusammenhang *zwischen* den Menschen vorstellen, aus dem keiner herausfallen kann, ohne zugrunde zu gehen? Dann ist das Wir das primäre, innerhalb dessen sich das Ich entwickelt, das aber nie anders existieren kann als in der Gegenseitigkeit. Hilfsbedürftigkeit und Hilfsbereitschaft sind im Lebensverlauf des Einzelnen und im Zusammenleben die entscheidenden Bindungskräfte, die erst Gemeinschaft miteinander und mit der Natur möglich machen.

Ursprünglich waren es schlichte Beobachtungen in meiner Praxis als Leiter einer Beratungs- und Forschungsstelle für seelisch gestörte Kinder und Jugendliche, die mir eine sozialpsychologische Betrachtungsweise abforderten. Ich lernte, dass ich die Wurzeln kindlicher Auffälligkeiten oder psychosomatischer Symptome fast immer in Beziehungsproblemen aufspüren konnte. Die Kinder dekompensierten in unbewussten Dialogen mit Müttern, Vätern oder anderen maßgeblichen Bezugspersonen. Ich fing an, die dargebotenen Probleme von vornherein in ihrer Mutualität zu verstehen. Schon in der Säuglingszeit beginnt diese Gegenseitigkeit, der nonverbale Dialog, wie ihn Rene Spitz genannt hat. Es ist ein Zusammenspiel zwischen Mutter und Kind mit dem Austausch von Nehmen und Geben, von wechselseitigen Befriedigungen, aber auch Zurückweisungen und Frustrationen. »Man könne sagen«, so ist bei E. H. Erikson zu lesen, »dass ein Kind ebenso seine Familie beherrscht und erzieht, wie umgekehrt die Familie das Kind. Eine Familie kann kein Kind erziehen, ohne auch von ihm erzogen zu werden.« Aber dieser Austausch kann misslingen, kann in unbewusst gesteuerte Machtkämpfe ausarten, die in der Asymmetrie der Eltern-Kind-Beziehung am ehesten auf der Seite des Kindes in Form von Symptomen sichtbar werden.

So lernte ich also das Freud'sche Vorstellungsmodell von einem geschlossenen individuellen seelischen Apparat, in dem sich alle Funktionen abgetrennt von der Außenwelt abspielen, durch ein alternatives Bild vom seelischen Geschehen zu ersetzen, nämlich eben durch die Annahme, dass die Menschen mit ihren seelischen Prozessen von vornherein miteinander vernetzt sind und dass die scheinbar natürliche Vorstellung von einer Abkapselung voneinander Ausdruck eines unbewussten egozentrischen Lebensgefühls ist. Ich fand mich in dieser Sicht eng verwandt mit der Theorie Schopenhauers, der die These einer absoluten Scheidewand zwischen

Ich und Außenwelt auf eine misstrauische Grundeinstellung zurückführt, wohingegen eine Grundhaltung des Vertrauens die soziale Verbundenheit des Einzelnen und seine innere Verwandtschaft mit allen anderen Wesen enthülle. Schopenhauer leitete diese Auffassung von dem »ethischen Urphänomen« des Mitleids ab, das unleugbar die primäre Verknüpfung allen seelischen Lebens beweise.

Wenn ich als Psychoanalytiker begann, seelische Störungen und Krankheiten stets in psychosozialen Zusammenhängen zu begreifen, zunächst als Ausdruck von ungelösten innerfamiliären Konflikten, was bedeutete das dann für meine Rolle als Therapeut? Ich war dann nicht länger abgehobener Beobachter, der nur mit einer fachlichen Methode in das psychische Geschehen auf der Patientenseite hineinleuchtete, sondern ich musste mir eingestehen, dass ich trotz Befolgung der mir auferlegten Abstinenzregel als erkennbare und einfühlbare Person in die Behandlungsprozesse persönlich mit eingeschlossen war.

***

Ursprünglich sieht es so aus, als trenne eine himmelweite Kluft die psychoanalytische Betrachtung mikropsychologischer Prozesse von den Vorgängen in der Makrogesellschaft. Geht man aber davon aus, dass die Individuen, ob es ihnen bewusst ist oder nicht, unmittelbar miteinander vernetzt sind, dann können sie im eigenen Inneren entdecken, dass sie mit allem zu tun haben, was sich an Dramen um sie herum abspielt. Dann erfasst sie zum Beispiel – wie unlängst – unmittelbares Mitfühlen mit den Opfern terroristischer Gewalt wie mit den unschuldigen Leidtragenden des Revanche-Krieges. Durch solche Gefühle verspürt jeder seine Mitverantwortung für die Gestaltung der menschlichen Gemeinschaft über alle

Grenzen hinweg. Das hat der amerikanische Computerwissenschaftler Joseph Weizenbaum mit der Mahnung ausgedrückt: »Zunächst muss jedes Individuum so handeln, als ob die gesamte Zukunft der Welt, der Menschheit selbst, von ihm abhinge. Alles andere ist ein Ausweichen vor der Verantwortung und selbst wieder eine enthumanisierende Kraft, denn alles andere bestärkt den Einzelnen nur in seiner Vorstellung, lediglich eine Figur in einem Drama zu sein, das anonyme Mächte geschrieben haben, und sich weniger als eine ganze Person anzusehen. Und das ist der Anfang von Passivität und Ziellosigkeit.« Das klingt wie ein maßloser moralistischer Appell, als Aufforderung, sehr viel besser, stärker und mutiger sein zu sollen, als man ist. In Wahrheit ist es nur die Beschreibung einer Entdeckung, die jeder im eigenen Inneren machen kann, wenn er sich nicht von den tausend alltäglichen oberflächlichen Bevormundungen, Suggestionen, Einschüchterungen und Anpassungsverlockungen ablenken lässt. Am Beispiel des Schocks vom 11. September und den nachfolgenden Reaktionen wurde jeder für einen Moment oder auch nachhaltig durch die Erkenntnis aufgerüttelt, dass auch ihn anging, was da in New York und Washington passiert war. Jedem wurde plötzlich die eigene Verletzbarkeit deutlich und die Ahnung, dass auch die Macht der Stärksten nicht vor den Waffen der scheinbar Ohnmächtigsten schützt. Dass auch die errungene Unabhängigkeit durch die überlegensten Mittel der Selbstsicherung nur eine Illusion ist.

Was ist es, was momentan gerade eine neue kritische Bewegung auf die Beine bringt, die sich vor allem in der internationalen Organisation attac zusammenfindet? Was diese Scharen vor allem aus der jungen Generation bewegt, ist zunächst nichts mehr als das Empfinden und Denken, das Joseph Weizenbaum angesprochen hat. Es ist die Gewissheit, dass die Welt mit den Ungerechtigkeiten der Globalisierung und mit dem Terrorismus eine

Mitverantwortung eines jeden Menschen herausfordert. Die jungen Leute von attac werden nicht von wilden Revolutionsideen angetrieben wie damals die Studenten von 1968. Sie fühlen sich in der Spaßkultur und im Zustand des untätigen Zuschauens nicht mehr mit sich selbst im Reinen. Man könnte also auch sagen, sie suchten im Grunde eine Therapie. Aber eben nicht eine als passives Betreut-werden, sondern als politische Selbsthilfe-Bewegung. Sie halten die Welt, wie sie ist, nicht mehr aus. Deshalb haben sie für ihren Berliner attac-Kongress im Oktober 2001, zu dem sich am Ende mehr als 3000 Teilnehmer einfanden, das Motto gewählt: »Eine andere Welt ist möglich!«

Unter dem Eindruck der Tradition, dass immer erst eine schlüssige Theorie hermüsse, um eine ernst zu nehmende politische Bewegung zu fundieren, macht sich eine gewisse Scham unter den jungen Globalisierungskritikern bemerkbar, noch kein ausgearbeitetes einheitliches Konzept für ihr Anliegen zur Hand zu haben. Aber eines ist schon deutlich: Sie sind mehr von einem *Pro* als von einem *Anti* her motiviert. Deshalb haben sie schon einen ganzen Katalog von Einzelforderungen vorzuweisen: Entschuldung der armen Länder, weg mit den Steueroasen, Besteuerung der gigantischen Spekulationsgewinne, Abschaffung der Benachteiligung der armen Länder durch die WTO (Welthandelsorganisation). Aber dann kamen der 11. September, der nachfolgende Krieg gegen Afghanistan und ein bedrückendes Flüchtlingselend als Folge der Bombardierungen. Spontan öffnete sich attac deutlicher als zuvor auch für die Ziele der Friedensbewegung – eine Entwicklung, die zu der Einladung an mich führte, den Berliner attac-Kongress mit einer Rede zu eröffnen.

***

Später werde ich auch noch repräsentative Untersuchungen vorstellen, die zumindest in unserem Land auf einen allmählichen Abschied von der puren Ich-Gesellschaft und auf ein Suchen nach einer sozialeren Wir-Gesellschaft hindeuten. Mag davon auch erst wenig, wenn überhaupt etwas, in den Strukturen der Ökonomie zu spüren sein – was sich da an Neuem in den Menschen rührt, ist jedoch unverkennbar. Anscheinend trifft vorläufig nicht zu, was Richard Sennett befürchtet hatte, nämlich eine automatische Charakterdeformierung durch die laufenden Umbrüche in der Wirtschafts- und Arbeitswelt und durch die damit verbundene Zerreißung und Fragmentierung von Biographien. Glaubt man den nachfolgend zu berichtenden sozialpsychologischen Befunden und nimmt man den Aufschwung der Globalisierungskritiker ernst, dann sieht es eher nach einem erwachenden Widerstreben gegen die vereinnahmenden Mächte der Ökonomie aus. Die Einzelnen suchen wieder mehr Nähe, festere langfristige Bindungen, sie wünschen sich Verlässlichkeit und wollen erst einmal eigene Verlässlichkeit beweisen. Mag die Wirtschaft sich auch maximal verbiegbare Typen wünschen, die Menschen scheinen eher dagegenzuhalten. Die Gegenwehr etwa in der Form der attac-Bewegung dürfte sich, wenn nicht alles täuscht, bald noch viel deutlicher vernehmbar machen als schon unlängst in Seattle, Göteborg und Genua.

2.
Alles Leben vollzieht sich in Gegenseitigkeit
Zwei klinische Beispiele

Als ich, 29-jährig, 1952 meine Tätigkeit als Leiter einer Beratungs- und Forschungsstelle für seelische Störungen im Kindes- und Jugendalter in Berlin aufnahm, war ich auf die übliche Praxisform in derartigen Institutionen vorbereitet: Untersuchung und gegebenenfalls Therapie der Kinder, daneben erzieherische Beratung der Mütter bzw. Eltern. Es ist ein Schema, das aus der Medizin entwickelt worden ist. Der Symptomträger ist der Patient. Seinem Wohl hat der Therapeut zu dienen. Zur Unterstützung dieses Vorhabens werden begleitende Angehörige informiert und beraten.

Nun lernte ich aber bald die Grenzen dieses Arrangements kennen, das sich nichtsdestoweniger überwiegend bis heute fortgeerbt hat. Es vollzieht eine Spaltung, die zwar der biologischen Definition von Krankheit und der entsprechenden Organisation von Therapie angemessen ist. Aber psychische Störungen oder Krankheiten, zumal im Kindesalter, entstehen in hoher Zahl aus Beziehungskonflikten, spielen sich also bei genauerem Hinsehen *zwischen* Menschen ab. So konnte ich z. B. die allermeisten der uns in der Institution vorgestellten Kinder nur verstehen, wenn ich aus ihren Problemen ursächliche häusliche Konflikte herauslas. Oft war der Dialog zwischen Mutter und Kind schwerwiegend gestört, etwa dadurch, dass die Mutter das Kind unbewusst dafür in Anspruch nahm, sich selbst von ungelösten Konflikten entlasten zu wollen, etwa von Selbstvorwürfen, unerfüllten Erfolgswünschen, Eheschwierigkeiten, Isolationsgefühlen usw.

Wenn Mütter bzw. Eltern in der Sprechstunde auftauchten, horchte ich nun genauer hin, mit welchen Worten sie den

Grund ihres Kommens einleitend erläuterten. Verblüfft war ich, wie oft ich daraus schon erahnen konnte, dass und wie die Mütter oder Väter in die Symptome des Kindes verwickelt waren, dem angeblich allein geholfen werden sollte. Vielfach wollten die Eltern das Kind gar nicht gesünder, nur besser angepasst an die eigenen Wünsche sehen. Und sie verstanden nicht, dass das Kind gerade aus innerem Aufbegehren gegen dieses Ansinnen krank geworden oder aus der Bahn geworfen war.

Zwei unveröffentlichte Beispiele aus der Praxis mögen das erläutern. Es handelt sich um Mütter, die ihre neurotisch gestörten Söhne vorstellen. Wie sie das tun mit den ersten Worten, lässt sich, wie sich dann zeigt, schon als Überschrift des jeweiligen Falles lesen: Das Kind ist nicht so, wie es sein soll. Und weil es nicht so sein will, wie es soll, wehrt es sich. Aber weil es in dem Machtkampf der ohnmächtigere Teil ist, bleibt die Gegenwehr in den jeweiligen Symptomen stecken.

Die 32-jährige Frau M. stellt ihren siebenjährigen Sohn Reinhard (sie spricht immer nur von »Reinichen«) wegen Stotterns vor. Es ergibt sich, dass zuerst der Junge allein aus dem Wartezimmer ins Untersuchungs- und Spielzimmer geholt wird. Erst eine halbe Stunde später betritt die Mutter das daneben liegende ärztliche Sprechzimmer. Nach der Begrüßung fragt sie sofort. »Na, ist er friedlich, Herr Doktor?«

Tatsächlich hatte sich der Junge im Spielzimmer vollkommen ruhig verhalten. Auch wenn es anders gewesen wäre, hätte die Mutter es im Wartezimmer nicht wahrnehmen können.

Die Bemerkung »Na, ist er friedlich?«, erweist sich später als die Titelüberschrift der Mutter-Kind-Beziehung.

Weit über ein Jahr hinaus hat die Mutter Reinhard gestillt. »Ich hätte es noch länger gemacht, aber da wurde er zu frech, fing an zu beißen. Er wurde dann allmählich auch zu schlau. Kam mit der Rutsche an und knöpfte mir die Bluse auf. Die Kinder nehmen sich dann, was sie wollen.« Reinhard fing mit zwei Jahren an zu sprechen. Als Fünfjähriger begann er zu stottern. Kontakt mit anderen Kindern war gering. Der Junge wurde zu Hause von der Mutter oder der Oma betreut. Wenn man ihn auf die Straße ließ, wurde ihm eingeschärft, nicht mit »frechen Kindern« zu spielen, »die mit Schmutzwörtern schmeißen«. »Es gibt ja auch vernünftige Kinder«, Auf die vorsichtige Frage des Therapeuten, ob sie es gut finde, den Jungen, gerade als Einzelkind, schon so betont auf »Vernünftigkeit« hin zu erziehen, kommt gleich die ungeduldige Antwort: »Anders erziehen können wir beide (Eltern) nicht. Das hat meinem Mann noch nie gelegen und mir auch nicht. Bei uns muss alles Hand und Fuß haben.« Als sie hört, dass der häusliche Umgang mit dem Jungen für dessen Sprachstörung wohl von Belang sei, wendet sie schroff ein: »Das könnte ich eigentlich nur verstehen, wenn bei uns zu Hause Unordnung herrschen würde.«

Reinhard setzt im Szenotest einen kleinen Jungen auf den Liegestuhl. Vor dem Liegestuhl baut er den Hund auf, das Huhn (er ist einmal sehr erschreckt worden, als im dritten Jahr ein Huhn an seinem Rücken hochflatterte), den Fuchs und das Krokodil. Alle Tiere sind mit dem Gesicht auf den Jungen gerichtet, aber durch zwei zu einer Mauer zusammengefügte Bauklötze gegen ihn abgeschottet. Eigentlich habe er Tiere gar nicht gern, bemerkt Reinhard. Das drückt sich auch in der Szene aus, in der die Tiere eher feindlich und bedrohlich erscheinen. Er spiele gern Ball, erklärt Reinhard. »Aber nicht mit frechen Jungen, die hauen immer.«

Man merkt ihm an, dass in ihm mehr Motorik steckt als er herauslässt. Wie in der Sprache, so ist er im gesamten Ausdruck verkrampft und unsicher. Da man ihn nur als »friedliches« Kind haben will, sperrt er in seinem Innern alle Tiere, d. h. seine aggressiven Impulse von sich ab und versucht ganz der passive, ruhige (auf dem Liegestuhl sitzende) Junge zu sein. Der Eindruck von »Altklugheit« wirkt als Produkt der andressierten »Vernünftigkeit«. Jedenfalls bestätigt sich, was die Mutter mit ihrer Eingangsfrage »Na, ist er friedlich?«, schon angekündigt hatte: Obwohl sie in die Sprechstunde mit dem erklärten Anliegen kommt, dass man den Jungen von seinem Stottern kurieren möge, ver-

rät sie unbewusst einen ganz anderen Anspruch, nämlich dass dem Jungen beigebracht werden möge, noch »friedlicher« zu werden und nicht mit Schmutzwörtern zu schmeißen. Ihr eigentliches Thema ist die Angst vor einer Bedrohung der aggressionsunterdrückenden, zwangsneurotischen Familienatmosphäre.

Eine zweite Fallskizze:

Die 37-jährige Mutter (Abiturientin, Sekretärin in der Redaktion einer großen Tageszeitung) des elfjährigen Hans (Überweisung wegen eines Facialis-Tics) eröffnet ihre Geschichte mit den Sätzen: »*Der Junge ist sehr sensibel. Er kann sich schlecht freuen.*« *Erst anschließend erwähnt sie seinen Tic, sein nervöses Gesichtszucken, das Anlass der Vorstellung ist.*

Hier wird die initiale Bemerkung, der Junge könne sich »*schlecht freuen*«, *zu einem Schlüssel des Falles. Freudlos, das könnte erwarten lassen, Hans leide an Verstimmungszuständen. Aber davon kann keine Rede sein. Wie sich im weiteren Gesprächsverlauf zeigt, meint sie, dass der Junge sie mit einem ihr gegenüber distanzierten bis abweisenden Benehmen enttäuscht. Der zwei Jahre jüngere kleine Bruder sei viel* »*sonniger*« *und werde von der ganzen Umgebung vergöttert. Hans müsse jedes Mal erst ermahnt werden, Danke zu sagen. Gelegentlich sei er regelrecht niederträchtig. Denn wenn sie, die Mutter, mit ihm schimpfe, komme es vor, dass er trotzig die Lippen bewege. Er habe dann bestimmt etwas Widerspenstiges im Kopf, komme damit aber nicht heraus. Überhaupt sei er viel verschlossener als der offenherzige Kleine. Übrigens habe Hans mitunter auch* »*furchtbaren Mundgeruch*« *(wovon bei der Untersuchung aber nichts festgestellt werden kann).*

In der Wortwahl, sich »*schlecht*«, *statt sich* »*schwer*« *freuen, steckt also gleich ein unabsichtliches, bedeutungsvolles Geständnis der Mutter. Sie findet es schlecht, wie er sich ihr gegenüber verhält, dass er ihr so wenig Freude macht. Warum ist er nicht genauso sonnig wie der kleine Bruder? Wie nicht anders zu erwarten, lässt die Untersuchung erkennen, dass Hans heftige Eifersuchtsgefühle auf seinen kleinen Bruder hegt. Er selbst ist mit der Mutter offenbar wie in einem Teufelskreis verstrickt.*

Erst musst du mich lieben, dann brauche ich dich nicht mehr mit mei-
nem Trotz zu ärgern. Die Mutter sieht es genau umgekehrt: Nur wenn
du dich mir aufschließt wie der Kleine, kann ich dich lieben. Im Grunde
ist sie verzweifelt, denn um keinen Preis will sie so sein wie die Stiefmut-
ter, die ihr die eigene Kindheit zur Hölle gemacht hatte. Sie will gut sein.
Deshalb ringt sie um Vorwände – bis hin zu dem »furchtbaren Mundge-
ruch« –, um ihren Hass vor sich zu rechtfertigen. Natürlich spürt
Hans, dass er die Mutter trifft, wenn er sich ihr gegenüber wie ein leben-
diger Vorwurf benimmt. Dann spürt er etwas von Macht. Kann er sie
schon nicht liebevoll stimmen, dann wenigstens bestrafen. So bewegen
sich beide in einem sadomasochistischen Zirkel.

So weit diese kasuistischen Skizzen. Zwei Mütter, die sogleich
verraten, dass es ihnen eigentlich nicht um die Befreiung der
Söhne von ihren psychomotorischen Symptomen, sondern
von einer Haltung geht, unter der die Mütter persönlich leiden. Reinhard soll friedlicher, Hans liebevoller werden. Reinhard zeigt an, dass er mit seinen inwendig eingesperrten Tieren nicht gesund weiterleben kann, und Hans kann seine Pro-
testhaltung nicht aufgeben, weil er allein damit mütterliche
Zuwendung erpressen kann.
Wie auch immer: In beiden Fällen steckt das Problem in einer
Beziehungsneurose. Das Kind als der jeweils schwächere Partner dekompensiert mit einem sichtbaren Symptom. Aber der
weniger sichtbare Anteil der Mutter ist unverkennbar. Man
kann ihr erzieherische Ratschläge erteilen. Aber wenn man sie
nicht als Mitpatientin versteht und ihr hilft, das Kind aus der jeweiligen überlastenden Rolle zu entlassen, wird man bei ihr
wenig erreichen. Die Mutter von Hans deutet ja auch bereits
an, welches eigene Problem sie hindert, mit dem Sohn toleran-
ter umzugehen. Sie ahnt, dass sie an den Jungen die Ablehnung weitergibt, die sie einst von ihrer Stiefmutter erfahren
hatte. Um nicht Hans ewig weiter dafür büßen zu lassen, was

noch an Gekränktheit in ihr steckt, muss sie erst Gelegenheit bekommen, mehr über ihre persönliche Kindheitsgeschichte zu sprechen. Erst wenn sie sich als Mitpatientin angenommen fühlt und nicht mit pragmatischen Ratschlägen nach Hause geschickt wird, besteht Aussicht, das chronische gemeinsame Zerwürfnis aufzulösen, indem beiden geholfen wird, den unbewussten Kampf in Form der wechselseitigen Bestrafungen aufzulösen. Der Therapeut kann ermutigend und klärend dabei helfen.

3.
Ich oder Wir?

Wenn sich wie in den beiden klinischen Beispielen ein neuro-
tisches Geschehen als dialogische Störung zwischen Partnern
entlarvt – mit unbewusst ausgetauschten Fragen und Antworten, mit Forderungen und versteckten Verweigerungen, mit
Einschüchterungen und verklausulierter Widersetzlichkeit –,
dann erweitert sich das psychologische Betrachtungsfeld. Der
Therapeut hat nicht mehr allein den von Freud so genannten
psychischen Apparat eines Individuums vor sich, sondern eine
Beziehungsstörung. Die intraindividuellen Prozesse der Partner werden durch transindividuelle Prozesse überformt. Die
klassische Modellvorstellung Freuds von einem Konfliktge-
schehen, das in der geschlossenen Innenwelt des Einzelnen
abläuft und dort allein repariert werden könnte, reicht nicht
mehr aus. Eher hilft das Bild von einem Netzwerk ausge-
tauschter unbewusster Botschaften. Was im Einzelnen stattfindet, kann man nicht zutreffend verstehen ohne seinen
Stellenwert in einem dialogischen Vorgang.

Als wir bereits in den 50er Jahren an der Berliner Beratungs-
und Forschungsstelle damit anfingen, eine psychoanalytische Familientherapie zu erproben, kam uns nicht in den Sinn, damit das
Fundament der Theorie Freuds in Frage zu stellen. Denn deren
Kernstück ist und bleibt die Lehre vom Unbewussten. Unsere
neue Sichtweise bedeutete ja nichts anderes, als unbewusste Vorgänge über das Individuum hinaus in sozialen Beziehungen zu
verfolgen. Allerdings begriff ich allmählich, dass dies doch mehr
war als eine fällige Erweiterung des gewohnten analytischen
Blickfeldes. Das machten mir die Kollegen an meinem psychoanalytischen Ausbildungsinstitut klar, das ich seit 1959 leitete.
Sie bedeuteten mir, es sei eine unzulässige Grenzüberschrei-

tung, psychische Konflikte und Störungen nicht mehr im seelischen Binnenraum einer Einzelperson zu begreifen und zu therapieren, sondern von vornherein als Beziehungsprobleme. Die Psychoanalyse habe es jedoch nur damit zu tun, wie das individuelle Ich sich mit seinen inneren Instanzen Es und Über-Ich auseinander setze und wie es mit den inneren Abbildungen der Außenwelt umgehe. Aber die Außenwelt als solche bleibe eine abgetrennte »materielle Realität« außerhalb des Gegenstandsbereiches der Psychoanalyse. Man hielt mir entgegen, was Anna Freud, nach dem Tod ihres Vaters so etwas wie Cheftheoretikerin der Vereinigung, mit großer Entschiedenheit lehrte. Nämlich, dass für die kindliche Entwicklung die Eltern weniger in ihren individuellen persönlichen Eigenschaften wichtig seien, vielmehr vornehmlich als Träger allgemeiner gesellschaftlicher Rollen. Entsprechend gab es an der Londoner Hampstead-Clinic, die Anna Freud leitete, als Therapieform nur die reine Kinderanalyse und keine Familientherapie.

Aber ich hatte die Wechselwirkung unbewusster Prozesse in den Familien täglich vor Augen. Und wir konnten mit dem beziehungspsychologischen Denken erfolgreich arbeiten. So wagte ich mich sogar mit einem Vortrag über Erfahrungen mit kindlichen Ess- und Verdauungsstörungen, die aus unbewussten Machtkämpfen mit den Müttern hervorgingen, 1957 auf den Kongress der Internationalen Psychoanalytischen Vereinigung in Paris, erntete damit bei einigen interessierte Aufmerksamkeit, bei den meisten höfliche Nicht-Beachtung. Für mich blieb die Frage: Warum trug die offizielle Psychoanalyse den unbewussten Wechselbeziehungen etwa zwischen Mutter und Kind keine Rechnung? Warum sollte es allein den Psychoanalytikern vorbehalten sein, in das kindliche Unbewusste hineinzuschauen und hineinzuwirken? Lag vielleicht der Grund darin, dass die Therapeutinnen in der Therapie an die Stelle der Mutter treten wollten?

Wohlweislich bewahrte ich diese Frage vorläufig in mir, weil ich mir damals noch keine Auseinandersetzung mit den Mächtigen der Vereinigung zutraute. Aber in der praktischen Anwendung des beziehungspsychologischen Ansatzes ließ ich mich nicht beirren. So entstanden die Forschungen, die 1960 zu der Arbeit »Die narzisstischen Projektionen der Eltern auf das Kind« und 1963 zu »Eltern, Kind und Neurose« führten.

Währenddessen dachte ich immer wieder über meine eigene Rolle als Therapeut gestörter Familienbeziehungen nach. War ich in diesem Geschehen nur sachlich operierender Fachmann oder nicht auch zugleich Teil der Gruppenprozesse? Musste ich nicht annehmen, selbst als Person zumindest teilweise mit meiner Befindlichkeit und meinen Einstellungen für die Patienten durchschaubar und einfühlbar zu sein? Ich mochte mich noch so professionell abstinent verhalten, gleichwohl gab ich sicherlich unbewusst mehr von mir selbst zu erkennen, als ich mit meinen therapeutischen Fragen und Deutungen kundtat. Auf diese Idee brachte mich unter anderem die Entdeckung, dass ich zu Hause gelegentlich auf eines meiner drei Kinder mit unangemessenen Gefühlen oder Erwartungen reagierte, die unbewusst aus meiner eigenen Verfassung herrührten. Manchmal lenkte mich meine wachsame, wiewohl nicht psychoanalytisch trainierte Frau darauf, dass ich etwas in die Kinder hineinsah, was sie als Vorurteil durchschaute.

Natürlich bleiben auch lehranalysierte Therapeuten durchschnittliche Menschen mit diversen Eigenheiten, Ängsten, Idiosynkrasien und Vorurteilen, auf die sie jederzeit aufpassen müssen, anstatt sie in professioneller Selbstidealisierung zu verleugnen. Denn in dem asymmetrischen Machtverhältnis der Therapie können solche Anfälligkeiten fraglos Schaden stiften. Psychoanalytiker sind durchaus nicht gegen die Versuchung gefeit, Patienten in eine ihnen selbst genehme Rolle hineinzutherapieren bzw. Warnsignale auszusenden, wenn sie sich selbst an wunden Punkten getroffen fühlen. Daraus können durchaus ähnliche Konflikte wie jene erörterten zwischen Eltern und Kindern entstehen. Empfindsame Patienten trachten dies dadurch zu vermeiden, dass sie sich den gespürten Vorlieben oder Animositäten des Therapeuten anzupassen lernen – zum Schaden der eigenen analytischen Entwicklung.

Aber werden diese Aspekte des Machtproblems in therapeutischen, Erziehungs- und Betreuungsverhältnissen überhaupt genügend reflektiert? Eine rhetorische Frage. Denn jeder sieht, dass dies nicht der Fall ist. Man tut so, als gehe es so zu, wie es sein sollte, als richteten sich wohlanständige Eltern, Therapeuten, Betreuer aller Art ständig danach, was dem Wohl der jeweiligen Anvertrauten oder sich Anvertrauenden dienlich ist. Nur drastischer und spektakulärer Machtmissbrauch wird gelegentlich skandaliert und geahndet. Aber die kleinen alltäglichen Erpressungen, Einschüchterungen und psychologischen Manipulationen in Ausnutzung von Abhängigkeiten bleiben meist unbeachtet.

Nun hat die psychoanalytische Familientherapie an einer Stelle den Vorhang vor solchem sublimen Machtmissbrauch gelüftet. Sie hat die weit verbreitete Gewohnheit von Eltern aufgedeckt, durch Überstülpen persönlicher Bedürfnisse die Eigenentfaltung von Kindern in vielfachen Varianten zu stören. Sie hat durch diese Entlarvung aber ein Tabu verletzt, nämlich das Verschweigen der weit verbreiteten Ausnutzung von Abhängigkeiten in helfenden Beziehungen. Die Wahrung dieses Tabus war es wohl auch an erster Stelle, die es der psychoanalytischen Schule schwer machte, sich auf die in »Eltern, Kind und Neurose« vorgetragene Sichtweise einzulassen.

***

An dieser Stelle wird es sich ein Leser noch schwer vorstellen können, wie dieses mikropsychologische Studium von Machtverhältnissen und verschwiegenem Machtmissbrauch in helfenden Beziehungen zum Ausgang einer Fragenkette werden kann, die schließlich auf manchen Umwegen zu Betrachtungen über den Bemächtigungswillen als Hauptantrieb unserer Kultur schlechthin führen wird. Solchem Weiterdenken stellt sich zunächst das tabugeschützte Vorurteil entgegen, das in der Form unseres klassischen individualistischen Menschenbildes Gestalt angenommen hat. Das Einzige, dessen sich der Mensch gewiss sein könne, sei sein individuelles Selbstbewusstsein und alles, was er so deutlich erkennen könne wie mathematische Wahrheiten. Mit diesem von Rene Descartes vor dreieinhalb Jahrhunderten beschriebenen Bewusstsein trat das Individuum in der Renaissance aus seiner mittelalterlichen Gotteskindschaft heraus. Alles, was er in sich noch an Gebundenheit wahrnahm, an Abhängigkeit, Ohnmacht und Hingabe, strebte er zu überwinden, und heraus kam dann das Menschenbild eines »homo clausus«, also eines Individuums mit einer nur ihm gehörenden, nach außen abgeschlossenen Seele. So wurde das individualistische Menschenbild geboren, wie es sich als eine scheinbar selbstverständliche Beschreibung des Mensch-Seins fortgeerbt hat. Aber ist dieses historisch entstandene Menschenbild des in sich geschlossenen Individuums heute noch angemessen? Ist es nicht grundsätzlich in Frage zu stellen? Bei solchen Überlegungen stieß ich auf das Buch des Soziologen Norbert Elias »Über den Prozess der Zivilisation«, 1939 geschrieben, aber erst in der Neuausgabe 1968 weithin bekannt geworden.

Elias wunderte sich, dass wir unter »Ich« etwas von allen Menschen und Dingen »draußen« Abgeschlossenes verstehen, obwohl, wie er hinzufügte – »niemand es besonders einfach findet, klar und deutlich festzustellen, wo und was die greifbaren Wände und Mauern sind, die dieses Innere wie ein Gefäß seinen Inhalt umschließen und von dem, was draußen ist, abtrennen.« Dieses Denkmodell habe sich aber von der Renaissance an in den europäischen Gesellschaften festgesetzt, als eine betonte Individualisierung eingetreten sei, nachdem die mittelalterlichen Menschen zuvor in unverrückbaren gesellschaftlichen Rollen gelebt hätten. Wörtlich Elias: »Im Denken der Menschen über sich selbst wurde das *geozentrische* Weltbild weitgehend zu einem *egozentrischen* aufgehoben. Im Mittelpunkt des menschlichen Universums, so erschien es von nun an, steht der einzelne Mensch für sich als ein von allen anderen letzten Endes völlig unabhängiges Individuum.« Dieses seither vorherrschende Denkmodell sei in Wahrheit ein Kunstprodukt, als Folge einer Verdinglichung der individuellen Selbstkontrollapparate und einer Absperrung individueller Affektimpulse von der motorischen Apparatur entstanden. Das Modell sei aber nur vorübergehend für eine bestimmte Periode der Selbsterfahrung charakteristisch. Elias sah schon Ansätze zu einem neuen Menschenbild: »An die Stelle des Bildes vom Menschen als einer geschlossenen Persönlichkeit – trotz seiner etwas anderen Bedeutung ist der Ausdruck bezeichnend – tritt dann das Bild des Menschen als einer ›offenen Persönlichkeit‹, die im Verhältnis zu anderen Menschen einen höheren oder geringeren Grad von relativer Autonomie, aber niemals absolute oder totale Autonomie besitzt, die in der Tat von Grund auf zeit ihres Lebens auf andere Menschen ausgerichtet und angewiesen, von anderen Menschen abhängig ist. Das Geflecht der Angewiesenheiten von Menschen aufeinander, ihre Interdependenz sind das, was sie aneinander bindet.«

Ich hatte schon angedeutet, dass mir dieses Bild offener Persönlichkeiten mit ihrem wechselseitigen Aufeinander-Angewiesensein passender zu sein scheint als jenes andere des homo clausus, des Individuums mit dem abgeschlossenen seelischen Apparat. Aber für den Psychoanalytiker stellt sich ja nicht primär die Frage nach der Richtigkeit oder Unrichtigkeit dieser Vorstellungen, sondern danach, in welcher sich die Menschen eher wiederfinden oder wiederfinden wollen. Klar ist, dass das individualistische Bild für die westliche Kultur maßgeblich geworden ist – trotz aller Gegenbewegungen, die immer wieder die sozialen und religiösen Bindungen dem egozentrischen Selbstverständnis voranstellen wollten.

Aber nun melden sich Zweifel, ob der egozentrische Machtwille, aus dem das individualistische Menschenbild hervorgegangen ist, noch weiter trägt. Ob die Entwicklung zum »Prothesengott« (Freud), zum Übermenschen, nicht zu einer verhängnisvollen inneren und einer ebenso bedrohlichen sozialen Spaltung geführt hat, die nun dringend nach einer Revision des Selbstverständnisses verlangt. Das können nicht Philosophen oder Theologen, erst recht nicht Naturwissenschaftler entscheiden, die dem Menschen die Verfügung über Atome, Gene und künstliche Intelligenzen verschafft haben, ohne sich zu fragen, ob die Spaltung des Atoms als Ermöglichung von Hiroshima oder die Manipulation des Zellkerns als Ermöglichung der Menschenzüchtung vielleicht schon unstatthafte Überschreitungen menschlicher Grenzen waren. Die Freiheit der Forschung ist gesetzlich garantiert. Aber, wie Freud herausgefunden hat, ist ein wesentliches Forschungsmotiv der Bemächtigungstrieb. Und dass dieser Trieb in ungezügeltem Ausmaß die Menschheit an den Rand der Selbstzerstörung treiben kann, ist zu bedenken.

***

Nun aber steht das westliche Selbstkonzept, das in Großformat das Streben nach egozentrischer Ungebundenheit ausdrückt, auf dem Prüfstand. Vielmehr wird es von einer neuen geistigen Strömung auf den Prüfstand gestellt, die bereits den

Charakter einer Bewegung anzunehmen beginnt. Darin fließen soziale, ökologische und friedenspolitische Hoffnungen zusammen. Was daraus werden kann, weiß noch niemand. Der gesuchte Wandel lotet so tief, dass die Zielvorstellungen vorläufig sehr allgemein und wenig umrissen sind. Wenn es aber, wie es aussieht, tatsächlich darum geht, die gemeinsame Ordnung auf ein neues Prinzip gerechter Gegenseitigkeit umzubauen und eine Vielfalt entsprechender wirtschaftlicher, sozialer und ökologischer Reformen zu entwickeln und durchzusetzen, dann ist das ein weiter Weg. Es ist besser, sich zuerst nur auf die Grundrichtung zu verständigen, als sich zu eng auf Einzelziele festzulegen. Der 11. September hat jedenfalls die vorher schon von Teilen der Jugend sehr genau gespürte Krise des Westens noch sehr viel sichtbarer gemacht. Die an der Spitze der westlichen Zivilisation marschierende Nation wurde der Wahnhaftigkeit des egozentrischen Unabhängigkeitsdenkens überführt bzw. ihres Angewiesenseins auf Menschen aus scheinbar hoffnungslos rückständigen und ohnmächtigen Teilen der Erde, die man kaum noch wahrgenommen hatte. Nun dämmert es, dass auch ein mit vielen Milliarden Dollar und den modernsten Vernichtungswaffen geführter Krieg die Gefahren vom 11. September nicht wegschaffen, sondern eher neue produzieren wird, weil Hass und Rachewünsche wie die Köpfe der Schlange Hydra von Lerna in Völkern nachwachsen dürften, denen Ebenbürtigkeit und Gleichberechtigung verwehrt wird. Wahrscheinlich wird man sich schon bald über die Blindheit wundern, die nicht nur die USA, sondern mit ihr eine total gefügige Koalition in einen absurden Feldzug gegen ein kaputtes, verarmtes Afghanistan getrieben hat. Zigtausende Unschuldige müssen flüchten, viele werden an Hunger und ohne Obdach in der Winterkälte sterben. Sie gehen für Bin Laden zugrunde, den die meisten von ihnen hassen und von dem immer noch niemand weiß, ob er überhaupt die Terroranschläge in Amerika persönlich ausgedacht, angeordnet oder organisiert hat. Gewiss ist nur, dass die Vereinigten Staaten einst Bin Laden mit viel Geld, Waffen und CIA-Hilfe versorgt haben, als er in Afghanistan gegen die Russen kämpfte. Das Taliban-Regime war übel. Aber was es mit dem Terror des 11. September zu tun hatte, ist bislang unbekannt. Dennoch ist der Krieg insofern logisch, als man ihn aus der Mentalität heraus verstehen kann, auf jeden Fall müsse gegen das Böse gesiegt werden. Und das geht dann immer nur nach dem mythischen Vorbild von James Bond oder High Noon. Ist der Schuldige vom 11. September auch nicht klar auszumachen, der Terrorismus wird nichtsdestoweniger personalisiert. Ungeachtet der eigenen Übermacht tritt man zur »Selbstverteidigung« an. Ganz gleich ob man dabei Zigtausende Unschuldige unmittelbar oder mittelbar umbringt – man macht sie zu unvermeidlichen »kollateralen« Opfern, um die Welt vor dem Bösen zu retten. Schon in Hiroshima kam die Phantasie von der Exekution des Jüngsten Gerichts auf, von der Verhängung der Höllenstrafe seitens der Macht, die darin sicher zu sein glaubt, das Gute auf Erden zu repräsentieren. Das mag antiamerikanisch klingen, ist es aber nicht. Denn was jetzt zum Vorschein kommt, drückt die Philosophie des Westens schlechthin aus, der sich ja nicht nur taktisch, sondern aus voller Überzeugung mit dem amerikanischen Krieg und dessen Begründung identifiziert. Deshalb ist dieser Krieg so etwas wie eine einzigartige gemeinsame geistige Selbstoffenbarung des Westens geworden.

***

Wenn der Psychoanalytiker ein Verhalten schwer verstehen kann, sucht er stets Hilfe im Erinnern. Aus welcher Vorgeschichte ist hervorgegangen, was momentan rätselhaft, zum

Teil sogar absurd erscheint? Welche früheren Konflikte haben eine Denkweise möglich gemacht, die vielen nunmehr unheimlich wird? Manchem wird es vielleicht zu umständlich, sicherlich auch willkürlich erscheinen, was nachstehend aus der westlichen Geistesgeschichte an Beiträgen angeführt wird, die zur Erhellung der gegenwärtigen Krise des gemeinsamen Selbst- und Weltverständnisses hilfreich sein mögen. Es ist zunehmend üblich geworden, die innere Verfassung der Menschen vorwiegend von den gesellschaftlichen, speziell den ökonomischen Strukturen her zu verstehen. Eher ungewöhnlich oder gar unstatthaft erscheint die umgekehrte Sichtweise, nämlich den Menschen mit ihren Antrieben, ihrem Wollen und ihren Ängsten eine wesentliche gesellschaftliche Gestaltungskraft zuzuerkennen. Darin steckt aber ein Vorwand, sich aus der eigenen Mitverantwortung für das Ganze zu entlassen – im Grunde eine resignative Reaktion. Sie führt zu der Erwartung, unhaltbare Verhältnisse könnten, wenn überhaupt, nur durch technische Umorganisation kuriert werden. Aber woher soll die Kraft dazu kommen – außer von den gebündelten Energien der Menschen, die aus ihrem Inneren heraus nach Veränderungen verlangen? Daher stammt der Versuch, so etwas wie die geistige Situation unserer Gegenwart zunächst aus ihrer »Biographie« heraus skizzenhaft zu erfassen und zu fragen, wie nahe liegenden pessimistischen Erwartungen mit optimistischem Engagement widersprochen werden kann.

4.
Die Geburt des Individuums

Ich greife bis zur klassischen *griechischen Antike* aus. Hier war zunächst das Vertrauen der *Menschen in das Gute einer harmonischen kosmischen Ordnung* maßgeblich. Der individualisierten Vielfalt des griechischen Lebens lag ein *ausgeprägtes Bewusstsein von Gemeinsamkeit* zugrunde. So stellt Gerhard Krüger fest: »Für die Antike hieß ›Sein‹ immer ›Gemeinsam-Sein‹: das eigentliche, wesentliche Mensch-Sein z. B. war das, was jeder Mensch mit den anderen gemeinsam hatte, das Allgemeine.« Gemeinsam war auch die Vorstellung, dass sich der Makrokosmos vollständig in dem Mikrokosmos Mensch abbilde. Erkenntnis und das Seiende waren unmittelbar verknüpft. Die göttliche Vernunft galt der menschlichen als verwandt. Es gab keinen rivalisierenden Forscherehrgeiz, um die Machtstellung des Menschen in der Welt zu erhöhen. Die mathematische Naturerkenntnis der Pythagoreer z. B. folgte nur der Sehnsucht, die Harmonie des Kosmos im Anschauen besser zu verstehen.

Nach der antiken Kultur, die mit dem Schwinden des Eins-Seins mit der tragenden kosmischen Ordnung zerbrochen war, führte die *christliche Kultur* zu einer völlig neuen Befindlichkeit der Menschen. Den *Geist des Mittelalters* hat niemand in ähnlicher Prägnanz zusammengefasst wie Jacob Burckhardt mit den Sätzen: »Im Mittelalter lagen die beiden Seiten des Bewusstseins nach der Welt hin und nach dem Innern des Menschen-Selbst wie unter einem gemeinsamen Schleier träumend oder halbwach. Der Schleier war gewoben aus Glauben, Kindesbefangenheit und Wahn; durch ihn hindurch erschienen Welt und Geschichte wundersam gefärbt, der Mensch erkannte sich nur als Rasse, Volk, Partei, Korporation, Familie oder sonst in irgendeiner Form des Allgemeinen.«

Aber dann kam die *Renaissance*. Das sein Selbstbewusstsein entdeckende Individuum zerriss den mittelalterlichen Schleier. Allerdings gab es an der Wende vom alten zum neuen Denken auch noch Versuche wie den von *Johannes Keppler*, an das religiös gefärbte Weltvertrauen der Pythagoreer anzuknüpfen. Kepplers Bestreben war es, den Glauben an die Existenz einer göttlichen Ordnung durch Nachweis ihrer mathematischen Gesetzlichkeit zu befestigen – nachzulesen in seinem Hauptwerk »Harmonices mundi« (»Weltharmonik«). Auf der anderen Seite brach Zeitgenosse *Francis Bacon* mit der alten Denk- und Glaubenstradition radikal. Erkenntnis sei nicht mehr zum Verweilen in gottergebener Anschauung da, sondern, um *Macht über die Natur auszuüben*. Das wurde das Leitmotiv der Neuzeit. Der geistige Wandel, den Descartes und Bacon mit ihren Philosophien einleiteten, vollzog sich nur schrittweise. Aber er bedeutete eine epochale Zäsur.

Das selbstbewusste Ich wollte nicht mehr nur den Schöpfungsgedanken Gottes nachdenken, sondern die gegebene Welt selbst erobern. Es war ein revolutionärer geistiger Umbruch, allerdings noch lange verbunden mit Rückversicherungsbestrebungen, besonders auffällig z. B. bei dem diplomatischen Taktiker *Descartes*. Obwohl dieser sich mit dem umstürzlerischen Gedanken hervorwagte, dass der Mensch vielleicht durch wachsende Erkenntnis selbst zu gottähnlicher Vollkommenheit aufsteigen könne, beteuerte er mit durchschaubarer Scheinheiligkeit, dass er, Descartes, eingedenk seiner Schwachheit alle seine Thesen der Autorität der katholischen Kirche unterwerfe. Wer weniger Vorsicht übte, wie etwa *Giordano Bruno* oder *Galileo Galilei*, den ließ die Kirche büßen, Bruno sogar mit dem Tode. Allerdings verdankte die Kirche diese Macht nicht zuletzt der verbreiteten Angst, die mit der Rebellion des individuellen Selbstbewusstseins verbunden war.

Die Aufkündigung der mittelalterlichen Gottergebenheit hatte *zwei* Seiten. Zum einen den Aspekt der individuellen Selbstbefreiung. Zum anderen die Provozierung von großen Schuldgefühlen und Strafängsten, deren sich die Inquisition bereitwillig annahm. Hinzu kamen Verlassenheitsängste. Es ging ja nicht nur um die Schwächung des *Gottes der Allmacht,* sondern auch um die Entfernung vom *Gott der Gnade, des Trostes und der Liebe.* Psychoanalytisch gesehen war es also nur logisch, wenn die Philosophen des Rationalismus mit Descartes an der Spitze eine fundamentale *Entwertung der Gefühlswelt* vorzunehmen versuchten, die der Befreiung des neuen Denkens bzw. der Loslösung aus der religiösen Gebundenheit des Mittelalters im Wege war. Also disqualifizierte Descartes mit aller Entschiedenheit sämtliche Regungen passiver emotionaler Hingabe zugunsten der Lobpreisung für die allein vom Verstand geleiteten aktiven Willensleistungen. Die bisher im Herzen verankert gedachte Emotionalität verfiel in toto der Entwertung. Sie diene allein, so hieß es, der Vernebelung des Kopfes. Die Liebe etwa ordnete Descartes unter die niederen, von körperlichen Prozessen gesteuerten Zustände ein, die das klare Denken störten. Diese von den Rationalisten verordnete Erniedrigung des Emotionalen wurde also als ein plausibles Rezept eingesetzt, um die passive Ergebung im Glauben zu überwinden. Aber mitbetroffen von dieser Herabstufung der Gefühlswelt waren natürlich auch die sozialen Bindungskräfte überhaupt, die für ein humanes Zusammenleben unerlässlich sind. Das konnte nicht ohne Folgen bleiben, deren soziologische Analyse hier aber zu weit führen würde. Festzuhalten bleibt jedenfalls, dass sich damals ein von Bacon und Descartes theoretisch formuliertes Menschenbild festsetzte, das unter psychohistorischen Schwankungen bis in die Gegenwart weiterwirkt, ja sich neuerdings erst in vollendeter Radikalität durchgesetzt hat.

Freuds Wegweisung »*Wo Es war, soll Ich werden*«, ist eindeutig dieser Denkrichtung zuzuordnen.

***

Die Philosophen, die ich laufend heranziehe, um geistesgeschichtliche Veränderungen zu beschreiben, waren natürlich nicht deren Urheber. Aber ihre Ausstrahlung zeigt an, dass sie mit ihren Gedanken viel von der jeweiligen geistigen Situation und den zukunftsweisenden Entwicklungen in ihrer Zeit erfasst haben. So beruft man sich bis heute nicht zu Unrecht speziell auf Descartes zur Beschreibung des maßgeblichen Menschenbildes des neuen naturwissenschaftlich-technischen Zeitalters. Descartes markierte wegweisend die geistige Hauptlinie, neben der sich allerdings auch immer wieder *Gegenströmungen* entwickelten. So warnte schon sein Zeitgenosse *Blaise Pascal* nachdrücklich vor dem Abfall von Gott und dem Anspruch des Menschen, seine inneren und äußeren Abhängigkeiten durch fortlaufende Eroberung eigener Macht überwinden zu wollen. Auch wenn der Mensch lernen werde, sein Leben um einiges zu verlängern, bleibe er immer noch ein sterbliches Wesen und komme der Unendlichkeit, die ihm vorschwebe, keinen Schritt näher. Und wenn er nicht mehr der Orientierungskraft seines Herzens vertraue, der Demut und Liebe zu Gott, werde er zwar mit hemmungslosem Größenwahn einen neuen Turm zu Babel bauen können, aber dessen Einsturz durch Bersten der Fundamente erfahren müssen.

Indessen fand Pascal für seine hellsichtigen Warnungen weniger Verständnis bei seinen Zeitgenossen, eher wohl bei manchen heutigen, denen die Überlebens-Bedrohung durch moderne Risikotechnologien unheimlich wird. Nach Pascal fehlte es auch nicht an bedeutenden Moralphilosophen, die gleich

43

ihm darum bangten, dass der Mensch seine Balance in der Welt verlieren werde, wenn er seinen Halt nur noch im eigenen Ich bzw. in dessen scheinbar unbegrenztem Bemächtigungswillen suche. Hier möchte ich indessen erst wieder eine Zäsur machen und vorläufig zu der Frage des Menschenbildes in unserem psychotherapeutischen Berufsfeld zurückkehren.

5.
Der Anteil des Analytikers
im therapeutischen Dialog

Ich hatte meinen Gedankengang unterbrochen, als die Frage aufgetaucht war, warum wir uns in der Psychoanalyse üblicherweise an der Vorstellung eines *individuell abgekapselten Apparates* orientieren, der den Einzelnen wie durch eine Wand von der Außenwelt abschneidet. Die Frage war durch die beiden Fallbeispiele aufgetaucht, an denen ich deutlich machen wollte, dass die Annahme einer solchen Trennwand willkürlich ist. Denn psychisches Leben findet zu keinem Augenblick in individueller Abgeschlossenheit statt, sondern ständig in sichtbarem oder unsichtbarem Austausch mit andern.

Das gilt nicht nur für Menschen in engen Beziehungen. Schon bei einer ersten näheren Begegnung sieht jeder den anderen mit seinen speziellen eigenen Augen. Wie er den anderen aufnimmt, daran ist immer auch ein eigener Anteil. Es schwingt beiderseits Erwartung mit. Man kommt dem anderen offen entgegen oder begegnet ihm zurückhaltend, sendet Signale aus, von denen der andere vielleicht mehr spürt als man selbst. Der bloße Blick kann Wärme oder Kälte enthalten, fesseln oder abstoßen. Oft hat bereits ein Dialog begonnen, ohne dass einer etwas gesagt hat. Es entsteht so etwas wie Vertrautheit, oder es steigt Argwohn auf, allein daraus, wie man sich aufeinander zubewegt oder auf Distanz achtet. Eine psychologische Wechselbeziehung findet schon statt, ehe die wissenschaftliche Psychologie sich zu Aussagen berufen fühlt, weil noch nichts geschehen ist, was man messen, vergleichen und verrechnen kann.

Die Psychologie hat sich an die Naturwissenschaft angeschlossen und bildet sich ein, in menschlichen Beziehungen könne sich der eine Teil auf eine sachlich beobachtende und nüchtern registrierende Position zurückziehen und ohne subjektive Zutat den anderen nur so wahrnehmen, wie dieser ist. Das entspricht der klassischen Haltung des Naturwissenschaftlers, der einen Gegenstand ausschließlich so erfassen will, wie dieser beschaffen ist, sodass die Richtigkeit seiner Feststellung von jedem anderen überprüft werden kann. Auch Psychoanalytiker sehen sich mitunter in diesen Position. Sie verfolgen z. B. als Beobachter hinter einer Trennscheibe, wie einer ihrer Kollegen mit einem anderen ein langes Gespräch in der Absicht führt, sich von der Befindlichkeit und den Problemen dieses anderen ein Bild zu machen. Danach versucht man gemeinsam, das Gespräch auszuwerten und so etwas wie eine diagnostische Beurteilung des Interviewten zu ermitteln. Wahrscheinlich wird man sich in den Grundzügen der Einschätzung einig werden. Aber es wird auch vorkommen, dass man unterschiedliche Wahrnehmungen gemacht hat und vielleicht sogar darüber streitet, wer mit seinem Urteil richtig liegt. Aber was ist richtig, was ist falsch? Vielleicht kommt die Kontroverse nur daher, dass die Beobachter in der inneren Beziehung voneinander abweichen, die sie unwillkürlich zu dem Interviewten hergestellt haben. Denn keiner ist nur ein nüchterner Betrachter. Jeder nimmt, wenn er ein solches Gespräch verfolgt, unmerklich Anteil. An der Einfühlung ist der sich Einfühlende immer auch aktiv beteiligt. Es ist jedes Mal ein Austausch, nicht nur ein einseitiger Einblick in den »psychischen Apparat« des anderen.

In den 60er Jahren haben *Dieter Beckmann* und ich in einer Studie nachgewiesen, dass auch voll ausgebildete Psychoanalytiker bereits in ihre diagnostische Wahrnehmung von Patienten im Erstinterview unbewusst Erwartungen einfließen lassen, die sich aus ihrer eigenen Verfassung ergeben. Das stellte sich heraus, nachdem eine Gruppe von Analytikern einstündige Erstinterviews von 16 Patienten in Fernsehübertragungen verfolgt und in einem ausführlichen Test ausgewertet hatte. Obwohl die Analytiker in ihren diagnostischen Feststellungen überwiegend übereinstimmten, fiel doch jeder Einzelne dadurch auf, dass er das eine oder andere Patientenmerkmal häufiger oder seltener als die anderen zu entdecken glaubte. Er legte also in seine Beobachtungen an einer Stelle ein unbewusstes Vorurteil hinein. Als wir im weiteren Verlauf der Untersuchung uns gegenseitig mit dem gleichen Test beurteilten, waren wir über das Resultat verblüfft. Denn wir fanden, dass die einzelnen Analytiker dort, wo sie vom Durchschnitt der anderen in ihren diagnostischen Einschätzungen abwichen, offenbar ihr Gegenüber etwas mehr für sich selber »passend« machten. Jedenfalls zeichneten sie die Patienten – im Vergleich zu ihren Kollegen – je nachdem z. B. etwas ängstlicher, depressiver oder hysterischer. Schon bei der diagnostischen Wahrnehmung spielte also ein unbewusster Wunsch mit, bei den Patienten etwas Bestimmtes zu finden oder gerade nicht zu entdecken. Plötzlich verstanden wir dadurch auch besser, welche Art von Patienten die einzelnen Kolleginnen und Kollegen gern oder weniger gern in Therapie nahmen. Bei älteren Analytikern waren diese unbewussten Voreingenommenheiten weniger als bei jüngeren ausgeprägt. Aber etwas davon fanden wir bei jedem.

In der Folge konnten wir uns in Fallbesprechungen leichter verständigen, weil wir nun besser über die persönlichen Besonderheiten der Einzelnen in den klinischen Sichtweisen Bescheid wussten. Wir fanden, es könne nur gut sein, wenn Therapeuten ihre jeweilige Anfälligkeit für vorurteilshafte Fehleinschätzungen erkennen. Sie wissen dann besser, worauf sie bei sich aufpassen müssen. Aber in Fachkreisen wurde unsere Untersuchung teils totgeschwiegen, teils als unzumutbar für

Kollegen beanstandet. Man wollte keinerlei Zweifel daran aufkommen lassen, dass lehranalysierte Therapeuten nichts in ihre Diagnostik und Therapie hineinlegen als das, was von den Patienten ausgeht und was ausschließlich zu deren Nutzen geboten ist.

***

Es gab einen bedeutenden Schüler und Freund Sigmund Freuds, der das Tabu der Zunft verletzte, indem er Analysanden erlaubte, sich mit seiner Person einschließlich von ihm selbst unbemerkter Schwächen auseinander zu setzen. Es war *Sándor Ferenczi*, der kurz vor seinem Tode 1932 auf dem 12. Kongress der Internationalen Psychoanalytischen Vereinigung den Eröffnungsvortrag hielt. Da gestand er, dass er von seinen Patienten nicht selten zutreffende, auch kritisch gefärbte Beobachtungen seiner eigenen Befindlichkeiten zu hören bekomme, darunter von Regungen, die ihm selbst unbewusst gewesen seien. Er habe sich angewöhnt, solche Bemerkungen ernst zu nehmen. Daraus habe er schon manches über sich gelernt. Außerdem finde er, dass es auf die Patienten und den analytischen Prozess eher stimulierend wirke, wenn er in solchen Situationen ermutigend und nicht defensiv reagiere. »Die Freimachung der Kritik, die Fähigkeit, eigene Fehler einzusehen und zu unterlassen, bringt uns aber das Vertrauen der Patienten.« Dankbar sei er jenen Patienten, so fuhr Ferenczi fort, durch die er gemerkt habe, »dass wir viel zu sehr geneigt sind, auf gewissen theoretischen Konstruktionen zu beharren und Tatsachen oft unbeachtet zu lassen, die unsere Selbstsicherheit und Autorität lockern würden«.
Führende Vertreter der Vereinigung waren entsetzt. Präsident Jones versuchte nach Rücksprache mit Freud, den Druck des Referats zu verhindern, das erst später von dem Ferenczi-

Schüler Michael Balint auf Englisch im »International Journal of Psychoanalysis« publiziert wurde. Jones nannte Ferenczis Ausführungen in einem Brief an Freud ein Gewebe von Einbildungen, das die Psychoanalyse in Misskredit bringen könne und Wasser auf die Mühlen ihrer Gegner gieße. Aber warum die Aufregung, wenn Ferenczi angeblich total daneben lag? Er lag eben nicht daneben, hatte aber in anderer Art als Beckmann und ich das Tabu gebrochen. Es gehörte sich nicht, dass der Therapeut das eigene Unbewusste für den Analysanden durchsichtig machte und sogar ein Gespräch darüber zuließ. Ebenso wenig gehörte es sich angeblich, Untersuchungen über unbewusste Projektionen von Analytikern auf ihre Patienten vorzunehmen. Beide Vorgehensweisen erschienen als gravierende Regelverstöße.

Zweifellos bleibt es eine lebenslängliche Aufgabe für Psychoanalytiker, die psychische Abhängigkeits-Situation von Patienten nicht etwa zur Stabilisierung der eigenen Person zu missbrauchen, aber das erfordert eine permanente kritische Eigenbeobachtung anstelle einer tabugeschützten Selbstüberschätzung. Die psychoanalytische Beziehung ist asymmetrisch angelegt und natürlich auf das Wohl der Patienten ausgerichtet. Aber der Psychoanalytiker ist kein reines Auge des Erkennens, kein konfliktfreies Neutrum. Also ist von ihm auch immer ein persönlicher Anteil in dem analytischen Dialog enthalten, der nur zu kontrollieren ist, wenn man ihn nicht fälschlich verleugnet.

Wie jede moralistische Strenge verbirgt auch der tabugeschützte absolute Abstinenzanspruch an den Analytiker die weite Verbreitung von massiven Verstößen. Lange hat man in der eigenen Zunft und vor der Öffentlichkeit verschwiegen, dass ja sogar sexueller Missbrauch von Patientinnen in der Psychoanalyse keine extreme Rarität ist. Erst mit der Emanzipationsbewegung im Rücken haben in den letzten Jahrzehnten mehr und mehr Frauen gewagt, solche Traumen öffentlich zu machen. Verwunderlich ist auch die Mithilfe vieler Psychoanalytiker beim Verschweigen der Erfahrung, dass kindliche Verführungen eine bedeutende Neurosenursache darstellen. Freud selbst war es ja, der ursprünglich das Verführungstrauma in der Kindheit für hysterische Erkrankungen direkt verantwortlich gemacht, dann aber diese These widerrufen hatte. Erst 1984 wagte J. M. Masson die kühne Behauptung: »Ich bin der Überzeugung, dass Freud seine Entdeckung aus dem Jahre 1896 – dass Kinder in vielen Fällen in ihren eigenen Familien sexueller Gewalt und sexuellem Missbrauch ausgesetzt sind – als so belastend empfand, dass er es buchstäblich aus seinem Bewusstsein tilgen musste.«

Wenn man in der Eltern-Kind-Beziehung oder im Therapeuten-Patienten-Verhältnis nicht von vornherein die Gegenseitigkeit betrachtet, sondern Eltern bzw. Therapeuten jeweils ausschließlich als fürsorglich Helfende und Gebende, dann verkennt man den Austauschcharakter der Situation. Es soll nur geschehen, was für das Kind bzw. für den Patienten gut ist. Warum darf nicht eingestanden werden, dass Eltern und Therapeuten immer auch als Personen in dem Austausch anwesend sind? Offenbar will man die Gegenseitigkeit nicht sehen, weil man fürchtet, einen Machtmissbrauch zu entdecken. Also sagt man, der kommt gar nicht in Frage. Was man nicht in Betracht zieht, das gibt es auch nicht, basta! Aber irgendwann wird dann offenbar, dass das Wegschauen genau das ermöglicht, was nicht sein darf.

***

Lassen Sie mich wieder kurz auf die Geistesgeschichte zurückblicken, die unser Menschenbild geformt hat. Ich erinnerte daran, dass Descartes mit seiner Philosophie zugleich einen entscheidenden neuen psychologischen Akzent setzte. Er verwies die Gemütsregungen, die das mittelalterliche Ich im Schoß der kirchlichen Gemeinde an den lenkenden und beschützenden Gott gebunden hatten, in den niederen Bezirk unklarer und verwirrender Vorstellungen. Das mathematisch-naturwissenschaftliche Denken erschien als einzig geeignetes Instrument zu einem unbegrenzten Erkenntnisfortschritt. Darin steckte inexplizit der gleiche Machtwille, den Francis Bacon ungeniert und offen als zukunftsweisende Einstellung gefordert hatte. Aber wohin mit den Gefühlen, die bisher einen großen Halt in religiöser Geborgenheit, im Schutz von Gnade und Versöhnung vermittelt hatten?

In meinem Buch »Der Gotteskomplex« habe ich die These vertreten, dass in jener Zeit ein Komplex wirksam wurde, nämlich der Versuch des Individuums, die schützende himmlische Sicherung durch eine omnipotente Selbstsicherung zu ersetzen. Je höher die Angst wuchs, Gott zu verlieren, umso dringender wurde der innere Zwang, sich selber der Naturkräfte zu versichern, denen man sonst schutzlos ausgeliefert sein würde. Obwohl es noch etwa zwei Jahrhunderte dauern würde, ehe Nietzsche es wagen konnte, Gott endgültig für tot zu erklären und das Individuum in der eigenen Person als gottgleichen Übermenschen zu feiern, wurden dazu bereits im 17. Jahrhundert die Weichen gestellt. Und Descartes schrieb dafür die psychologische Anleitung. Allerdings erfasste er nur die intraindividuelle, nicht auch die sozialpsychologische Dimension des Prozesses. Intraindividuell ging es um die Etablierung des intellektuellen Bemächtigungswillens bei gleichzeitiger Unterdrückung der sozialen Gefühle – Kopf versus Herz. Aber diese innere Abspaltung war leichter zu vollziehen, wenn sie sich sozialpsychologisch fortsetzte.

Damit wird ein *psychosozialer Abwehrmechanismus* angesprochen, den ich anhand der Dynamik der Paarbeziehung anschaulich zu machen versucht habe: Das Individuum kann seine passiven

Regungen und Gefühle in sich leichter niederhalten, wenn es sie in seine Umwelt hineinzuprojizieren und daran in projektiver Identifizierung zu partizipieren vermag. In der Paarbeziehung sieht das dann so aus, dass der eine Teil sich als der Herrschende dadurch stabilisiert, dass er seine passiven Strebungen dem Partner bzw. der Partnerin zuteilt. In der Tradition war dies das klassische Modell der Geschlechterbeziehung. Die Frau übernahm in ihrer Rolle das Ausleben der vom Mann verdrängten Gefühlswelt und begnügte sich damit, an seinem machtbewussten Ego in der Phantasie derart teilzunehmen, als sei dies eine Entschädigung für ihren Verzicht auf Selbstvervollkommnung. Umgekehrt konnte sich der Mann an der Gemütswärme der Frau laben als Kompensation für die eigene Nüchternheit des Machtdenkens und der Entemotionalisierung.

Ich mache jetzt wieder einen kurzen Sprung hinüber zur psychoanalytischen Situation. In dem klassischen Therapeuten-Patienten-Verhältnis sehen wir im Ansatz eine ähnliche Aufspaltung wie die zuletzt beschriebene. Der Analytiker als der kontrolliert reflektierende Teil partizipiert einseitig an der Emotionalität des Analysanden. Er herrscht mit der Deutungshoheit. Denn wer das Unbewusste des anderen deutet, bezieht die herrschende Position. Er sagt: Ich weiß, was du nicht weißt. Du meinst etwas, aber ich erkläre dir, dass du unbewusst etwas ganz anderes meinst. Ich kann dich mit meinen Deutungen erreichen. Du erreichst weniger mich als das verinnerlichte Bild deines Vaters oder anderer Autoritäten aus kindlichen Erinnerungen. In der Analyse begegnest du ewig nur den Spuren von eigenen unverarbeiteten Versagungen, Kränkungen, Liebes- und Rachewünschen, Ängsten und Schuldgefühlen. Ich, der Analytiker, benutze in der Therapie meine Gefühle nur insofern, als ich in ihnen besser erkenne, was *du* in der Übertragung in mich hineinlegst.

Würde der Analytiker *nur* nach diesem Muster verfahren und sich niemals in der Weise als Person stellen, wie es Ferenczi beherzigt hat, würde das emanzipatorische Ziel des Prozesses nicht erreicht werden können. Beide, Analytiker und Analysand, müssen sich immer bewusst bleiben, dass die Abhängigkeitssituation in der Therapie *nur ein Experiment* ist. Also muss in der Therapie auch immer das Fenster zur sozialen, ökonomischen und politischen Welt offen bleiben, wo sie beide, Analytiker und Analysand, zu gleichen Teilen in demokratischer Mitverantwortung stehen. In der künstlichen Situation der Analyse wird diese Ebenbürtigkeit vorübergehend probeweise eingeschränkt. Aber der Analytiker bleibt hinter seiner Rolle immer die reale Person, die auch mit eigenen Gefühlen – wie unsere Untersuchung gezeigt hat – an dem Prozess teilnimmt. Und der Analysand erfasst den Therapeuten eben nicht nur durch die verfälschende Brille infantiler Projektionen. Er muss die Gelegenheit erhalten, schon während der Therapie aus der provisorisch inszenierten Abhängigkeit herauszuwachsen. Geschieht das nicht, kann es ihm wie so manchem Patienten nach Therapieende passieren, dass er die soziale Welt weiterhin eher mit analytischen Phantasien als mit geschärftem Realitätssinn zu meistern versucht.

Als Freud die Prinzipen der psychoanalytischen Therapie entwickelte, dauerten die Analysen meist nur einige Monate. Bald danach wurden seine Schüler oft schon selbst als Lehranalytiker tätig. Während der kurzen Eigenanalyse wurde das Handlungsfeld draußen eher als Quelle unerwünschter Ablenkung betrachtet. Es war wie eine Ferienzeit, die es den Analysanden erlaubte, sich ganz in die Innenwelt der analytischen Prozesse zurückzuziehen. Inzwischen haben sich die Analysen bekanntlich zeitlich enorm ausgedehnt. Das heißt, die Analysanden müssen in den Jahren ihrer Therapie viele für ihr Leben entscheidende Entschlüsse fassen und können nicht abwarten, bis die Analyse sie irgendwann zu konfliktbereinigter Handlungs-fähigkeit entlässt. Nicht alle Analytiker haben aus der beträcht-lichen Verlängerung der Therapiezeiten die nötigen Konse-quenzen gezogen. Viele sehen in der sozialen Welt immer noch zu sehr die Quelle unerwünschter Ablenkungsreize und nicht das Feld vieler wichtiger Aufgaben, die der Analysand unter reflektierender Mithilfe des Analytikers meistern muss. Leicht kann ein ungünstiger Effekt begünstigt werden, den besonders Erik H. Erikson sehr scharf gesehen und bedauert hat, nämlich dass »nur eine begrenzte Zahl unserer Patien-ten und Studenten nach Jahren der Gewöhnung an die psy-choanalytische Situation mit einem erhöhten Verständnis zur aktuellen Wirklichkeit zurückkehren. Nicht wenige scheinen eher von dem Zwang getrieben, ihre private psychi-sche Realität auf die Aktualität der Gemeinschaft auszudeh-nen und prompt zu versuchen, Heim und Arbeit, Beruf und Bürgerschaft mit entsprechenden Deutungen zu belasten.« Manche phantasieren gar, dass sie durch erlernte Deutungs-kunst so etwas wie eine spirituelle Macht über die Handlungs-welt gewonnen hätten. Dann haben wir den »Gotteskomplex« als eine Art Karikatur vor uns. Aus dem gedeuteten abhängi-gen Analysanden auf der Couch ist der omnipotente Aller-weltsdiagnostiker geworden, dem die echte Realität oft erst dann peinlich klar vor Augen tritt, wenn es ihm ökonomisch an den Kragen geht.

6.
Das Mitfühlen – eine natürliche Anlage

Ich möchte nun wieder den Blick auf die jüngere Geistesgeschichte wenden und erneut die Frage aufnehmen: Wo und
wie hat das von Descartes in den Mittelpunkt gerückte neue
selbstbewusste Individuum sozialen Halt gesucht, als es nicht
mehr in der mittelalterlichen religiösen Gemeinschaft leben
wollte? Thomas Hobbes, gut bekannt mit Francis Bacon, sah
keine Schwierigkeit darin, den Egoismus des Einzelnen als
einzig bestimmende menschliche Triebkraft anzuerkennen.
Der Staat galt für ihn als großartige praktische Erfindung, um
per Vertrag die auf egoistische Selbsterhaltung bedachten
Einzelnen voreinander zu schützen. Der bedeutende Moralphilosoph *David Hume* widersprach ihm und behauptete, *im
Menschen selbst* sei gegen den Egoismus eine natürliche Bin-
dungskraft wirksam, die er *Sympathie* nannte. In der Fähigkeit
jedes Einzelnen, fremdes Wohl und Wehe mitzufühlen, wurz-
le die Gabe zu sozialem Verhalten. Nicht die vernünftige
Überlegung, sondern die Gefühle der Sympathie seien die
letzte Instanz, die zur Herstellung von Gerechtigkeit und Ordnung in natürlicher Weise wirksam sei. Noch deutlicher als
David Hume erklärte *Rousseau*, der mit Hume bekannt war,
den Menschen als von Natur aus gut und sozial fühlend, was
diesen instand setze, spontan ein vertraglich geregeltes Zusammenleben zu unterstützen.
Ein ganzes Buch über die ethischen Gefühle schrieb interessan-
terweise der britische Moralphilosoph *Adam Smith*, derselbe
übrigens, der das System der liberalen Marktwirtschaft entwickelt hat. Ihn beschwerte vor zweieinhalb Jahrhunderten nicht
die Sorge, dass der freie Wettbewerb der selbstsüchtigen Interessen die Gesellschaft spalten könne, eben weil er die soziale Rück-

sichtnahme als eine natürliche balancierende Gegenkraft ansah. »*Benevolence*« nannte er diesen Antrieb. »Man mag den
Menschen für noch so egoistisch halten, es liegen doch offenbar
gewisse Prinzipien in seiner Natur, die ihn dazu bestimmen, an
dem Schicksal anderer Anteil zu nehmen, also Prinzipien, die
ihm selbst die Glückseligkeit dieser anderen zum eigenen
Bedürfnis machen. Dass wir selbst oft Kummer empfinden, weil
andere Menschen von Kummer erfüllt sind, das ist eine Tatsache, die zu augenfällig ist, als dass es dazu irgendwelcher
Beispiele bedürfte.«

Der egozentrische Rationalismus des Descartes befand sich also
nicht auf einem stetigen Eroberungszug. Vielmehr gab es im
18. Jahrhundert reichlich Bemühungen, die Entwertung von
sozialen Gefühlen zu revidieren und in der Emotionalität sogar
eine entscheidende Quelle zur Stabilisierung des Gemeinwe-
sens anzuerkennen. Zum Thema wurde die soziale Gemeinschaft von Menschen, die von Natur aus durch Sympathie, Rücksicht und Hilfsbereitschaft zum Aufbau einer gerechten Ordnung imstande sein sollte.

Welche der geistigen Strömungen würde sich durchsetzen?
Hume, Rousseau und Adam Smith mit ihrem festen Glauben an
natürliche soziale Triebkräfte, die dem Ausufern selbstsüchtiger
Interessen Schranken setzen könnten? Oder Thomas Hobbes
mit seiner Überzeugung, dass die Egoismen der Einzelnen nur
von außen, durch staatliche Gewalt, gezähmt werden könnten?
Oder gab es noch eine dritte Denkmöglichkeit, nämlich eine
ordnende sittliche Kraft, die weder von natürlichen sozialen Antrieben noch von der äußeren Ordnungsmacht des Staates aus-
ginge? Als Zentralfigur des deutschen philosophischen Idealis-
mus ersann Immanuel Kant jene dritte Möglichkeit. Moralisches Verhalten könne nicht durch natürliche soziale Neigun-
gen entstehen, sondern nur durch Anerkennung *sittlicher Pflicht*.
Das abstrakte Sittengesetz allein könne und müsse moralisches

Wollen bestimmen. Nur was allein aus Pflicht geschehe, sei sittlich. In diesem Sinne entwickelte Kant den bekannten kategorischen Imperativ: »Handle so, als ob die Maxime deines Handelns durch deinen Willen zum allgemeinen Naturgesetz werden sollte.«

Kants Argwohn gegen die natürlichen emotionalen Triebkräfte des Menschen ging so weit, dass er sie zunächst nur *gegen* das sittliche Pflichtprinzip gerichtet sah. In jedem Falle also erschien moralisches Handeln als ein Akt heroischen Triumphierens der *Pflicht über die Neigung.* Arthur Schopenhauer griff später die nahe liegende Frage auf, woher denn aber die Energie kommen solle, den kategorischen Imperativ zu befolgen, wenn dem Menschen kein emotionaler Impuls aus der Naturanlage zu Hilfe kommen könne oder gar dürfe. Schon die Erwartung eines Gefühls der Genugtuung entwerte ja (nach Kant) eine moralische Handlung. Es bedurfte nicht erst der Entdeckung der Psychoanalyse, um an diesem moralischen Rigorismus Züge von Pedanterie und Zwanghaftigkeit zu entdecken.

Wenig beachtet vom großen Publikum wurde indessen eine geradezu dramatische Wendung Kants zehn Jahre nach Veröffentlichung der »Kritik der praktischen Vernunft«. Da tobte in Frankreich die Revolution, bewegt von den großen Zielen Freiheit, Gleichheit und Brüderlichkeit. Was Kant elektrisierte, war nicht nur der Aufstand der Menschen in Frankreich, sondern mehr noch die begeisterte Resonanz bei den Nachbarvölkern. Dieser Eindruck bewog den sonst so nüchternen Verfechter des abstrakten Sittengesetzes, der immer eine strenge Trennung zwischen Emotionalität und Moral vollzogen hatte, zu einer überraschenden Folgerung: Die Revolution selbst möge in Blut und Gewalt untergehen. Aber allein der Enthusiasmus der Nachbarvölker für die Leitideen der Revolution bezeuge eine allgemein menschliche moralische Anlage, die durch alle Wechselfälle der Geschichte hindurch doch einen Fortschritt der Kultur zum Besseren nicht nur möglich, sondern sicher mache.

Auf einmal stand nicht mehr das gefühlsunterdrückende intellektuelle Individuum im Mittelpunkt, sondern der Mensch im Miteinander des Wir, in der Nähe zueinander, im Gefühl der Verwandtschaft, der Gleichheit bzw. der Notwendigkeit, die Ungleichheit der Unterdrückung aufzuheben – ein soziales Menschenbild im Gegensatz zu dem individualistischen des 17. Jahrhunderts.

Schopenhauer, zugleich Bewunderer und Kritiker Kants, entwickelte in der Folgegeneration eine Metaphysik mit bemerkenswerten eingestreuten psychologischen Elementen. Und zwar deutete er, dass das betonte individuelle Selbstbewusstsein des Einzelnen Folge einer Stimmung des *Argwohns* sei. Dagegen sei das Bewusstsein der Verwandtschaft aller mit allen anderen Ausdruck einer Stimmung von *Zuversicht*. Schopenhauer sprach von Zuversicht anstelle von Vertrauen. Es war schon so etwas wie ein Vorgriff auf das Verfahren der Psychoanalyse, das individuelle Selbstverständnis von unbewussten Antrieben herzuleiten, also in diesem Falle das Bewusstsein der Vereinzelung auf das Misstrauen zurückzuführen, welches Schopenhauer zugleich mit einer negativen Charakteranlage gleichsetzte. Das las sich so:

»Dieser (der schlechte Charakter) empfindet überall eine starke Scheidewand zwischen sich und allem außer ihm. Die Welt ist ihm ein absolutes Nicht-Ich und sein Verhältnis zu ihr ein ursprünglich feindliches.« »Der gute Charakter hingegen lebt in einer seinem Wesen homogenen Außenwelt: Die anderen sind ihm kein Nicht-Ich, sondern ›Ich noch einmal‹. Daher ist sein ursprüngliches Verhältnis zu jedem ein befreundetes: Er fühlt sich allen Wesen im Inneren verwandt, nimmt unmittelbar an ihrem Wohl und Wehe teil und setzt mit Zuversicht dieselbe Teilnahme bei ihnen voraus. Hieraus erwächst der tiefe Friede seines Innern und jene tröste, beruhigte, zufriedene Stimmung, vermöge welcher in seiner Nähe jedem wohl wird.«

Sind die Menschen also in Wahrheit im Innern miteinander verwandt, oder ist das nur eine Frage der persönlichen Einstellung? In seiner Metaphysik stellte Schopenhauer klar: Die Idee von der Abgehobenheit des individuellen Ich sei nur eine Illusion. In Wahrheit seien alle eins. Die Phantasie von der Scheidewand entspringe nur einer subjektiven Vorstellung. Analog ist auch das *Mitleid*, auf das Schopenhauer im Gegensatz zu Kant seine Ethik gründete, mehr als ein moralisches Phänomen, vielmehr zugleich die mystische Offenbarung für den Einzelnen, dass er sich in dem anderen finde, also sein eigenes Wesen in der fremden Erscheinung wiedererkenne.

Während Kant in der »Kritik der praktischen Vernunft« die reine Pflicht als zwischenmenschliches moralisches Bindemittel für nötig befand, sagte Schopenhauer: Wir müssen nur auf unser spontanes Mitfühlen achten, dann wissen wir, dass wir helfen und gerecht sein müssen und dass wir alle ohne wirkliche Trennwand miteinander verbunden sind. Im Bewusstsein, zugleich in allen anderen enthalten zu sein, könne man auch dem Tod leichter entgegensehen, denn:

»Der, dem alle anderen stets Nicht-Ich waren, ja, der im Grunde allein seine eigene Person für wahrhaft real hielt, die anderen hingegen eigentlich nur als Phantome ansah, denen er bloß eine relative Existenz, sofern sie Mittel zu seinen Zwecken sein oder diesen entgegenstehen konnten, zuerkannte, sodass ein unermesslicher Unterschied, eine tiefe Kluft zwischen seiner Person und allem jenem Nicht-Ich blieb, der also ausschließlich in dieser eigenen Person existierte, dieser sieht im Tode mit seinem Selbst auch alle Realität und die ganze Welt untergehen. Hingegen der, in allen andern, ja in allem, was Leben hat, sein eigenes Wesen, sich selbst erblickte, dessen

Dasein daher mit dem Dasein alles Lebenden zusammenfloss, der verliert durch den Tod nur einen kleinen Teil seines Daseins: Er besteht fort in allen andern, in welchen er ja sein Wesen und sein Selbst stets erkannt und geliebt hat, und die Täuschung verschwindet, welche sein Bewusstsein von dem der Übrigen trennte.«

Der Gedanke drängt sich auf, dass in der Sympathie des David Hume, in der Benevolence (als mitmenschliche Güte übersetzt) des Adam Smith und in der Mitleidsethik Schopenhauers doch wieder Elemente des christlichen Mittelalters zum Vorschein kommen. Das verbindende existentielle Moment ist *das Leiden*. Das sich diesem zuwendende *Helfen* erscheint allerdings nicht mehr als religiöses Gebot, sondern als eigenes natürliches Bedürfnis des Menschen. Mit aller Heftigkeit wehrte sich Schopenhauer dagegen, seine Mitleids-Ethik von der Religion abzuleiten. Vergleiche man die gepredigte christliche Moral mit der Praxis ihrer Bekenner, so falle der Blick auf die Religionskriege, die unverantwortlichen Kreuzzüge, die Ausrottung großer Teile der Ureinwohner Amerikas, auf die brutale Ausbeutung der entführten afrikanischen Sklaven, die himmelschreiende Inquisition, auf die Bartholomäusnacht mit der Hinrichtung von 18 000 Niederländern.

Also keine Rückkehr in den Schoß der Kirche, sondern Solidarität aus eigenem natürlichen Drang, bei Schopenhauer gedeutet als Ausdruck der metaphysischen Einheit des Ganzen. Aber was ist das Wesen dieses Ganzen? Es ist für Schopenhauer nicht göttliche Art. Es ist nichts als ein blinder Weltwille, ein Wille zum Leben selbst, sagte Schopenhauer, also ohne Verheißung, ohne Versöhnung, ohne Gnade. Das Vertrauen soll von innen kommen und den Argwohn überwinden, der die Menschen voneinander isoliert und ihre natürliche Verbindung miteinander zerreißt. Aber das Vertrauen findet keinen Bezug mehr zu einer stützenden himmlischen Macht. Der gute Charakter soll es aus sich selbst stiften. Das Individuum soll seinen Frieden in der Abkehr von selbstsüchtigen Wünschen suchen. Den Seelenfrieden der Wunschlosigkeit entnahm Schopenhauer als Leitidee der indischen Philosophie, die damals in Europa erstmalig größeres Interesse fand, während er selbst mit seinen Vorlesungen an der Berliner Universität vorerst ziemlich unbeachtet blieb.

***

Man sieht, dass der in der Renaissance begonnene Befreiungsdrang des Individualismus auf einen schmalen Grat geführt hat. Der erfolgreiche Aufstieg zu einem stärkeren Autonomiebewusstsein ist unverkennbar, aber auch die Sorge, in der Isolation verloren zu gehen. Es ist schwierig, die Balance zu halten zwischen wachsender souveräner Selbstbehauptung und Bewahrung von sozialer Verankerung. Adam Smith hatte noch die Zuversicht, dass der Wettkampf der Egoismen durch soziale Triebkräfte vor dem Ausufern bewahrt werden könnte. Kant baute zuerst auf die Macht eines abstrakten Pflichtbewusstseins, bis er schließlich aus der epidemischen Begeisterung für die Werte der Französischen Revolution die Gewissheit schöpfte, dass im Innern der Menschen der Antrieb zum Besseren bereitliege. Schopenhauer sah dann schon voraus, dass eine friedliche Versöhnung der Egoismen mit den sozialen Bedürfnissen auf die Dauer misslingen würde. Ihn faszinierte das Urphänomen des Mitleids als Ausdruck der Verbundenheit des Ganzen. Aber was nützte es, wenn dieses – wie er es sah – einseitig die Frauen bewegte, denen er die Fähigkeit zu verantwortlicher gesellschaftlicher Gestaltung absprach? Es hieß also: Der Mensch liegt mit seinem egoistischen Bemächtigungswillen falsch. Er ist über-

wiegend schlecht, weil er durch seine Ich-Fixierung von einem Misstrauen beherrscht ist, das ihn von der übrigen Welt,
die zum bloßen Nicht-Ich wird, abtrennt. Geht es also vielleicht doch nicht ohne Halt in der Religion?

7.
Der Einzelne und das Ganze – Carl Gustav Carus

In der Romantik kam es dann noch einmal zu einer stürmischen Wiederbelebung der vom egozentrischen Rationalismus unterdrückten Gemütsseite. In der Gefühlswelt vereinigte sich das Bewusstsein mit dem Unbewussten, und durch sie erkannte der Einzelne seine Verwobenheit mit der beseelten Umwelt. Die Neugier des Ich richtete sich auf das Erkunden, weniger auf das Beherrschen der Kräfte des Inneren der Gemeinschaft und der Natur. Es war, als machte der egoistische Bemächtigungswille fürs Erste Pause, als öffnete der Mensch noch einmal alle seine Sinne, um seine Verbundenheit mit dem Ganzen zu spüren. Für eine Weile war der Einzelne nicht mehr der »homo clausus«, sondern voll geöffnet für das Leben draußen, im Gefühl des wechselnden Aufeinander-Angewiesenseins, ebenso für die Innenwelt der Phantasie, der Träume, des Unbewussten. Die passive Seite der Seele, das Empfinden, das Schauen, das Phantasieren – das waren nicht mehr Behinderungen der rationalen Cogitatio, sondern wichtige Zugänge zur Wahrheit. Im Gefühl der Weltverbundenheit wurde auch Religiosität wieder lebendig. Unter den romantischen Geistern, die entschieden an den christlichen Wurzeln hafteten, war ein Arzt, Philosoph und Psychologe, der bereits lange vor Freud das Unbewusste entdeckte. Ich meine Carl Gustav Carus, Autor des bis heute lebendig gebliebenen Buches »Psyche« (1846). Gewiss ist es Willkür, dass ich gerade diesen Denker, einen Vorläufer der Tiefenpsychologie, auswähle, um an ihm die romantische Gegenbewegung deutlich zu machen, die noch einmal den Triumphzug des Machtwillens zum Übermenschen, schließlich zum egomanischen »Prothesengott«, unterbrach.

Sein berühmtes Werk leitet Carus mit dem Satz ein: »Der Schlüssel der Erkenntnis vom Wesen des bewussten Seelenlebens liegt in der Region des Unbewusstseins.« Er spricht oft vom Unbewusstsein statt vom Unbewussten. Das unbewusste Seelenleben sei seinem Wesen nach ein göttliches und berge eine Weisheit, die vom bewussten Leben nie in ähnlichem Umfang erfasst werden könne. Man erkennt also gleich, hier liegt nach Carus das eigentliche Zentrum der Person. Aber das Unbewusste ist nicht als im Individuum abgeschlossen gedacht, sondern als eine Sphäre, durch die der Einzelne mit seiner Mitwelt unmittelbar verknüpft sei. Während der selbstbewusste Geist das Gefühl des Für-sich-Seins, also der individuellen Absonderung entwickle, kenne das Unbewusste diese Trennung *nicht*: »In ihm flutet das allgemeine Dasein der Welt noch unmittelbar fort, und in ihm regen sich deshalb alle Fasern der Verbindung, durch welche das Einzelne dem Ganzen überall und immerfort verknüpft ist und verknüpft sein muss.« Im Unbewussten lebe die Erinnerung des Vergangenen, aber ebenso eine Ahnung des Kommenden. Das Bewusstsein müsse periodisch ins Unbewusste zurückkehren, welches den Zustand der Ermüdung nicht kenne. Carus unterscheidet das absolut Unbewusste als ein Reich der Notwendigkeit von dem relativen oder sekundären Unbewussten, in welchem alle früher einmal bewussten Gefühle und Erkenntnisse bewahrt werden und von hier aus auf das bewusste Seelenleben zurückwirken.

Im Unbewussten würden von außen ausgelöste Reizungen auch während des Schlafes verarbeitet. So könne etwa rauchgeschwängerte Luft während des Schlafes den Traum von Ungeheuern hervorrufen, die sich erstickend auf die Brust legen. Schon im embryonalen Zustand könne das Leben des Kindes von Regungen der Mutter unbewusst affiziert werden. Etwa wenn sich die Mutter sehr lebhaft eine Verletzung oder Verunstaltung vorstelle, könne sie damit ein »Versehen« bewirken, also eine Missbildung am Kind. Aber auch sonst nehme das Kind schon während der Schwangerschaft unbewusst an allem teil, was die Mutter bewege. Deshalb sei das englische Sprichwort durchaus treffend, in dem es heiße, die Erziehung des Kindes beginne neun Monate vor der Geburt. Zeitlebens lasse sich beobachten, dass Vorstellungen, Gedanken und Gedankenfolgen durch Rückkehr ins Unbewusste gesteigert und gekräftigt werden könnten. Carus erinnert an *Antäus*, der im Ringkampf unbesiegbar war, solange er seine Mutter, die kraftspendende Erde, berührte. Entsprechend sieht Carus das Unbewusste generell besonders mit dem *Weiblichen* verknüpft: »Es wird deutlich, dass das Weib eben vermöge eines gewissen Vorwallens unbewussten Lebens fester und unmittelbarer an jenem Göttlichen haften bleibt, welches wir, eben weil es durch das Erkennen nie ganz ermessen werden kann, als ein Mysterium, als den Urgrund und die höchste Bedingung alles Seienden verehren sollen, während der Mann bei seiner Aufgabe, zur vollkommenen Tat des selbstbewussten Geistes hindurchzudringen, leicht von dem Haften an diesem Mysterium sich allzu weit entfernen kann.«

Bei der Mehrzahl der Frauen bleibe ein dunkles Abfühlen der innersten geheimnisvollen Wesenheit und des Geistes vorhanden, deshalb behielten sie einen eigenen Fond von Lebendigkeit und Bildsamkeit, welcher bei den meisten Männern leicht in einer gewissen trockenen Einseitigkeit aufgehe. Aber es ist, als erschreckte Carus an dieser Stelle doch wieder, als verstieße er gegen die traditionell verwurzelte Abqualifikation der emotionalen Welt zugunsten des Rationalen. So setzte er eilig hinzu, dass es den Frauen in der Regel schwer falle, zu höherem Bewusstsein, zur Tat des freien selbstbewussten Geistes aufzusteigen. Nie sei eine große Erfindung zur Eröffnung neuer Bahnen für die Menschheit von ihnen ausgegangen. Also sei es doch eher eine Chance für *den Mann*, wenn er »im freien klaren

Selbstbewusstsein das Mysterium des Unbewussten vollkommen mit umfasst«. Damit vollzog Carus also die gleiche Wendung wie sein Zeitgenosse Schopenhauer. Auch diesem fiel ein, nachdem er in seiner Ethik das Mysterium des Mitleids als Wurzel der großen Kardinaltugenden gefeiert und die Frauen dafür gelobt hatte, dass sie begabter zum Mitfühlen und zur Menschliebe seien, ihnen rasch ein Defizit an Vernunft vorzuhalten. Sie seien die geeigneten barmherzigen Schwestern, aber zum Beispiel ganz ungeeignet für das Richteramt.

Bei Carus wirkt der abrupt den Frauen verpasste Dämpfer eher wie eine taktische Pflichtübung, nachdem er in aller Ausführlichkeit das mütterlich nährende und stärkende Unbewusste als die Verbindung des Menschen zur Mitwelt und zum Göttlichen gepriesen hatte. Sein Hinweis auf die männlichen bahnbrechenden Erfindungen enthielt allerdings vielleicht schon eine Vorahnung des sich ankündigenden Zeitalters der stürmischen Technisierung. Jedenfalls war das Menschenbild von Carus durch die Verbindungsstränge des Unbewussten deutlich abgehoben von den individualistischen Konzepten der Rationalisten. Bewusste, aber auch unbewusste wechselseitige Beziehungen kennzeichnen die soziale Offenheit des Seelenlebens wie zur Natur und zu Gott. Ohne diese Beziehungen wäre die Einzelseele nicht lebensfähig. Carus spricht hier von »Strahlungen in ungeheurer Mannigfaltigkeit«. Allein die Beobachtung der menschlichen Verhältnisse zeige dem Beobachter eine unendliche Verschiedenartigkeit der Verbindungsfäden zwischen Seele und Seele, zwischen Seele und Natur.

8.
Übermensch versus Gutmensch –
Nietzsche

Ich habe den Arztpsychologen Carl Gustav Carus, dessen Werk »Psyche« übrigens erst 1975 wieder nachgedruckt worden ist, als Repräsentanten eines Menschenbildes ausgewählt, das in der Romantik noch einmal der Vision des »Gotteskomplexes« entschieden entgegentrat: der Mensch, über sein Unbewusstes eingebettet in die lebendige Mitwelt, in Ehrfurcht und Erlösungshoffnung Gott ergeben. Noch einmal also ein Aufbegehren gegen den Bemächtigungswillen auf dem Wege zum Großindividuum, zum Übermenschen.

Auf diesem Wege wiederum entwickelte sich *Friedrich Nietzsche* bald zu einer alles überstrahlenden intellektuellen Zentralfigur. Es ist hier nicht der Ort, Nietzsches facettenreiche geistige Welt ausleuchten zu wollen, wie es z. B. Rüdiger Safranski in seiner biographischen Studie exzellent gelungen ist. Nietzsche war feinsinniger Ästhet, begnadeter Dichter, scharfsinniger Kritiker, psychologischer Analytiker von hohem Format. Nur ein Hauptgedanke von ihm sei hier herausgestellt, der ihn zumal in späteren Jahren nicht mehr losließ:

Der Mensch konnte nicht länger Gott haben wollen und selbst Gott sein. Entweder endlich selber herrschen oder sich weiterhin dem im Unbewussten oder sonstwo phantasierten Göttlichen unterwerfen. Entweder im Miteinander von Leiden, Mitleiden, Helfen sozial verbunden bleiben oder das Leiden besiegen oder verachten und seine Träger als Minusvarianten der Evolution ausgrenzen und vielleicht sogar einmal wegzüchten. Der Kampf ging um den einen Punkt: Ich oder Wir. Mitleid, Compassion, Solidarität mit den Schwächeren oder umgekehrt Kampagne gegen Mitleid als tückische Waffe in der Hand der

Schwachen, die aus Ressentiment die Starken zu sich herabzuziehen und mit Schuldgefühlen moralisch zu erpressen versuchen. Vor Freud und der Psychoanalyse erkannte Nietzsche schon sehr genau die Chance der analytischen Deutung als entwaffnendes Kampfmittel. Die so genannte Mitleidsethik sei nichts anderes als eine rationalisierte Neidoffensive der Kümmerlinge. Keineswegs sollten sich die »höheren Menschen« in ihrem Machtwillen von dem moralisch etikettierten Gezeter und Barmherzigkeits-Flehen des Sklavenvolkes irremachen lassen: *»Gott starb: Nun wollen wir, dass der Übermensch lebe!«*

Bereits dieser kurze Extrakt zeigt, dass sich in der Rebellion Nietzsches in äußerster Konsequenz fortsetzt, was die Renaissance begonnen hatte. Das Individuum verschleiert seinen *unbegrenzten Machtwillen* nicht länger mit geheuchelter Kirchentreue. Nietzsche vollzieht den endgültigen Schnitt, indem er im »Antichrist« der Kirche die planmäßige Entmündigung des Menschen vorwirft. Was sie gezüchtet habe, sei »das Haustier, das Herdentier, das kranke Tier Mensch, der Christ …« In ewigen Wiederholungen attackiert er das Christentum mit einer Leidenschaftlichkeit, die wiederum die Anstrengung verrät, den »Gotteskomplex«, d. h. die überkompensatorische Flucht aus der Ergebenheit in die Allmacht, unbeschadet durchzustehen. Was man hundertmal verwünscht, davor muss man sich, das ist die Hoffnung, nicht mehr fürchten. Es genügt nicht, die christlichen Werte, an erster Stelle das Mitleid, in Frage zu stellen. Nötig ist, sie unerbittlich zu verfolgen, ihnen den Garaus zu machen. Den Schwachen gebührt nicht nur kein Beistand, sondern sie sollen zugrunde gehen. Mitleid ist Gift, weil es erhält, was zum Untergang reif ist.

Nietzsche war der erste leidenschaftliche Bekämpfer der Gutmenschen. Der gute Mensch – Herdentier, blauäugig, wohlwollend, schöne Seele – bedeute, die Menschheit zu kastrieren, dem Dasein seinen großen Charakter zu nehmen. Der Gute sei der letzte Mensch, die schädlichste Art Mensch: »Der Schaden der Guten ist der schädlichste Schaden.« Den Guten habe sich der Mensch des Ressentiments ausgedacht.

»Von der Stärke verlangen, dass sie sich *nicht* als Stärke äußere, dass sie *nicht* ein Überwältigen-Wollen, ein Niederwerfen-Wollen, ein Herr-Werden-Wollen, ein Durst nach Feinden und Widerständen und Triumphen sei, ist gerade so widersinnig, als von der Schwäche verlangen, dass sie sich als Stärke äußere.« Verständlich sei, dass die guten Lämmer den großen Raubvögeln gram seien, weil sie von diesen gefressen würden. Aber das sei nun einmal so.

Hier sei kurz innegehalten und über die bis heute nachhallende Faszination dieser Thesen nachgedacht. Es verlockt natürlich, sich in die Psychologie dieses Autors zu vertiefen, der sich selber als den ersten Psychologen verstanden hat. Man kann, wenn man will, mit Wilhelm Windelband in Nietzsche den »nervösen Professor« entdecken, »der gern ein wüster Tyrann sein möchte«. Aber man kann sich auch fragen, ob sich in dieser Philosophie – in dem Augenblick der Entscheidung für eine endgültige wissenschaftlich technische Naturbeherrschung durch den Menschen – nicht doch Wesentliches von der Psychologie der westlichen Kultur widerspiegelt. Was in Nietzsches flammenden Thesen wie Zynismus erscheint – ist es nicht ungefähr im Klartext, was als geheimer Antrieb hinter den Auswüchsen mancher größenwahnsinniger Projekte des 20. Jahrhunderts ans Licht gekommen ist? Bereits 1954 sagte Georg Lukács von Nietzsche: »Die meisten seiner moralischen Feststellungen wurden zur schrecklichen Wirklichkeit im Regime Hitlers und bewähren ihre Aktualität auch als Darstellung der Moral des gegenwärtigen amerikanischen Jahrhunderts.«

Aber ich möchte die Vorausschau hier erst einmal abbrechen und dafür die Merkmale des Menschenbildes noch genauer in Augenschein nehmen, das in Nietzsches Denken Gestalt annimmt. Ganz deutlich läuft Nietzsches Philosophie auf den *Übermenschen* zu, der sich aus der Masse der »demokratischen Herdentiere« heraushebt. Ziel ist nicht das Wohlbefinden *aller* in einer sozialen Demokratie, sondern der Aufstieg »höherer, hellerer Menschen«, die der Zahl nach sicher wenige sein würden, »über dem Dampf und Schmutz menschlicher Niederungen«. »Man gehört zu ihr (dieser Zahl), nicht weil man begabter und tugendhafter oder heroischer oder liebevoller wäre als die Menschen da unten, sondern – weil man *kälter, heller, weitsichtiger, einsamer* ist, weil man die Einsamkeit erträgt, vorzieht …« In dem »man« gibt sich der einsame Nietzsche dann doch selbst deutlich zu erkennen, ohne dass es dazu besonderer diagnostischer Fahndung bedürfte. Es ist zu spüren, dass der Einsame im eigenen Innern das Leiden überwältigen will, das er außerhalb so unerbittlich als die Kläglichkeit der Schwachen geißelt. In der Projektion muss er überwältigen, was ihn inwendig quält. So macht er auch seinem Freund Rohde das Geständnis, die Literatur, die er seit 1876 produziert habe, sei eine »*selbst gebraute Arznei gegen den Lebensüberdruss*« gewesen: »Welche Jahre, welche langwierigen Schmerzen! Welche innerlichen Störungen, Umwälzungen, Vereinsamungen! Wer hat denn so viel ausgestanden als ich?«

War es also nicht in Wahrheit der insgeheim Verzweifelte, der sein narzisstisches Selbstmitleid mit dem Hass auf die Schwachen und Leidenden niederkämpfte? War es nicht die eigene Ohnmacht, die er mit dem so hoch gelobten Willen zur Macht bezwingen wollte? Indessen – muss er nicht zugleich die Befindlichkeit, die Ängste und die Sehnsüchte von vielen Millionen getroffen haben, die über ein Jahrhundert im Banne seiner Ideen gefangen blieben und noch sind? Ist der Kampf um die Bezwingung von Leiden und Zerbrechlichkeit, um den Aufstieg zu »Prothesengöttern« nicht das Generalthema des Zeitalters?

Später wird Freud feststellen, dass der Mensch es nun erreicht habe, die Naturkräfte so weit zu beherrschen, dass er mit deren Hilfe nun auch das eigene Geschlecht vollständig auslöschen könne. Aber die allererste Gefahr bestand ja darin, dass der Mensch im eigenen Innern diejenigen emotionalen Gegenkräfte unterdrückte, die ihn vor dem Missbrauch seiner Zerstörungsmacht bewahren sollten. Nämlich die Ehrfurcht und die Vernunft des Herzens des Pascal, die Sympathie des David Hume, die Benevolence des Adam Smith, die moralischen Antriebe der Französischen Revolution, das Mitleidsmysterium Schopenhauers, das im Unbewussten verwurzelte gläubige Vertrauen des Carl Gustav Carus. Ohne die bindenden Kräfte aus der Emotionalität gibt es keine Humanität, kein Gespür für soziale Verantwortung, keinen Schutz vor Chaos und Gewalt und vor dem Missbrauch von Macht.

***

Das kann ich heute so schreiben. Aber ich erinnere mich, dass ich als Gymnasiast von Nietzsches Ideen vollauf gefesselt war, wie schon in »Chance des Gewissens« beschrieben. Ich saugte auf, was da stand: »Wo je eine Tyrannei war, da hat sie den einsamen Philosophen gehasst; denn die Philosophie öffnet dem Menschen ein Asyl, wohin keine Tyrannei dringen kann, die Höhle des Innerlichen, das Labyrinth der Brust; und das ärgert die Tyrannen.«
Das passte zu meiner Zuflucht zu philosophischer Lektüre, während Hitler sich eine fürs Militärische begeisterte Jugend wünschte, wozu ich mich nicht passend fühlte. Nietzsches narzisstisch-melancholische Gedichte waren für mich ein Pharmakon. Noch während des Krieges wurde mir indessen seine Verherrlichung des Machtwillens ebenso zuwider wie seine Verachtung von Menschlichkeit, die er zur dekadenten Moral der

Schwachen rechnete. Das war, als Hitler stolz auf die Hunderttausende der 6. Armee war, die er in Stalingrad seinem Größenwahn opferte.

In mancher Hinsicht ist Nietzsche zum Signum der modernen Ich-Gesellschaft geworden, der Vereinsamung in der Kälte, der überkompensatorischen Maßlosigkeit, der Selbstvergötterung, der Abkoppelung einer Machtelite von den »viel zu vielen«, den »Herdentieren«, den »Missratenen«, die zugrunde gehen sollen. Man fühlt sich an die Psychopathologie jener pseudo-heroischen Jugendlichen erinnert, die in der therapeutischen Praxis auftauchen – Gekränkte, die an ihrer heimlichen Schwäche verzweifeln und sich als unbezwingbare Drachentöter träumen, als heldische Ritter, Befreier der Welt von dem Urbösen. Eigentlich im ödipalen Protest Steckengebliebene, die nur herrschen wollen, weil sie sich mit der eigenen Zerbrechlichkeit nicht versöhnen können. Die nur immer mehr Macht wollen, um der eigenen Ohnmacht zu entfliehen.

9.
Wo Es war, soll Ich werden – Freud

Ähnlich wie Nietzsche hat nach ihm Freud, allerdings mit einem viel ausbalancierteren Temperament, den Geist der neuen Zeit seismographisch aufgenommen, verarbeitet und zugleich mitgeprägt. Beide drücken den nun voll entfesselten Machtwillen des Ich im Industriezeitalter in ihrem Denken aus. Gott ist für beide tot. Nietzsche, der Pfarrersohn, musste allerdings noch einen verzweifelten Kampf gegen die christliche Mitleidsethik führen in »Also sprach Zarathustra«, »Jenseits von Gut und Böse«, »Zur Genealogie der Moral« und in seinen Nachlass-Schriften. Den Übermenschen sollte keinerlei Bindung, keinerlei Abhängigkeit mehr beschweren:
»Wert ist das höchste Quantum Macht, das der Mensch sich einzuverleiben vermag – der Mensch, *nicht* die Menschheit! Die Menschheit ist viel eher noch ein Mittel als ein Ziel. Es handelt sich um den Typus: Die Menschheit ist bloß das Versuchsmaterial, der ungeheure Überschuss des Missratenen: ein Trümmerfeld.«
Bei Nietzsche ist überall noch das Krampfhafte, das Gewaltsame der Egomanie, der unbegrenzten Selbsterhöhung des Ich zu spüren. »Entweder obenauf – oder unten, wie ein Wurm, verhöhnt, vernichtet, zertreten. Man muss Tyrannen gegen sich haben, um Tyrann, d. h. *frei* zu werden.«
Von diesen Seelenkämpfen ist der nüchternere Arzt und Psychoanalytiker Freud ein ganzes Stück entfernt. Er sah um sich herum den Siegesmarsch einer Wissenschaft, die zu einer rasch fortschreitenden Naturbeherrschung führte. Aber noch war etwas da, was der Selbstbefreiung im Wege stand. Nämlich die mit dem Sexualtrieb verbundene Ohnmachts- und Schuldangst. Allen Eroberungen des Machtwillens hatte

bisher die von der Kirche ausgehende Tabuisierung der Sexualität standgehalten. Nun drängte dieser Konflikt ins Bewusstsein. Genau genommen war es nicht Freud, der zum Durchbrechen des Tabus ansetzte. Sondern es waren Frauen, seine analytischen Patientinnen, die mit ihren neurotischen Erkrankungen einen unbewussten, verschlüsselten Protest gegen die kulturell erzwungene Sexualverdrängung ausdrückten. Anna O., Emmy v N., Lucie R., Katharina und Elisabeth v R. gebührt, im Grunde genommen, das Verdienst, Freud den Tip zur Ausarbeitung seiner Sexualtheorie gegeben zu haben. Sein großes Verdienst war es allerdings, die Sprache der weiblichen Sexualneurosen zu entziffern und mit seiner Heilmethode den Angriff auf die kulturelle Sexualmoral und ihre schädlichen Wirkungen einzuleiten.

Zunächst wurde Freud so verstanden, als wollte er mit seiner Theorie nichts anderes als eine Entfesselung der verdrängten Triebhaftigkeit bewirken, was ihm den Ruf des Begründers der sexuellen Revolution eintrug. Einige seiner bedeutendsten Schüler – Fenichel, Bernfeld, Reich – begeisterten sich zunächst tatsächlich vor allem zunächst für den Pionier der sexuellen Befreiung, die sie gleichzeitig als entscheidenden Vorstoß zu einer allgemeinen *psychischen* Emanzipation werteten, die zu einer *gesellschaftlichen* Emanzipation beitragen sollte, wie sie den Marxisten vorschwebte. Das war ein phantastisches Missverständnis. Denn erstens dachte Freud nicht gesellschaftlich, geschweige denn politisch. Zum anderen schwebte ihm alles andere als ein ungezügeltes Ausleben sexueller Triebhaftigkeit vor. Er warnte sogar die Männer, denen er ähnlich wie Schopenhauer und Carus die Verantwortung für den kulturellen Fortschritt zuteilte, sich durch die mangelhaft sublimierte Sexualität der Frauen von den eigenen kulturellen Zielen abbringen zu lassen. Noch als 74 Jähriger schrieb er:

»Die Frauen vertreten die Interessen der Familie und des Sexuallebens; die Kulturarbeit ist immer mehr Sache der Männer geworden, nötigt sie zu Triebsublimierungen, denen die Frauen wenig gewachsen sind. Da der Mensch nicht über unbegrenzte Quantitäten psychischer Energie verfügt, musste er seine Aufgaben durch zweckmäßige Verteilung der Libido erledigen. Was er für kulturelle Zwecke verbraucht, entzieht er größtenteils den Frauen und dem Sexualleben.« »So sieht sich die Frau durch die Ansprüche der Kultur in den Hintergrund gedrängt und tritt zu ihr in ein feindseliges Verhältnis.«

Man beachte, es scheint nicht einmal eine Fehlleistung zu sein, wenn Freud nicht vom *Manne*, sondern vom *Menschen* sagt, dass er für seine höheren Zwecke die Energie den Frauen und dem Sexualleben entziehe. Die sexuelle Triebhaftigkeit ist jedenfalls in dieser Sicht etwas Inferiores, über das der Mensch bzw. Mann die Herrschaft anstreben soll – nicht durch Verdrängung, sondern durch Umwandlung der Triebenergie zu Ich-Zwecken. Diesem Ziel diene auch die psychoanalytische Therapie: »Die Psychoanalyse ist ein Werkzeug, welches dem Ich die fortschreitende *Eroberung* des Es ermöglichen soll.« In der »Neuen Folge der Einführung in die Psychoanalyse« heißt es dann lapidar: »Wo *Es war, soll Ich werden.*« Und weiter: »Es ist *Kulturarbeit* wie die Trockenlegung des Zuidersee.« Also wieder *Kulturarbeit,* die ausgewiesene Männersache. Und von *Eroberung* ist die Rede. *Es geht um die Macht des männlichen Ich, das in sich unterdrücken soll, wovon die Frau angeblich beherrscht wird.*

Dies wird als therapeutische Aufgabe formuliert. Aber es steckt darin natürlich viel mehr als ein *medizinisches* Heilungskonzept. Es ist Freuds Vorstellung vom kulturellen Fortschritt überhaupt. Sieht man genauer hin, findet man darin sehr deutlich die Spuren der Renaissance-Denker Descartes und Bacon: Das selbstbewusste männliche Ich ertrotzt sich die Herrschaft über die niederen Begierden und Leidenschaften. Es verwandelt das Getriebenwerden in eigene höherwertige Aktivität, z. B. in Wissenschaft oder in die Trockenlegung der Zuidersee.

Aber ganz so sicher ist sich das Ich denn doch nicht bei der Demonstration seiner Souveränität. Allzu viele Argumente muss Freud vorbringen, um religiöse Gefühle und Ideen psychoanalytisch zu entkräften. Gläubige Ehrfurcht, Sehnsucht nach himmlischer Tröstung, Gnade und Versöhnung stellt er als Relikte infantiler Vater-Idealisierung dar. An anderer Stelle erblickt er eine Analogie zwischen Religiosität und Zwangsneurose, gar eine Verwandtschaft zwischen religiösen und klinischen Wahnvorstellungen. Solange die Übermacht der Natur die Menschen erdrückte, hätte ihnen die Religion geholfen, sich Schutz vor unerträglichen Ohnmachtsgefühlen zu verschaffen. Nun endlich sei diese Illusion aber entbehrlich. Die Erstarkung des wissenschaftlichen Geistes entkräfte die religiösen Dokumente. Unaufhaltsam führe die Bereicherung des Wissens zum Abfall des Glaubens. Erneut müssen die Frauen als Beispiel für rückständige Unvernunft herhalten. Wenn diese noch häufig an religiösen Vorstellungen festhielten, dann als Folge erzieherischer Denkverbote: »Sie wissen, dass man den Frauen im Allgemeinen den so genannten ›physiologischen Schwachsinn‹ nachsagt, d. h. eine geringere Intelligenz als die des Mannes. Die Tatsache selbst ist strittig, ihre Auslegung zweifelhaft, aber ein Argument für die sekundäre Natur dieser intellektuellen Verkümmerung lautet, die Frauen litten unter der Härte des frühen Verbotes, ihr Denken an das zu wenden, was sie am meisten interessiert hätte, nämlich an die Probleme des Geschlechtslebens.«

Mit einem entschiedenen Nein beantwortet Freud die Frage, ob er nicht doch so etwas wie ein ozeanisches Gefühl der Ewigkeit kenne. Auch eine Erfahrung von Grenzenlosigkeit, von Einheit mit dem Ganzen sei ihm fremd. Schließlich sei uns doch nichts sicherer als die Abgegrenztheit des Ich. Nicht weniger als 55 Seiten in dem Aufsatz »Die Zukunft einer Illusion« verwendet Freud darauf, für die Überwindung dieser Illusion zu plädieren, auch wenn man die Religion natürlich vielen Trost Suchenden genau so wenig abrupt entziehen könne wie ein jahrzehntelang konsumiertes Narkotikum. Die Zukunft gehört jedenfalls, so ist aus allem herauszuhören, dem wissenschaftlich-technischen Expansionismus. Da könne der Einzelne ein Stück seines egoistischen Glücksstrebens mit den Zielen der Gesellschaft verbinden, indem er »als Mitglied der menschlichen Gemeinschaft mit Hilfe der von der Wissenschaft geleiteten Technik zum Angriff (sic!) auf die Natur übergeht und sie menschlichem Willen unterwirft. Man arbeitet dann mit allen am Glück aller.«

Wissensdrang, Machttrieb, Angreifen, Erobern, Unterwerfen – damit liegt Freud voll im Zeittrend der neuen Version von Fortschritt. Sehr deutlich verspürt Freud, dass sich in der aus der Verdrängung befreiten Sexualität eine soziale Gegenkraft gegen den egoistischen Machtwillen verbirgt: Wünsche nach Hingabe, Verschmelzung, Bindung, Abhängigkeit – kurz eine Bedrohung der Herrschaft des Ich. Daher Freuds Rückgriff auf das traditionelle Spaltungskonzept: Die Liebe als soziale Macht, als Bindung und Gebundensein, wird den Frauen zugeteilt. Die Männer sollen die Ansprüche des Sexualtriebes mit den Anforderungen der Kultur, deren Fortschritt sie verpflichtet seien, ausgleichen, wozu sie ihre höhere Sublimierungsfähigkeit instand setze.

***

Genau besehen ist in Freuds Entwicklungspsychologie das kindliche Ich von Anfang an und durchgängig der bestimmende Akteur. Ursprünglich enthalte das Ich alles, erst später scheide es die Außenwelt von sich ab. Es erwache mit einem primären Narzissmus, besetze mit seiner Libido nur das eigene Ich. Der Außenwelt bedürfe es am Anfang überhaupt nicht. Nach und nach verleibe sich das Ich dann lustvolle Objekte ein, introjiziere dieselben und stoße umgekehrt von sich aus, was ihm Unlust bereite. Weiterhin sieht man das Kind in Freuds Theorie permanent als *eigenen Gestalter* seines Weges. Es introjiziert, projiziert, besetzt mit seiner Libido Objekte, verschafft sich orale, anale, phallische Befriedigungen, bedient sich des Vaters und der Mutter zur Ausgestaltung seines Ödipuskomplexes, erbaut aus elterlichen Ge- und Verboten sein Über-Ich. So bahnt sich das Kind wie ein kleiner *erobernder Wanderer* seinen Weg durch eine Landschaft voller Angebote und Hindernisse. Das Bild der Außenwelt als Landschaft passt insofern, als die den Weg säumenden förderlichen oder behindernden Figuren nur als statische Repräsentanten eines kulturell vorgegebenen Szenarios erscheinen, als Vollzieher allgemeiner Erziehungsprinzipien oder als Vermittler einer konventionellen Sexualmoral. Der eigentliche Akteur in dem Drama ist jedenfalls das kindliche Ich, das der Außenwelt dadurch Bedeutung gibt, dass es sie so oder so verarbeitet durch Identifizierung, libidinöse Besetzung, Idealisierung, Verdrängung, phalische Vermeidung oder dergleichen. Der kleine Wanderer ist und bleibt von Geburt an derjenige, der mit sich selbst und den anderen *alles macht.* Was aus dem wird, was die anderen an ihn herantragen oder ihm verweigern, das entscheidet *er.* So enthält der so genannte Familienroman des Kindes aus der Sicht Freuds kaum etwas davon, was die Familie mit dem Kind macht, sondern nur das, was das Kind seinerseits mit der Familie in seinem Innern macht.

Man könnte nun sagen, das sei doch eine, wie sich gezeigt habe, sehr instruktive Sichtweise. Ist sie ja zweifellos auch. Aber eben eine durchaus einseitige. Sie erweckt den Eindruck von einer Gestaltungsmacht des Kindes, über die dieses in diesem Ausmaß real nicht verfügt. Denn es lebt ja in Wahrheit von Geburt an in einer Wechselbeziehung, in der es selber lange Zeit der schwächere Teil ist. Vieles, was sich in seinem Innern abbildet, wird von den sehr viel mächtigeren Erwachsenen, zunächst von der Mutter, in es hineingelegt. In dem gegenseitigen Anpassungsverhältnis mit der Mutter ist das vergleichsweise ohnmächtige Kind sehr viel mehr genötigt, sich nach ihren Erwartungen zu richten als umgekehrt. Und die Mutter ist eben nicht nur indifferente Repräsentantin schematischer Pflege- und Erziehungsnormen, sondern ein Individuum mit spezifischen Eigenheiten und Konflikten, die aus ihrem persönlichen Erziehungsschicksal stammen. Aus der eigenen mehr oder minder belasteten Biographie entnimmt sie auf das Kind bezogene Wünsche, Ängste, spezifische Vorschriften, auf die das Kind antworten muss. Und so kann in der sich bildenden Struktur des Kindes oft weniger hervortreten, wie das Kind *sein will*, statt dessen mehr davon, wie es für die Mutter *sein soll*. Oder es kann zum Vorschein kommen, wie das Kind in der Gegenwehr gegen äußeren Erwartungsdruck eine Art Kompromiss zwischen dem findet, wie es sein möchte und andererseits sein soll. Und oft genug mündet ein solcher Kompromiss in eine neurotische oder psychosomatische Störung – etwa von der Art wie bei den eingangs geschilderten beiden Fällen. In der Sicht Freuds jedoch sind die Eltern nur Figuren einer *materiellen* Realität außerhalb des geschlossenen Raumes der kindlichen *seelischen* Realität. Und allein der Inhalt dieses Raumes, der psychische Apparat des kindlichen Individuums, ist Gegenstand der Freud'schen Betrachtung und seiner therapeutischen Intervention. Er, der Psychoanalytiker, hat exklusiv den Schlüssel für den Zugang zu diesem Apparat. Dieses postulierte Monopol begründet denn auch die übliche Fernhaltung der Mutter bzw. der Eltern aus der psychoanalytischen

Kindertherapie. Die Eltern gehören zum »Draußen« – als wären sie nicht oft tief mit dem eigenen Unbewussten in das Unbewusste des Kindes verstrickt.

***

Wo immer das Machtmotiv bei Freud besonders hervortritt – in seiner Entwicklungspsychologie, in der Beschreibung des Analyse-Ziels (Psychoanalyse »als Werkzeug, welches dem Ich die fortschreitende Eroberung des Es ermöglichen soll«), in seiner Herabstufung der Frau, im Plädoyer für die Naturbeherrschung usw. – neigt er kaum je dazu, diesen Aspekt zu problematisieren. Warum wohl? Sieht er da vielleicht etwas bei sich selbst nicht? Ludwig Binswanger schrieb: Freuds Persönlichkeit sei durch einen ungeheuren Willen zur Macht charakterisiert. Dessen Antwort lautete: »Ich getraue mich nicht, Ihnen in Bezug auf den Machtwillen zu widersprechen – weiß aber nichts davon. Ich vermute seit langem, dass nicht nur das Verdrängte unbewusst ist, sondern auch das Herrschende unseres Wesens, das Eigentliche unseres Ichs – unbewusst, aber nicht bewusstseinsunfähig.«

Wie auch immer, Freud hat mit seinem Menschenbild ähnlich wie Nietzsche deshalb Generationen bewegt, weil diese sich darin mit wichtigen Anteilen wiedergefunden haben. Beide Geister repräsentieren den zeittypischen Schub eines individualistischen Expansionismus hin zum »Übermenschen« bzw. zum »Prothesengott«. Allerdings verriet der 74-jährige Freud ausgerechnet am Ende des Aufsatzes »Das Unbehagen in der Kultur«, in dem er gerade noch den Glück bringenden Angriff mit Wissenschaft und Technik zur Unterwerfung der Natur gelobt hatte, dass eben dieses Unternehmen eine Riesenkatastrophe möglich mache:

»Die Menschen haben es in der Beherrschung der Naturkräfte

so weit gebracht, dass sie es mit deren Hilfe leicht haben, einander bis auf den letzten Mann auszurotten. Sie wissen das, daher ein gut Stück ihrer gegenwärtigen Unruhe, ihres Unglücks, ihrer Angststimmung.«

Also, Angst, Unruhe, Unglück ausgerechnet im Zusammenhang der unmittelbar zuvor gepriesenen technischen Naturbeherrschung. Freuds abschließende Beschwichtigung, die himmlische Macht des ewigen Eros werde sich hoffentlich gegen die Macht der Destruktivität behaupten, klingt kaum zuversichtlich, fast schon wie eine beschwörende Anrufung der Instanz, deren endgültige Entmachtung besiegelt sein sollte. Es war wie eine Vorahnung des Horrors der Hitler-Herrschaft, die, hätte es damals schon Atomwaffen gegeben, sicherlich einen Weltbrand von vielfacher Größe des Holocaust entfacht hätte. Freud ließ die Vision der Selbstausrottung der Menschheit so stehen, ohne noch eine nähere Analyse des Hintergrundes zu versuchen oder über mögliche Auswege nachzudenken. Das war wohlgemerkt noch vor der inzwischen weit fortgeschrittenen Beherrschung neuer mörderischer Technologien. Angst, Unruhe und Unsicherheit, vor 70 Jahren von Freud diagnostiziert, sind längst Dauersymptome einer labilisierten Stimmungslage. Dass es nicht einmal neu erfundener Massenvernichtungswaffen bedarf, um alle offiziellen Sicherheitsgarantien als trügerisch zu entlarven, hat der 11. September bewiesen.

10.
Die Bindungstheorie – Bowlby und Parkes

Die Psychoanalyse konnte nach dem Krieg nicht mehr an die Aufbruchstimmung der Vor-Hitlerzeit anknüpfen. Es gab nicht mehr das Ich, das sich sowohl nach innen wie expansiv nach außen machtvoll zu erweitern strebte. Symptomatisch war der neue pädagogische Pessimismus. Man traute den Eltern, das heißt sich selber, nicht mehr zu, Kinder vor Neurosen zu schützen. Die »Zeitschrift für psychoanalytische Pädagogik« wurde nicht mehr fortgeführt. Psychoanalytische Sozialarbeit lag danieder. Im neuen Zentrum der Organisation, in Amerika, schlüpften die Analytiker unter das Dach der Medizin und der Psychiatrie. Im Mittelpunkt des Forschungsinteresses stand nicht mehr der heranwachsende kindliche Kämpfer im ödipalen Drama mit seinen Kastrationsängsten und seinen Kämpfen zur Eroberung einer vollendeten Genitalorganisation, sondern nunmehr das Kleinkind in seiner schwächsten, frühesten Phase.

Auffallend viele Analytikerinnen, Analytiker, Psychiater und Psychologen widmeten sich dem Studium früher Traumatisierungen. Was geschieht mit den Kleinkindern, die von ihren Müttern getrennt wurden, die in Heimen oder Kliniken Deprivation erlebten? Autoren wie Durfee und Wolf, Lowrey, Bender und Yarnell, Bakwin, Goldfarb, Spitz und Bowlby verfolgten die Entwicklung von Kleinkindern in Anstalten. Die krankhaften Erscheinungen des »Hospitalismus-Syndroms« wurden zu einem Hauptthema. Bakwin und Spitz wiesen nach, dass Kinder bei abgebrochenem Mutterkontakt mit diversen emotionalen Störungen und Entwicklungsverzögerungen reagierten. Berühmt wurden im Auftrag der Weltgesundheitsorganisation erstellte Studien John Bowlbys über die »Folgen mütterlicher Deprivation«. Zusammen mit den genannten und anderen Autoren eröffnete er eine neue Sichtweise: Nicht was das Kind mit sich selbst und seiner Umgebung aktiv macht, sondern *was es an Zufuhr und Hilfe braucht bzw. entbehrt,* wird zum Thema. Allgemeiner ausgedrückt: *In den Mittelpunkt gerät das schwache, abhängige, liebesbedürftige Wesen Mensch, das sich anklammern will und nach verlässlicher Zuwendung verlangt.*

Es geht an dieser Stelle nicht um diese Deprivationsstudien und andere Kleinkindforschungen an sich. Sondern um die Vermutung, dass sich in diesem neuen dominierenden Interessenschwerpunkt der analytischen Forschung eine Wandlung des Lebensgefühls ausdrückt. Der Holocaust, das Kriegselend, das ganz Europa überzogen hatte, das Hineingleiten in die neuen Spannungen des Kalten Krieges – das war vorläufig kein geeignetes Klima mehr für die Selbstspiegelung in heroischen ödipalen Mythen. Eine aufgebrochene tiefe Unsicherheit legte ganz frühe Ängste bloß. Es tauchten Phantasien von elementarer Hilflosigkeit und Schutzbedürfnissen auf. Wenn man annimmt, dass die zentralen Themen der Psychoanalyse regelmäßig seismographisch die geistige Verfassung einer historischen Phase anzeigen, so war es wohl genau passend, dass gerade jetzt das entwicklungspsychologische Stadium der ersten Kinderjahre mit seiner enormen Verletzlichkeit und dem Angewiesensein auf absolut verlässliche Bindung besondere wissenschaftliche Aufmerksamkeit auf sich zog. Neben der Kleinkindforschung kam in der analytischen Erwachsenentherapie der Trend auf, Regressionen bis in kleinkindliche Erlebnismuster zu befördern, um hier die Wurzeln chronischer Störungen bloßzulegen und zu kurieren.

Psychische Regeneration stellte man sich in dieser Phase weniger unter dem Kampf des Ichs gegen innere Abhängigkeiten und Kastrationsdrohungen vor, sondern als Heilung von früh-kindlich entstandenem Ur-Misstrauen, von Trennungsängsten, Selbsthass und Affektleere – alles Folgen von Versagungs- und Trennungserfahrungen. Die Ausgangssituation ist das schwache Kind, das absolut angewiesen ist auf Nähe, Geborgenheit, Wärme, Berührung, Zärtlichkeit, vor allem auf Verlässlichkeit. Hier liegt das Fundament, das ein aktuell brüchig gewordenes Sicherheitsgefühl zur Gesundung suchte. Es ist das genaue Gegenbild zu dem erobernden Freud'schen Ich, das ausgezogen ist, um sich das Es zu unterwerfen und sublimierend die Zuidersee aus-zutrocknen. Es geht in dieser Perspektive nicht um Bemächtigung, sondern um Bindung, um Anhänglichkeit, von Bowlby in seiner Bindungstheorie beschrieben:

»Unter Bindungsverhalten wird, kurz gesagt, jede Form von Verhalten verstanden, das dazu führt, dass eine Person die Nähe irgendeines anderen differenzierten und bevorzugten Individuums, das gewöhnlich als stärker und/oder klüger empfunden wird, aufsucht oder beizubehalten versucht.«

»Wenngleich das Bindungsverhalten während der Kindheit besonders deutlich sichtbar ist, wird angenommen, dass es für den Menschen *von der Wiege bis zur Bahre* charakteristisch ist. Es umfasst Schreien und Rufen, wodurch Fürsorglichkeit ausgelöst wird, Nachfolgen und Anklammern und auch heftigen Protest, wenn ein Kind allein oder bei Fremden gelassen wird. Mit zunehmendem Alter nehmen die Häufigkeit und die Intensität eines solchen Verhaltens stetig ab. Dennoch bestehen alle diese Formen des Verhaltens weiter.«

Charakteristisch seien folgende Merkmale: Das Bindungsverhalten richte sich auf ein oder wenige spezifische Individuen. Frühe Bindungen könnten in der Adoleszenz schwächer werden und durch neue ergänzt werden. Die Aufrechterhaltung einer Bindung werde als Lieben, der drohende Partnerverlust als Angst, der tatsächliche Verlust als Trauer empfunden.

Etwas irritierend ist die Übersetzung aus dem Englischen von »attachment« als Bindung. Attachment bezeichnet klar das passive Haltsuchen, während Bindung auch die Gegenseitigkeit einer Ver-Bindung meinen könnte. Aber Bowlby will mit dem Terminus attachment klar die Einseitigkeit der Abhängigkeit erfassen, wenn er auch das Wort Abhängigkeit nicht so gern gebraucht, weil an ihm der Beiklang von Geringschätzung hafte. Bindungsverhalten sei für das Überleben wichtig und verdiene keine Entwertung.

Das Sensationelle und fast Revolutionäre des Ansatzes der Bindungstheorie liegt darin, *dass sie den Menschen von seiner Schwäche, von seiner Isolationsangst her begreift*. Sie kehrt zurück zum Bilde des abhängigen, der Fürsorge und Hilfe bedürftigen Individuums, das im Alleinsein verloren ist bzw. von Panik und Depression verfolgt wird. Genau die Züge, die um des Fortschritts zur gottähnlichen Naturbeherrschung willen unterdrückt werden sollten und die der Mann der Frau als Merkmale von Inferiorität zugeteilt hatte, werden durch Bowlby indirekt rehabilitiert. In dem Widerstreben, das negativ besetzte Wort Abhängigkeit zu gebrauchen, klingt noch etwas von der Unsicherheit an, die mit der Abweichung vom traditionellen Konzept verbunden ist.

Bowlbys Forschungen wurden in den 60er und 70er Jahren sinnvoll ergänzt durch die Studien von Colin Murray Parkes über Trauern und Gram (grief). Parkes hat sich des Problems des Partnerverlustes im Erwachsenenalter angenommen und dabei Bowlbys These bestätigt, dass die kindliche Verletzlichkeit durch Isolation lebenslänglich fortbesteht. Er hat neben eigenen Studien zahlreiche Untersuchungen über die Reaktion von Witwen und Witwern ausgewertet und herausgefunden, dass nach Partnertod gehäuft psychosomatische Beschwerden, vor allem Störungen am Herzen auftreten, daneben anhaltende Depressionen, auch Todesfälle. Schon der Verlust der vertrauten Umgebung – bekannt ist das Phänomen der »Umzugsdepression« – ist in vielen Fällen Ursache von »Verstümmelungsgefühlen«. Wir sind gezwungen, uns klar zu machen, schreibt Parkes, »dass unsere Haut nicht die einzige Begrenzung des Selbst ist und dass das Heim, in dem wir leben, und dass die Menschen, denen wir verbunden sind, gewissermaßen ›unser‹, dass sie Teile unseres Selbst sind«.

***

Aus der Deprivationsforschung und der Bindungstheorie hat sich jedenfalls ein alternatives Menschenbild in der Psychoanalyse entwickelt. Neben dem von Freud beschriebenen Ich, dem die Psychoanalyse die fortschreitende Eroberung des Es ermöglichen soll und das durch Sublimation des Bemächtigungswillens zur Beherrschung der Naturkräfte ausgezogen ist, tritt nun das Bild eines von vornherein in Bindung erwachenden und zeitlebens auf Bindung angewiesenen Wesens, zu dem Zerbrechlichkeit und Anlehnung als existentielle Grundlagen gehören. Wie kann nun beides zusammenpassen? Der egozentrische Eroberungsdrang und das Gebundensein als Schutz vor Vereinsamung, Verzweiflung und Trauer? Genau betrachtet stehen die beiden Figuren unversöhnt nebeneinander. Der erobernde Ich-Mensch kämpft sichtbar um seine Unabhängigkeit wie ein Adoleszent in der Ablösungsphase. Die passiven Bindungswünsche des Gegentyps sind ja gerade das, wovon er sich losreißen möchte. Also kann er sich zu dem »Bindungsmenschen« nur ein Beherrschungsverhältnis vorstellen bzw. eine Unterdrückung der entsprechenden Merkmale in sich selbst. Das heißt, beide Teilaspekte können sich nicht ebenbürtig verbinden, denn beiden fehlt es an Erwachsenheit. Der Mann, den Freud als »Kulturarbeiter« vor dem Bindungsverlangen der Frau warnt, ist noch der Halberwachsene, der seine Abhängigkeitsängste bekämpfen muss. Und die Frau wird mit ihren Anklammerungswünschen und religiösen Bedürfnissen infantilisiert.

***

Die Konfrontation der beiden unvereinten Menschenbilder verdeutlicht das Dilemma, das in großem Maßstab seit dem Aufstand des Individuums in der Renaissance andauert. Der Marsch zur Selbstvergöttlichung, den Descartes gewiesen hat, orientiert sich einseitig an dem Gott der Allmacht und der höchsten Unabhängigkeit. Die andere Seite des Gottesbildes, die göttliche Güte, Fürsorge, Barmherzigkeit, Trostspendung, also die mütterliche Göttlichkeit, sind abgespalten geblieben. Die Sehnsucht nach Empfang dieser Hilfen verschafft sich nun in der Bindungstheorie Geltung, allerdings eher anhand der Versagung solcher Bedürfnisse mit der Folge von Vereinsamung, Trauer, Retardierung. So hat sich die Befreiung aus dem Mittelalter genau genommen auf einem unreifen Entwicklungsniveau abgespielt nach dem Muster des unreifen Jugendlichen, der seine Potenz vor seinen Abhängigkeitsbedürfnissen retten will, die für ihn nur Ohnmacht und Schwäche repräsentieren. Dem männlichen Menschenbild Freuds haften immer noch Spuren dieses Spaltungsprozesses an. Die strenge Abgrenzung der Innenwelt des Individuums hat darin ihren Ursprung. Ihr steht die von Parkes formulierte Vorstellung entgegen, wonach »die Menschen, denen wir verbunden sind, gewissermaßen ›unser‹, dass sie Teile unseres Selbst sind«.

***

Die klassische psychoanalytische Entwicklungspsychologie offenbart ein charakteristisches Manko. Sie hört dort auf, wo erst

87

erweiterte soziale Verantwortung anfängt. Sie endet bei der vollendeten Genitalorganisation, vielleicht im vergleichenden Blick auf biologische Wachstums- und Abbauvorgänge. Aber dem Menschen stehen ja nach biologischer Ausreifung seiner Genitalität erst noch weitere wichtige psychische Wachstumsaufgaben bevor. Elternschaft, Engagement mit zunehmenden Herausforderungen in der Arbeitswelt, in der Zivilgesellschaft oder in politischen Ämtern. Verantwortung verändert oder steigert sich bis zur Großelternschaft und zum Eintritt in beratende Rollen, in denen Alterserfahrung und Altersbesonnenheit unverzichtbare Qualitäten sind. Bemerkenswert ist, dass in Freuds gesamtem Werk der Begriff Verantwortung nur ganz selten einmal vorkommt. Warum? Weil der Begriff etwa zu wenig psychologisch wäre? Doch Freud verbreitet sich ganz ausführlich über Moralpsychologie. Es hängt wohl doch eher damit zusammen, dass er die Psychologie der späteren Altersphasen vernachlässigt, in denen das Prinzip Verantwortung zunehmende Bedeutung gewinnt. Eine Teilerklärung liegt wohl darin, dass das psychoanalytische Verfahren überwiegend rückwärts gerichtet ist. Wo überall Patienten in psychoanalytischen Therapien auf Probleme stoßen, lautet die Frage: Welche frühere Traumatisierung, welcher alte Konflikt verbirgt sich in der momentanen Schwierigkeit? Jeder Patient, auch in vorgerücktem Alter, verbringt als Analysand lange Strecken in durchzuarbeitenden kindlichen Erinnerungen, was den Eindruck erwecken kann, dass er in neuen Konstellationen immer nur unbewusst Früheres wiederhole, die Gegenwart mit kindlichen Erfahrungen verwechsle.

Zu den wenigen, die entwicklungspsychologisch weiter ins Erwachsenenalter hineingedacht haben, gehört Erik H. Erikson, der nach der Stufe der *Genitalität* noch das Stadium der Generativität behandelt hat. Dieses sei durch das Interesse an der Erzeugung und Erziehung der nächsten Generation definiert. Allerdings gewann Erikson aus seiner Erfahrung in der Child-Guidance-Arbeit den Eindruck, dass die Mehrzahl der dort erschienenen jungen Eltern unfähig gewesen sei, in dieses psychologische Stadium überhaupt hineinzuwachsen. Das Verfehlen dieses Entwicklungsschrittes zur Generativität verführe Menschen jedoch leicht dazu, sich selber zu verwöhnen, als seien sie ihr einziges Kind. Es mangele ihnen so etwas wie ein »Vertrauen in die Gattung«, oft aufgrund übermäßiger Eigenliebe. So beschrieb Erikson unter der Überschrift »Generativität gegen Stagnierung« weniger die Merkmale dieses Stadiums selbst als vielmehr die Gründe, warum es häufig gar nicht erreicht werde.

Nur eine Minderheit der älteren Analytiker hat die Hoffnungen und Befriedigungen von Eltern durch Zeugung, Pflege und Aufzucht von Kindern positiv beschrieben. Freud nannte gerade noch die Kompensation weiblichen Penisneids durch Hervorbringung von Söhnen. Als geradezu herzerwärmend ragt das seinerzeit berühmte Buch des Psychoanalytikers und Psychiaters Theodore Lidz heraus, das den Titel trägt »Das menschliche Leben. Die Entwicklung der Persönlichkeit im Lebenszyklus« (1968). Ich zitiere ein paar beispielhafte Stellen:

»Die Zeugung eines Kindes ist ein Akt wechselseitiger schöpferischer Erfüllung, bei dem die Grenzen zwischen dem Selbst und dem anderen vollständiger als irgend sonst seit der Säuglingszeit schwinden, ja aufgehoben werden.« Das Kind »bindet so beide Eltern fest aneinander als Mittelpunkt ihres Lebens, ihres Bemühens, ihrer Hoffnungen«. »Vor allem für die Frau ist die Zeugung und Empfängnis neuen Lebens mit einem Gefühl der Erfüllung verbunden. Allein schon ihre biologische Bestimmung lässt sie in der Empfängnis, im Tragen, im Gebären und Aufziehen von Kindern ihre Erfüllung und Vollendung als Frau suchen.« »Durch das Kind ist eine Kontinuität in

die Zukunft gegeben.« Für den Mann, so fährt Lidz fort, erge-
be sich nicht nur eine Stärkung seiner Männlichkeit, »sondern
darüber hinaus auch die Möglichkeit, weibliche Pflege- und
Versorgungsfunktionen auszuüben, die aus seiner frühen
Identifikation mit der Mutter stammen und die der Mann
bisher kaum äußern durfte und verdrängen musste.«

11.
Ich und Du – Martin Buber

Für wie treffend oder wie romantisierend man die Beschreibung der Elternschaft von Theodore Lidz auch immer halten mag, er bietet damit jedenfalls den Anknüpfungspunkt für eine neue Sichtweise. Sie erlaubt es, zwischen Mutter bzw. Eltern einerseits und Kind andererseits den *Austausch* von Erwartungen und Phantasien zu untersuchen. Die Mutter beispielsweise ist nicht mehr nur Empfängerin von Versorgungswünschen und Objekt für Trieb- und Identifizierungsbedürfnisse, sondern sie tritt durch eigene Erwartungen mit dem Kind in einen Austausch ein. Man kann diese Betrachtungsweise als Grundlage für eine *Austauschtheorie* ansehen. Die üblicherweise vernachlässigte Eltern-Kind-Beziehung wird mit der sonst einseitig fokussierten Kind-Eltern-Beziehung verbunden oder versöhnt. Am Anfang steht jetzt nicht mehr das narzisstische oder das einseitig bindungsbedürftige Kind, sondern ein primäres Wir, ein Dialog zwischen einem Ich und einem Du. Die Beziehung zum Du ist unmittelbar, schreibt Martin Buber. Das Leben beginnt mit einer Begegnung. René Spitz hat sogar von einem primären nonverbalen *Dialog* gesprochen.

In der ungarischen Schule haben Alice Balint und ihr Mann Michael Balint schon 1939 die primäre Austauschbeziehung von Mutter und Kind dargestellt, also nicht im Sinne der Mutter-Kind-Einheit von Margret Mahler, sondern als ein *Zusammenspiel in der Gegenseitigkeit*. Alice Balint beschrieb das Ergänzungsverhältnis von mütterlichen und kindlichen Triebbedürfnissen in einem Aufsatz unter dem Titel »Liebe zur Mutter und Mutterliebe«. Sie sagte: »Das Verhältnis zwischen Mutter und Kind ist auf die Aufeinanderbezogenheit der gegenseitigen Triebziele aufgebaut.« Michael Balint bestätigte ihre Feststellungen und verwarf die Theorie vom so genannten Urnarzissmus des Kindes. Er nannte das Zusammenspiel von frühen mütterlichen und kindlichen Befriedigungen eine »*Urform der Liebe*«. Die »wichtigste Funktion, die Hauptbedingung der Mutter-Kind-Beziehung« sei es, »dass die libidinöse Befriedigung des einen Partners auch die des anderen sein muss«. »Wenn es aber bei einem Partner nicht der Fall ist, dann ist die Beziehung gespannt, und es kann beim Kind zu irgendwelchen Ich-Verformungen oder bei der Mutter zu neurotischen Erscheinungen kommen.«

Die wechselseitige Befriedigung erfordert indessen alsbald Anpassungsleistungen. Erikson hat das am Vorgang des Stillens erläutert. Der Säugling müsse seine Bereitschaft zum Nehmen nach den Methoden regulieren, wie die Mutter auf der anderen Seite ihre Fähigkeit des Spendens entwickle und koordiniere: »Die so hergestellte Wechselseitigkeit der Entspannung ist für die erste Erfahrung eines freundlichen anderen von höchster Bedeutung. Die Psychoanalyse hat uns gelehrt, dass das Kind, indem es nimmt, was ihm gegeben wird, und indem es lernt, die Mutter zum Geben zu veranlassen, auch die notwendigen Grundlagen dafür entwickelt, seinerseits ein Gebender zu werden, sich mit der Geberin zu ›identifizieren‹.« Erikson hat grundsätzlich Wert auf die These gelegt, dass der Erziehungsprozess *doppelseitig* betrachtet werden müsse. Schon der Säugling übe in seiner Hilflosigkeit auch Macht aus. Aus seiner Schwäche heraus gebe er Zeichen, auf die seine Umgebung, so sie von Verantwortung geleitet sei, sensibel reagieren müsse: »Man kann also sagen, dass ein Kind ebenso seine Familie beherrscht und erzieht, wie umgekehrt die Familie das Kind. Eine Familie kann kein Kind erziehen, ohne auch von ihm erzogen zu werden.«

Alle diese Vorstellungen umkreisen ein Bild vom Menschen, das dessen primäres Eingebundensein in eine Austauschbeziehung ins Zentrum rückt. Darin ist er von Geburt an ein Fragender und Antwortender gleichermaßen, ein Nehmender wie Gebender. Einer, der in seinem Lebenszyklus immer in der Rollenbeziehung von Hilfsbedürftigkeit und Helfen verbleibt, in einem wechselseitigen Aufeinander-Angewiesensein. Einer, der ohne die Nähe des anderen verloren ist und blind für die eigene Verantwortung bleibt. Einer, der weiß, dass er am Ende sein Gleichgewicht in der Gemeinschaft und in der Natur verliert, wenn er glaubt, in der egozentrischen Ausdehnung seiner Macht keinen Halt mehr zu brauchen, wenn er verkennt, dass seine Schwäche in dem Maße wächst, in dem er sie bei sich verleugnet bzw. sie anderen projektiv zuteilt und dort ausbeutet.

**

Ein Denker, der das primäre Aufeinander-Bezogensein der Menschen zur Kernidee seiner Theorie und seines gesellschaftlichen Engagements gemacht hat, war *Martin Buber*, den man auch den Philosophen der *»sozialen Humanität«* genannt hat. Seine weltweite Ausstrahlung bezeugt, dass viele durch ihn eine maßgebliche Orientierungshilfe gefunden haben. In knappen, mitunter fast mystisch anmutenden Erläuterungen hat er die Idee eines menschlichen Grundverhältnisses entwickelt, die eindrucksvoll aus der Reihe vieler flacherer und eindimensionaler Bearbeitungen des Themas herausragt.
Buber war in der deutschen wie in der jüdischen Kultur verhaftet. Christliche Theologen und Philosophen inspirierten ihn. Zugleich trat er für den Zionismus ein und schöpfte aus der Literatur des Chassidismus. 1923 erschien unter seinen Büchern dasjenige mit der wohl faszinierendsten Wirkung. Es heißt schlicht »Ich und Du«. Der Mensch werde erst am Du zum Ich. Am Anfang stehe die Begegnung. Einige Kernsätze: »Ich werde am Du; Ichwerdend spreche ich Du.« »Die

Beziehung zum Du ist unmittelbar.« »Beziehung ist Gegenseitigkeit.«

In Bubers so genannter Dialogik erfüllt sich das menschliche Sein erst im Kontakt von Mensch zu Mensch, im gegenseitigen Austausch von Ich und Du. »Das Du tritt mir gegenüber. Aber ich trete in die unmittelbare Beziehung zu ihm. So ist die Beziehung *Erwähltwerden* und *Erwählen, Passion* und *Aktion* in einem.« Buber wehrt sich, die Beziehung mystisch zu nennen. Er sagt: »Die klare und feste Struktur des Ich-Du-Verhältnisses, jedem vertraut, der ein unbefangenes Herz und den Mut hat, es einzusetzen, ist nicht mystischer Natur.«

Die personenverbindende Ich-Du-Beziehung setzt sich bei Buber im Verhältnis zu Gott fort. Er sagt: »Die Bezeichnung Gottes als Person ist unentbehrlich für jeden, der wie ich mit ›Gott‹ kein Prinzip meint … und der wie ich mit ›Gott‹ keine Idee meint … der vielmehr wie ich mit ›Gott‹ den meint, der – was immer er sonst noch sei – in schaffenden, offenbarenden, erlösenden Akten zu uns Menschen in eine unmittelbare Beziehung tritt und uns damit ermöglicht, zu ihm in eine unmittelbare Beziehung zu treten. Dieser Grund und Sinn unseres Daseins konstituiert je und je eine Mutualität, wie sie nur zwischen Personen bestehen kann.«

Man sieht: In der Religiosität Bubers löst sich das Individuum nicht in der Anonymität des mittelalterlichen Glaubensvolkes auf. In der unmittelbaren Beziehung zwischen dem Menschen und Gott bleibt der Einzelne Person, aktiv und passiv in einem mutuellen Verhältnis zu Gott. Zwar sei der Begriff Person nicht imstande, das Wesen Gottes zu umfassen, »aber es ist erlaubt und nötig zu sagen, Gott sei *auch* eine Person«. So kann der Mensch zu Gott auch in ein Du-Verhältnis eintreten. (Ganz deutlich stellt sich Buber damit gegen die Selbstvergöttlichung des Menschen, die mit Descartes ihren Anfang nahm und in einem sich steigernden Bemächtigungsstreben nunmehr zu dem Triumph geführt hat, die Schöpfung mit Wissenschaft und Technik neu gestalten und sich der angeblich herabziehenden seelischen Sehnsüchte nach Segen, Gnade, Barmherzigkeit, Versöhnung endgültig entledigen zu können.) In einer Gesellschaft, deren Mehrheit mit Nietzsche und Freud Gott für tot bzw. für das Produkt wahnhafter Illusion erklärt hat, bekennt Buber seine lebendige Beziehung zu dem Totgesagten, jedoch nicht in einem Augustinischen Ausgeliefertsein, sondern kühn in einer personalen Gegenseitigkeit, wenn auch Gott über allen sonstigen Ich-Du-Beziehungen als absolute, nicht relativierbare Person stehe.

Den gegenwärtigen Menschen sieht Buber in einer vitalen Krise befindlich. Das drückt er in Worten aus, die an Pascal erinnern, wenn er schreibt: »In den Zeiten seines Erdenweges hat der Mensch das, was man seine Macht über die Natur zu nennen pflegt, immer mehr und in einem zunehmenden Tempo gesteigert, und er hat das, was man die Schöpfung seines Geistes zu nennen pflegt, von Triumph zu Triumph geführt. Zugleich aber hat er von einer Krise zur anderen immer tiefer zu spüren bekommen, wie brüchig all die Herrlichkeit ist, und in hellsichtigen Stunden hat er zu verstehen gelernt, dass er trotz allem, was er den Fortschritt des Menschengeschlechtes zu nennen pflegt, durchaus nicht auf gebahnter Straße wandelt, sondern immer wieder auf einem schmalen Grat zwischen Abgründen Fuß um Fuß setzen muss.«

***

Interessant ist in diesem Zusammenhang, dass Buber sich speziell auch mit dem Ich-Du-Verhältnis in der Psychotherapie beschäftigt hat. Die psychotherapeutische Beziehung rechnet er zu denen, in denen die Wechselseitigkeit oder Mutualität begrenzt sein müsse. Ähnliches gelte für das Erziehungsverhältnis. Denn in der Psychotherapie wie in der Erziehung wirke der eine Teil »zielhaft« auf den anderen. Dadurch werde das Prinzip der Gegenseitigkeit eingeschränkt, aber nicht aufgehoben. Wörtlich Buber: »Wenn er (der Therapeut) sich damit begnügt, diesen (den Patienten) zu analysieren, d. h. aus seinem Mikrokosmos unbewusste Faktoren ans Licht zu heben und die durch ein solches Hervorholen verwandelten Energien an eine bewusste Lebensarbeit zu setzen, mag ihm manche Reparatur gelingen, er mag bestenfalls einer strukturarmen Seele helfen, sich einigermaßen zu sammeln und zu ordnen. Aber das, was ihm hier eigentlich aufgetragen ist, die Regeneration eines verkümmerten Personenzentrums, wird er nicht zu Werke bringen. Das vermag nur, wer mit dem großen Blick des Arztes die verschüttete latente Einheit der leidenden Seele erfasst, und das ist eben nur in der partnerschaftlichen Haltung von Person zu Person, nicht durch Betrachtung und Untersuchung eines Objektes zu erlangen.«

Hier trifft Buber genau die Differenz zwischen dem Analytiker, der sich nur als naturwissenschaftlich distanzierter Anwender einer technischen Methode versteht, und dem Anteil nehmenden Partner in einer Ich-Du-Beziehung. Er kritisiert nicht etwa die Psychoanalyse an sich, nur ihren eindimensionalen Gebrauch in einer äußerlich technischen oder sachlichen Art. Einen solchen Umgang nennt Buber eine Ich-Es-Beziehung im Gegensatz zur Ich-Du-Beziehung. In dieser Letzteren tritt der Analytiker dem Patienten als Person zu Person gegenüber; er sollte nicht, um sich als versachlichter Naturwissenschafter ausgeben zu können, die persönliche Nähe verlassen. Eine Nähe, die aber jederzeit die übertragene Verantwortung im Blick hat – zum Unterschied von einer Nähe, in welcher der Therapeut zu agieren beginnt, also sein Verhalten nicht mehr kontrolliert dem Wohl des Patienten unterordnet. Personale

Partnerschaft und kontrollierte Nähe sind die Kriterien einer solchen partiell mutuellen Ich-Du-Beziehung in der Psychoanalyse.

***

Indem Buber Menschen von vornherein – ähnlich wie in der zuvor skizzierten Austauschtheorie – als Partner in Beziehungen mit gegenseitigem Geben und Nehmen begreift, erscheint es nur logisch, dass er immer wieder auch über Gemeinschaftsformen nachgedacht hat, in denen sich das Wechselseitigkeits-Prinzip in größerem Rahmen fortsetzen kann. Ähnlich wie die Gruppe der alten linken Psychoanalytiker suchte er Anregungen durch den von Marx und den Marxisten so benannten »utopischen Sozialismus«. Er traf sich hier mit seinem Freund Gustav Landauer in einem Grundgedanken, den er 1920 im Nachruf auf Landauer so formulierte: »Landauers Idee war unsere Idee. Es war die Erkenntnis, dass es nicht darauf ankommt, Einrichtungen zu ändern, sondern das menschliche Leben, die Beziehungen der Menschen zueinander zu verwandeln. Dass Sozialismus nicht etwas ist, was aus der Entwicklung der wirtschaftlichen Verhältnisse heraus entsteht, sondern dass Sozialismus etwas ist, was nie kommen wird, wenn es nicht jetzt und von uns getan wird.« Bubers Ziel war, wie es sein Herausgeber Abraham Schapira zusammenfasste, eine »soziale Humanität«, eine menschliche Gesellschaft, die auf echten Beziehungen ihrer Mitglieder zueinander aufbaut. Dazu sei eine systematische Dezentralisierung politischer Macht nötig, die sich als im Dienste der Kultur stehend begreife.

***

Wie leicht zu erkennen ist, habe ich Martin Buber deshalb ausführlicher darzustellen versucht, weil mir die Idee seiner »sozialen Humanität« besonders wichtig in einer Krisenzeit erscheint, in welcher der westliche Mensch zerrissen ist zwischen dem Machtwillen des Gotteskomplexes und der Ohnmacht passiver Bindungsbedürftigkeit, zwischen den Triumphen seiner Entdeckungen und Erfindungen einerseits und dem Leiden an seiner kreatürlichen Schwäche andererseits. Der heutige Mensch will alles, was leiden macht, beherrschen. Aber Zerbrechlichkeit bleibt sein Schicksal, und er muss sich selber hassen, wenn er seine schicksalshafte Leidensseite verleugnet. Und er muss diejenigen Mitmenschen hassen, die ihn durch Behinderungen und Elend anschaulich daran erinnern, was er bei sich selbst nicht sehen will. Aber sich existentiell als Partner in Austauschbeziehungen verstehend, kann er in sich annehmen, was ihm als Anderssein begegnet, kann er sich im Anteilnehmen vervollständigen, anstatt in der bisherigen Aufspaltung der Züge zu verbleiben, die von Descartes bis Freud als angebliche psychische Männlichkeit und angebliche psychische Weiblichkeit den Einzelnen in sich und die Gemeinschaft im Ganzen zerteilt haben.

Aber Buber erkannte im Schlusskapitel seiner Schrift »Pfade in Utopia«, 1945 vollendet, dass das »kostbarste Gut«, wie er das Leben zwischen Mensch und Mensch nannte, verloren zu gehen drohe: »Die autonomen Zusammenhänge werden bedeutungslos, die persönlichen Beziehungen verdorren, der Geist selber verdingt sich als Funktionär. Die menschliche Person wird aus dem lebenden Glied eines Gemeinschaftskörpers zum Zahnrad der ›Kollektiv‹-Maschine. Wie der Mensch in der entarteten Technik im Begriff ist, das Gefühl des Werkes und des Maßes einzubüßen, so in der entarteten Sozialität das Gefühl der Gemeinschaft.«

Dagegen setzte Buber die nötige Wiedergeburt der Gemeinde. Was er meinte, könnte man auch eine Gesundung von
der Basis her nennen. Er sprach von einem nötigen Wachstum der *Gemeinschaftshaftigkeit.* Als seine soziale Utopie beschrieb er ein organisches Gemeinwesen, das sich nicht aus
isolierten Individuen, sondern aus kleinen und kleinsten
Gemeinschaften aufbaue, das sich in der Art der notwendigen Zentralisierung jedenfalls von den Machtpyramiden der
Gegenwart unterscheiden müsse.

12.
Die soziale Vision der 70er-Bewegung

Nachfolgend weicht dieser Text von der bisherigen Linie ab. Im Mittelpunkt stehen vorerst nicht mehr herausragende Denker als Repräsentanten, Wegbereiter, Deuter geistiger Strömungen. Nun war eine Phase erreicht, von der ab ich mir zutraute, wesentliche Aspekte der Entwicklung des Menschenbildes aus eigener Beobachtung und Reflexion zu verstehen. Dabei geriet ich in eine Strömung, in der sich bei vielen wie bei mir selbst das Bedürfnis meldete, Erkennen in einer Wechselbeziehung mit praktischem Engagement anzuwenden.

Ein Anlass war, dass die Psychoanalyse plötzlich mit ihren Fragestellungen in breite Kreise der jungen Generation eindrang, was Herbert Marcuse bereits 1955 voraussah, als er schrieb: »So wandeln sich psychologische in politische Probleme: Private Verwirrungen spiegeln heute in viel unmittelbarer Weise die Verwirrung des Ganzen wider, und die Heilung persönlicher Störungen hängt viel direkter als ehedem von der Heilung der Gesamtstörung ab.« Mit seinem Buch »Eros und Kultur« von 1957, 1970 umbenannt in »Triebstruktur und Gesellschaft«, wurde Marcuse schließlich zwar zu einem bedeutenden Anreger für die studentische Jugend, die in der Tat einen unmittelbaren Zusammenhang zwischen innerem Unbehagen und den politischen Verhältnissen verspürte. Aber die Protestbewegung, die aus diesen inneren Spannungen Ende der 60er Jahre hochloderte, folgte nicht der Theorie von Vordenkern, sondern war von der Jugend selbst erfunden. Ihre intellektuellen Wortführer waren nicht Wegbereiter, eher vermittelnde Sprachrohre. Als »Eltern, Kind und Neurose« unversehens zu einem Kultbuch wurde, merkte ich erst im Nachhinein, warum. Erst als mich die Bewegung mit ihren Ideen mehr und mehr fesselte und mich schließlich mitnahm, bekam ich Übersicht über das Geschehen und begriff, dass diese rebellierende Jugend eine Verdrängung durchbrach, mit der die Elterngeneration mehr als 20 Jahre über ihre Vergangenheit hinweggeschwiegen hatte. Man lebte mit einer von den Amerikanern geborgten Pseudo-Identität und assoziierte unbewusst zu Vietnam und Napalm den halbvergessenen Holocaust. Im Grunde war es eine moralische Krise, ein innerer Reinigungszwang, der zu einer Anklage-Kampagne gegen Väter, Mütter, Lehrer, Chefs, Professoren führte. Daher auch der Drang, im eigenen Innern mit der Heilung anfangen zu müssen, aber eben nicht als ergebener Patient auf der Couch, sondern in Gemeinschaft mit Gleichaltrigen. Man sprach auch nicht von Heilung, sondern von Befreiung. Anfangs war ich selbst eingeklemmt zwischen den Fronten – einerseits mit auf der Anklagebank als Etablierter, Chef, Professor – andererseits als einer der wenigen Psychoanalytiker, die sich nicht, wie das Gros der Lehranalytiker an den Instituten, von den psychopathologisch etikettierten »ödipalen Wirrköpfen« distanzierten.

An unserer Gießener Psychosomatischen Universitätsklinik grübelten wir monatelang in endlosen Sitzungen, teilweise in Wochenend-Klausuren, darüber, wie wir uns einzeln und miteinander fühlten, wie wir hemmende Strukturen verändern, die Verantwortlichkeiten besser miteinander teilen könnten. Heraus kam eine Reihe entlastender Reformen. Gruppentherapie wurde eingeführt, eine Koordinationsstelle für Selbsthilfegruppen etabliert.

Was sich in unserem Kreis abspielte, wiederholte sich unzählige Male im Lande. Das entscheidende Novum lag darin, dass sich eine soziale Philosophie herausbildete, die nicht das Werk Einzelner war, auch nicht das Erzeugnis philosophischer oder soziologischer Seminararbeit. Am Frankfurter Institut für Sozialforschung glänzte die bedeutende »Frankfurter Schule«

mit ausstrahlender Wirkung auf eine theoretisierende Elite. Aber in der Hauptsache vollzogen sich die kreativen Prozesse in den Spontangruppen, in denen introspektive Selbstbesinnung, Literatur-Diskussion und Arbeit an praktischen Projekten miteinander verbunden wurden. Die Wandlung von einem individualistischen zu einem sozialen Menschenbild vollzog sich in den Köpfen, wurde aber erst glaubhaft durch Erprobung in engagierter Praxis. Mein zigtausendmal normal und raubgedrucktes Buch »Die Gruppe« enthielt wohl die wesentlichen Punkte der neuen sozialen Philosophie– als Produkt hundertfachen gemeinsamen Nachdenkens, Beobachtens, Zuhörens, Experimentierens, erfüllt von der im Untertitel formulierten »Hoffnung auf einen neuen Weg, sich selbst und andere zu befreien«.

Unter den Themen, an denen man arbeitete, spielte *die Repression der Frau* eine herausragende Rolle. In vielen engagierten Zirkeln achtete man streng darauf, die traditionelle Aufgabenverteilung zu ändern. Dominanzgehabe der Männer wurde kritisch analysiert. Insgesamt gab das Klima in vielen Projekten der *Frauenbewegung* einen frischen Auftrieb.

Ein zentrales Thema für zahlreiche junge Familien wurde die *Eltern-Kind-Beziehung*. In den Kinderläden taten sich Eltern zusammen, bildeten Kindergruppen, die sie abwechselnd in den Wohnungen betreuten. Sie wollten in gemeinsamen Diskussionen lernen, ihre Kinder besser zu verstehen und sich selbst vor manipulatorischem Missbrauch elterlicher Macht zu bewahren. So wurden eifrig die eigenen Erziehungsfehler diskutiert, ebenso gründlich die Chancen, die Kinder dazu anzuhalten, ihre Konflikte in der Gemeinschaft ohne Gewalt und Ausgrenzungen zu überwinden. Ich selbst habe ein paar Kinderladen-Gruppen längere Zeit als Psychoanalytiker begleitet und unterstützt. Einige der Studentenväter und -mütter aus diesen Gruppen sind später selber Psychoanalytikerinnen bzw. Psychoanalytiker geworden. Was ich in den von mir begleiteten Gruppen beobachtete, war ein sehr ernsthaftes Engagement, viel Selbstkritik und Verantwortungssinn. Dass es in manchen Kinderläden auch ganz anders zuging, etwa im Sinne von Laissez-faire, Laissez-aller und mit gezielter Trieb-Enthemmung, ist auch bekannt geworden. Aber der spätere Vorwurf aus konservativen Kreisen, die Kinderläden hätten mit ihrer Strategie vor allem bequeme, undisziplinierte und triebhafte Charaktere geschaffen, ist durch keine einzige Untersuchung bestätigt.

In zahlreichen *Initiativgruppen* tat man sich zusammen, um ausgegrenzte Familien in *sozialen Brennpunkten* oder gestrandete Jugendliche in Heimen und Strafanstalten zu unterstützen. Das sollte nicht in der Form sanftmütiger Fürsorge geschehen, sondern konsequent als Hilfe zur Selbsthilfe in partnerschaftlicher Kooperation. So wollten wir beispielsweise als Initiativgruppe mit 40 Studenten in einer Gießener Armensiedlung den Familien vor allem darin beistehen, sich aus ihrer Lethargie zu befreien und zu lernen, sich selbst zu bestimmen. Die Bewohnerinnen und Bewohner wurden ermutigt, sich gemeinsam für eine Sanierung ihrer ghettoartigen Verhältnisse einzusetzen. Hinzu kamen Schularbeitenhilfe für die Kinder, Unterstützung bei der Bildung eines Mieterrats und eines später recht erfolgreichen Sportclubs. Aber nichts wurde getan ohne darüber nachzudenken: Warum wollen wir dies oder jenes? Wie geht es uns dabei? Wovor haben wir Angst? Was ärgert uns und warum? Warum sind die Bewohner so misstrauisch, so wenig mit uns zufrieden, zeigen uns so wenig Dankbarkeit? Dann Antworten: Haben sie nicht Recht, uns erst mal zu misstrauen? Machen wir die Arbeit hier vielleicht mehr zur Selbstbestätigung als für die Bewohner? Haben wir vielleicht Angst, dass unsere eigenen inneren Kontrollmechanismen versagen, wenn uns die Leute zu unbequem werden? Funktioniert unsere Solidarität nur dann, wenn die Bewohner sich unserem Mittelschicht-Stil anpassen? Schließlich lockerten sich die Spannungen. Freundschaften wurden geknüpft, die zum Teil über 30 Jahre andauern. In zehnjähriger Zusammenarbeit haben die Bewohner – mit unserer Unterstützung – manches für sich verbessert. Die Siedlung ist heute ein integrierter Stadtteil. Aber auch wir, die Studenten und ich, haben viel gelernt – diese Menschen und dabei uns selbst besser zu verstehen.

***

Die soziale Bewegung drang aber auch in zahlreiche bürgerliche Bildungsstätten und in die Arbeitswelt mit neuen Ideen ein und förderte ein Reformklima, das zur Erweiterung von Mitbestimmungsregelungen in der Industrie führte. Das Prinzip, mehr Verantwortung an eigenständig arbeitende Gruppen zu delegieren, fand zunehmend Anklang. Die »Humanisierung der Arbeitswelt« wurde zu einem offiziellen Regierungsprogramm. Und die von unten angestoßene Bewegung der »Sozialen Psychiatrie« wurde von oben durch eine parlamentarisch abgesegnete große Psychiatrie-Reform gefördert. Was Willy Brandt »Mehr Demokratie wagen« nannte, das genau beherzigten Hunderte von Basisgruppen mit ihrer engagierten Praxis. Die soziale Bewegung als solche produzierte bereits ein Mehr an Demokratie und rüttelte, wo immer es in ihrer Reichweite möglich war, an verkrusteten hierarchischen Strukturen. Die weniger sichtbare Innenseite dieser Prozesse machte sich darin bemerkbar, dass in vielen bürgerlichen Familien darüber nachgedacht wurde: Wie gehen wir eigentlich miteinander um? Wo manipulieren wir uns gegenseitig? Wie weit verstehen wir überhaupt unsere Kinder? Ein kleines typisches Beispiel: In jenen Jahren suchte jede dritte Professoren-Familie aus unserer Gießener Medizinischen Fakultät Rat in unserem Psychosomatisch-Psychoanalytischen Zentrum: entweder die Väter selbst, die Ehefrauen, oder beide Eltern mit ihren Kindern. Die Bereitschaft, an Beziehungskonflikten zu arbeiten, war größer denn je. Wenn 1970 die Fächer Psychosomatik, Psychotherapie und Medizinische Psychologie offiziell ins Medizinstudium aufgenommen wurden, so kam ein Hauptanstoß von den sozial sensibilisierten Studenten her, die mehr von den psychosozialen Konflikten als Krankheitsursache wissen und im Übrigen an den imperial-autoritäten Strukturen der Universitätskliniken rütteln wollten.

Als Begleiter verschiedener Projekte fiel mir auf, wie geradezu ängstlich man in den Projektgruppen darauf bedacht war, sich wenig von der emotionalen Befriedigung in der sozialen Arbeit anmerken zu lassen. Die jungen Leute wollten um Himmels willen keine Gutmenschen sein, wollten vielmehr nur aus rationaler gesellschaftlicher Einsicht heraus handeln und am liebsten jeden Schritt theoretisch begründen. Dabei waren die meisten mit ganzem Herzen bei der Sache. Sie freuten sich, wenn sie im Buber'schen Sinne echte Ich-Du-Beziehungen beispielsweise zu den Obdachlosen herstellen konnten. Sie waren in unserer Initiativgruppe erkennbar glücklich, wenn sie von den Bewohnern, insbesondere von den Kindern, angenommen wurden und Vertrauen herstellen konnten. Aber was sie machten, durfte nicht Fürsorge heißen, weil das schon wieder nach Caritas aus sah und zu wenig nach partnerschaftlicher Gegenseitigkeit. Es war, als müsste ein moralischer Rigorismus davor schützen, sich Hingabe, Mitgefühl, Liebe, Sorge, Freude an den Menschen und Befriedigung in der Helferrolle einzugestehen. Aber wahrscheinlich war gerade die gebetsmühlenhaft wiederholte Versicherung, dass man nur rational und nicht aus subjektiven Gefühlen heraus handelte, die Bedingung dafür, dass man heimlich ausleben konnte, was man vom Prinzip her verwarf. Die Gefühle konnte man sich gestatten, wenn man das Politische wie ein Banner vor sich hertrug.

Aber was war das Politische? Es war die Arbeit an dem erklärten Ziel, eine solidarischere Gesellschaft zu schaffen. Solidarität, das meinte Herstellung einer Gemeinschaft ohne Unterdrückung, ohne ungerechte Benachteiligung, vor allem ohne Ausgrenzung. In der Reichweite des Einzelnen hieß das: Überwindung von Repression in den privaten und Arbeitsbeziehungen, Beistand für Randgruppen, psychisch Kranke, Straffällige, um sie in die Gemeinschaft zurückzuholen. Es galt, die Betroffenen zu stärken, aber gleichzeitig den repressiven Institutionen politische Reformen abzuverlangen. Stichwort: Demokratisierung von unten. Jedenfalls hatte dieses Lernziel Solidarität nichts zu tun mit dem neuen Begriffsverständnis des gegenwärtigen deutschen Bundeskanzlers, d. h. Solidarität als Synonym für uneingeschränkten Gehorsam gegenüber der führenden Weltmacht im Krieg, Bündnis also nach oben statt nach unten – eine fatale Bedeutungsverschiebung innerhalb einer Partei, die einmal mit Solidarität eindeutig die Überwindung der Armutskluft im Sinne hatte und nun unter dem gleichen Namen eine Spaltung besiegeln will zwischen Gut und Böse.

Ein entscheidendes Charakteristikum des Politikverständnisses der sozialen Bewegung der 70er Jahre war die *Einheit von Sein und Machen*. Die Mitwirkenden wollten selbst so werden, wie sie die Gesellschaft verändern wollten. Dieser Anspruch reichte bis in die neue Definition von Gesundheit hinein, zu der man zwei neue Merkmale rechnete: *Gemeinschaftsfähigkeit* und *soziale Verantwortung*. Das neue soziale Menschenbild war also kein Abstraktum, sondern eine ganz konkrete Erweiterung des Selbstverständnisses. Es war kein Erzeugnis von Moralisten, sondern ein Bedürfnis. Man erlebte sich erst als vollständig, wenn man sich in die anderen einfühlen, wenn man sie verstehen, aber sich ihnen gleichzeitig selbst verständlich machen konnte. Das wollte man nicht nur im Kreis von Nahestehenden, Freunden und Gleichgesinnten lernen, sondern ganz besonders auch im Umgang mit Fremden, Außenseitern und Ausgegrenzten.

Wenn ich für diese Beschreibung bisher die Vergangenheitsform benutze, so deshalb, weil dieses Menschenbild große Teile der engagierten Jugend in den 70er Jahren in einzigartigem Maße beseelte. Aber es war nicht nur ein flüchtiges Phänomen. Wenn nicht alles täuscht, werden Spuren davon gerade wieder in der neuen globalisierungskritischen Bewegung spürbar, die in zahlreichen Ländern hervorsprießt (siehe Kapitel 23). Und es geht hier ja auch nicht so sehr darum, ein Phänomen zu klassifizieren, als darüber nachzudenken, was davon für die Humanisierung unserer Kultur eher hilfreich oder eher irreführend, abträglich oder gefährlich ist. So gesehen, lassen sich in den Ansätzen der 70er-Bewegung Chancen einer verheißungsvollen Neuorientierung erkennen, die aus der Sackgasse eines grenzen- und letztlich ziellosen Wettkampfs der Machtegoismen herausführen könnte. Wenn die Einzelnen, wie damals in großen Scharen, daran glauben, dass es ihnen selbst besser geht und sie sich wertvoller fühlen, wenn sie ihr Selbstverständnis auf ihre Beziehungen, auf ihre Verantwortung für das Zusammenleben ausdehnen, dann könnten daraus wichtige Impulse in Richtung einer Kultur des Friedens ausgehen.

Um ein mögliches Missverständnis zu vermeiden, sei hier noch auf den markanten Unterschied zwischen den Motiven und Zielen der soeben geschilderten sozialen 70er-Bewegung und denjenigen einer längere Zeit parallel laufenden radikal revolutionären Bewegung hingewiesen. Beide hatten den gleichen Ursprung in der 68er-Rebellion. Als sich aber schon relativ früh zeigte, dass die antiautoritären Proteste nicht das Gesellschaftssystem erschütterten, vielmehr auf der Gegenseite nur zweitrangige Vertreter des Establishments in Verlegenheit und zu unbedeutenden Zugeständnissen brachten, kam es zur Aufspaltung der Revolte. Die größere Fraktion schwenkte auf den zitierten Kurs der sozialen Initiativen ein. Hier wollte man von dem fruchtlosen *Anti* weg hin zu einem *Pro,* was dann zu der Verknüpfung von kritischer Selbstreflexion mit gleichzeitigem Engagement in Reform-Initiativen führte. Darin erblickte die andere Fraktion nur eine schmähliche Kapitulation. Hier sammelten sich die Radikalen zum revolutionären Kampf – wie sie es nannten. Das System musste weg, nichts anderes zählte. Dazu wollte man ein breites Bündnis mit der proletarischen Klasse schmieden, um gemeinsam das System mit allen Mitteln in die Knie zu zwingen. Die Frankfurter Szene um den »Revolutionären Kampf«, die sich im Kampf um besetzte Häuser mit der Polizei Straßenschlachten lieferte, war eine der Ausgeburten der neuen Militanz, die dann von der RAF bis zu den bekannten mörderischen Anschlägen gesteigert wurde.

Es ist spannend, die biographischen Hintergründe zu untersuchen, die junge Menschen aus dem 68er-Protest in sehr unterschiedliche Bahnen geleitet haben. Wichtig ist jedenfalls, die massiven Unterschiede in den psychologischen Grundlagen und in der Mentalität zwischen der nachfolgenden sozialen Bewegung und dem militanten Flügel nicht zu verwischen. Es bringt wenig Klarheit, pauschal von »den 68ern« zu sprechen, womit viele nur die Bilder der Studententumulte, der Krawalle und der späteren Anschläge verbinden. Die sehr viel leisere, aber viel tiefer eingreifende soziale Bewegung der 70er Jahre hat eine wesentlich bedeutendere Wegweisung hervorgebracht, die im Bewusstsein lebendig bleiben muss.

Die Bewegung bereitete auch den psychoanalytischen Instituten einige Unruhe. »Ist die Psychoanalyse konservativ oder revolutionär?«, fragte Anna Freud bereits 1970. Ihre selbstkritische Antwort: Erstarrung, Konservatismus und Bürokratismus nehmen an den Instituten überhand. Diese entwickeln sich nicht zu größerer Freiheit, verschärfen vielmehr ihre Auswahlkriterien für den Nachwuchs und schließen dabei sogar manche Begabte aus. Mit Hilfe vermehrter Regeln versucht man die Mitglieder zusammenzuhalten.

Sie hatte bei dieser Philippika vornehmlich das Londoner Institut im Auge. Aber was sie beschrieb, traf auch für die Mehrzahl der Institute in Deutschland zu, die sich wie Trutzburgen gegen den Reformgeist der sozialen Bewegung abschirmten. Außerhalb der Institute kursierten die Raubdrucke der linken Analytiker der 20er Jahre zu Zehntausenden. Im Lehrbetrieb kamen sie kaum vor. Prüfungen wurden strenger. Die Lehranalysen und Ausbildungszeiten wurden länger und länger. So wuchsen viele als Kandidaten im Schülerstatus über das Alter der kritisch engagierten Gruppen hinaus. Man bedenke: Heute erreichen Ausbildungskandidaten ihre Mitgliedschaft durchschnittlich 12 bis 15 Jahre später als ihre berühmten Vorgänger, nämlich erst in den 40ern. Fenichel, Bernfeld, Reich, Wälder, Sterba waren noch nicht einmal 30, als die Vereinigung sie aufnahm. Erikson, Hartmann, Nunberg gerade 31. Viele ihrer wegweisenden Arbeiten schrieben sie in einem Alter, in dem heutige Kandidaten noch darum bangen, ihre Ausbildung irgendwann erfolgreich abschließen zu können.

Einzelne Gruppen in Italien, Frankreich und auch hierzulande – wie unsere Gießener Klinik – widersetzten sich diesem Trend und nahmen sehr aktiv am Aufschwung der psychoanalytischen Paar-, Familien- und Gruppentherapie teil. Allein 30 jüngere Analytikerinnen und Analytiker arbeiteten an der Planung der großen Psychiatriereform mit, manche kümmerten sich in sozialtherapeutischen Projekten um jugendliche Gefangene, um sozial Gestrandete in Heimen und um Familien in sozialen Brennpunkten. Für diese »Abweichler« war ganz klar, dass die Anwendung der Wissenschaft vom Unbewussten auf soziale Prozesse eine große Hilfe war, die psychisch lähmende

Wirkung erstarrter sozialer Strukturen in der Familie, in Gruppen, in Institutionen besser zu verstehen und hilfreiche Erneuerungen anzustoßen bzw. spontan initiierte Reformvorhaben zu fördern. Die Konservativen hingegen sahen durch die sozialpsychologische Ausweitung des psychoanalytischen Blickfeldes die Konzentration auf die Innenwelt des Individuums gefährdet, für die ihrer Meinung nach die Psychoanalyse allein zuständig sei.

Die Konflikte innerhalb der Gemeinschaft der Psychoanalytiker nehmen in diesem Text deshalb einen breiteren Raum ein, weil an ihnen wiederum die Spannung zwischen den beiden Menschenbildern deutlich zu machen ist, deren Gegensatz die neuere Geistesgeschichte durchzieht. Für die Konservativen ist und bleibt die Psychoanalyse – in den Worten Freuds – »ein Werkzeug, welches dem Ich die fortschreitende Eroberung des Es ermöglichen soll«, damit sich das Erobern durch den Wisstrieb, der ein sublimierter Bemächtigungstrieb ist, in Wissenschaft und Technik fortsetzen kann. Für die Reformer wird die individuelle Ich-Stärkung in unlösbarem Zusammenhang mit der Entwicklung sozialer Sensibilität betrachtet, die sich nur in der Gegenseitigkeit, in der Mutualität von Bindungen bilden kann. Für die Konservativen bedeutete das Beharren auf dem individualistischen Konzept, dass sie die Einengung der psychischen Entfaltung durch restriktive soziale Strukturen übersahen bzw. nicht wahrhaben wollten. Die Erstarkung des individuellen Ich erfordert liberale Organisationsformen, die dazu den Raum eröffnen. Institutionelle Anpassungszwänge, wie sie Anna Freud beklagt hat, führen zu paradoxen Verhältnissen, nämlich zu der Selbstgefährdung einer Wissenschaft, wenn sie ihre Hilfe zu psychischer Befreiung durch einengende institutionelle Beziehungsstrukturen selbst blockiert.

Dass die Psychoanalyse von diesem Konflikt besonders betroffen wurde, ist keine Panne und kein Versagen, sondern unausbleibliches Schicksal ihrer Durchlässigkeit für die tieferen geistigen Strömungen des geschichtlichen Prozesses. Zur Zeit Freuds stand sie im Kreuzfeuer der Kritik, als sie mit ihren Mitteln half, den sich anbahnenden Durchbruch durch die kulturelle Sexualverdrängung anzuzeigen. Dabei hatte sie lange Zeit auch den Widerstand aus den eigenen Reihen der Psychiatrie gegen sich. Neuerdings geht es um eine andere, noch fundamentalere kulturelle Verdrängung, die brüchig geworden ist. Und dieser Konflikt geht nun mitten durch die Psychoanalyse hindurch.

Die soziale Bewegung der 70er Jahre, die mit einigen Veränderungen nun in der globalisierungskritischen Bewegung wieder auflebt, rüttelte an den Strukturen der erobernden Ich-Gesellschaft mit ihren sozialen Ungerechtigkeiten, ihren repressiven Erziehungsformen, ihren Ausgrenzungsmechanismen und ihrer Männerherrschaft. Was zur Befreiung drängte, war nun weniger die Sexualität als die unterdrückte Gemeinschaftlichkeit, die verlorene Solidarität. Man wollte das, was der Bemächtigungswille im Inneren und nach außen unterdrückt oder abgespalten hatte, wieder zur eigenen und zur sozialen Vervollständigung hereinholen – das Schwache, das Diskriminierte, das Fremde, das Außenseiterische. Daher der Antrieb zur Stärkung der Frauen, der Kinder, der Ausgegrenzten. Die neue Soziale Psychiatrie mit dem Ziel der Reintegration der psychisch Kranken ins Gemeindeleben versinnbildlichte genauso wie die Entgettoisierung der Familien in den sozialen Brennpunkten am deutlichsten diesen Grundzug der Bewegung. Aber dieser kulturelle Erneuerungstrend hatte es natürlich sehr viel schwerer als die alte sexuelle Befreiungsbewegung, weil sexuelle Befreiung etwas ist, was jeder für sich ein Stück weit allein vollziehen kann, während der Angriff auf soziale Strukturen sogleich auf den Widerstand der provozierten Machtträger trifft, so etwa innerhalb der Psychoanalyse selbst auf den des eigenen Establishments. Ohne an einer Revision der eigenen konservativen Strukturelemente zu arbeiten, wie sie Anna Freud präzise benannt hat, kann die Psychoanalyse künftig nicht mehr die ihr offen stehende Aufgabe erfüllen, mit seismographischer Aufklärung die wichtigen Erneuerungsbestrebungen zu begleiten, die in den 70er Jahren und jetzt wieder in der internationalen Gerechtigkeitsbewegung den egomanischen Kulturtrend zu revidieren versuchen. Es muss vom Menschenbild her eine andere Psychoanalyse sein als diejenige, die das 19. Jahrhundert in der damaligen geistigen Situation hervorgebracht hat.

13.
Hitler als Symptom

Man könnte den Gotteskomplex des Westens mit einer intermittierenden Krankheit vergleichen, die im Fortschreiten dennoch immer wieder Erholungsphasen zulässt. Da kommt es dann vorübergehend nach abgelaufenen oder gerade noch vermiedenen Großkatastrophen zum Erschrecken und zu einer verheißungsvollen Krise. Aber die Umbesinnung gebiert nicht die Kraft, die inzwischen erfundenen und gehorteten völkermörderischen Waffen wieder wegzuschaffen. So bleibt unterdrückte Angst vor dieser Gefahr ein ständiger Begleiter, aber zugleich ein latentes Selbstmisstrauen. Wie sicher kann man vor der Versuchung sein, sich den undurchschauten destruktiven Absichten fragwürdiger Führer auszuliefern?

Es stimmt nachdenklich, dass es keine besonders überzeugenden Anstrengungen gegeben hat, die Unterwerfungsprozesse gründlich zu klären, die Hitler zu seinem Terror-Regime ermächtigt haben. Offenbar will man etwas nicht genau wissen, was zu unangenehm ist. Vielleicht deshalb zu unangenehm, weil herauskommen kann, dass immer noch etwas von der Anziehungskraft der Schreckensgestalt da ist? Dass es also nicht stimmt mit dem ahnungslosen Betrogenworden-Sein? Dass sich auch andere Völker etwas vormachen, wenn sie nach wie vor Hitler und die Nazis wie Monster aus einer anderen Welt anstarren – aber immer wieder in Filmen oder Stücken anstarren *müssen*? Die Amerikaner Robert J. Lifton, Psychiater, und Eric Markusen, Soziologe, schreiben in ihrem Buch »Die Psychologie des Völkermordes«:

»Wir fühlen uns sehr viel behaglicher, wenn wir sie (die Nazis) wie einen fremdartigen Stamm von Dämonen von uns abrücken können. Die schmerzliche Wahrheit lautet jedoch, dass

sie unserem Jahrhundert, unseren heute drängenden historischen und psychischen Problemen viel stärker verbunden sind,
als wir uns eingestehen möchten. In unserem aktuellen Dilemma beweisen wir vor allem dadurch Verantwortung, dass wir
aus dem Projekt der Nazis lernen, ein nukleares Auschwitz zu
verhindern.«

Wenn die Gegenwärtigen mit Hitler und den Nazis aber immer
noch eine Verbundenheit verspüren, worauf beruht diese? Welche Merkmale begründen die Nähe? Betrachtet man die We-
senszüge Hitlers, scheint die Faszinationskraft dieses schwer gestörten Mannes auf den ersten Blick nach wie vor fast unbegreif-
lich. In der folgenden Skizze halte ich mich an die prägnante
Analyse Sebastian Haffners in seinen »Anmerkungen zu Hitler«.

In seinem Leben fehlte alles, schreibt Haffner, »was einem
Menschenleben normalerweise Schwere, Wärme und Würde
gibt: Bildung, Beruf, Liebe und Freundschaft, Ehe, Vater-
schaft«. Es war ein Leben, das, von der politischen Leiden-
schaft abgesehen, inhaltlos war, immer wieder während der politischen Laufbahn von Selbstmordabsichten gezeichnet, die
schließlich zur Tat wurden. Keine Ehe, keine Kinder, ein paar
Frauen als Nebensache. Eva Braun wollte zweimal Selbstmord
begehen. Ihre Vorgängerin Gell Raubal brachte sich tatsächlich um. Hitler hatte keine Freunde. »Es gibt bei ihm«, schreibt
Haffner, »keine Entwicklung und Reifung seines Charakters
und seiner persönlichen Substanz.« »Alle weichen, liebenswür-
digen, versöhnlichen Züge fehlen.« »Seine positiven Eigenschaften – Willenskraft, Wagemut, Tapferkeit, Zähigkeit – liegen alle auf der ›harten‹ Seite.« Er strotzte vor Selbstüberschätzung. Diese stieg ins Grandiose, als er erst die hypnotische Wirkung seiner Reden erprobte. Man könne sich vorstellen, meint
Haffner, »wie es auf einen Mann, der Grund gehabt hat, sich
für impotent zu halten, wirken muss, wenn er sich plötzlich imstande fühlt, Wunder der Potenz zu vollbringen«.

Als er dann *Der Führer* wurde, war er auf der Stelle von seiner Unersetzlichkeit überzeugt: Ich oder das Chaos. Die Partei betrachtete er nur als Machtinstrument. Über seine Lebenszeit hinauszudenken, weigerte er sich. Die Idee vom »Tausendjährigen Reich« führte er nur im Munde.

Einzigartig war die Unterordnung der Geschichte unter seine persönliche Biographie. Was er nicht in seiner Lebensstrecke erreichte, würde kein anderer fertig bringen. So hat er auch nie einen Gedanken an seine Nachfolge verschwendet. Möglichst früh und nicht erst als älterer Mann wollte er den Krieg, um diesen noch auf der Höhe seiner Kraft führen zu können. Später beklagte er, dass er den Krieg nicht wenigstens schon 1938 statt 1939 habe starten können. Wörtlich Hitler: »Aber ich konnte ja nichts machen, da die Engländer und Franzosen in München alle meine Forderungen akzeptierten.«

Am Ende war es Hitlers zugestandenes Ziel, die Deutschen dafür zu bestrafen, dass sie sich nicht befehlsgemäß in einem heroischen Endkampf opferten. In Haffners Worten: »Ein Volk, das die ihm zudiktierte Rolle nicht annahm, musste sterben.« So war die Vernichtung der sich vermeintlich unwürdig benehmenden Volksgenossen Hitlers letztes Ziel. »Zum Schluss handelte Hitler« – so Haffner – »wie ein jähzorniger enttäuschter Rennstallbesitzer, der sein bestes Pferd zu Tode prügeln lässt, weil es nicht imstande gewesen ist, das Derby zu gewinnen.«

Aber warum hing dieses Volk hörig an einem Führer, der es verachtete und zum Werkzeug seiner Machtbesessenheit erniedrigte? Warum verrieten die Deutschen für ihn massenhaft ihr Gewissen, auch dann noch, als sie merkten, dass er sie mit in den Tod zu reißen versuchte? Was bekamen sie denn für ihre hörige Untertänigkeit zurück? Doch offenbar alles andere als Liebe und Anerkennung. Aber der Führer war für sie eben mehr als ein Gottgesandter, schon eher ein Gott selbst mit seiner unbeirrbaren Selbstgewissheit und seiner lange Zeit so erscheinenden Unbezwingbarkeit. In seiner Figur konnten sie zusammenbringen, was für sie sonst so schwer vereinbar war: sich per Identifizierung großartig und omnipotent zu fühlen, andererseits unterdrückte Bedürfnisse nach Hingabe und Anbetung auszuleben.

Aber was sie anbeteten, das war nichts anderes als ein Mythos, die Inkarnation des gemeinsamen Allmachtstraums. Der grenzenlose Bemächtigungstrieb als Person. Der Gott, der sich, stellvertretend für alle, selbst geschaffen hatte. Der sie als der scheinbar Unbesiegbare aus ihrer Gekränktheit erlöste und ihre geheime Selbstverachtung in gerechte Rache an dem Urbösen wandelte, wozu willkürlich die Juden ernannt wurden.

Alexander und Margarete Mitscherlich fanden es schwer verständlich, dass die Deutschen nach dem Krieg nicht trauern konnten. Trauern kann man nur um eine geliebte Person. Aber es war ja eben keine Liebe gewesen, sondern die Anbetung des personifizierten gemeinsamen Ich-Ideals. Dessen Zerstörung kam einem Selbstverlust nahe, einem Zerfall der Identität. Es war nicht der Schmerz der Trauer, sondern Leere, der Fall ins Nichts, vergleichbar dem Absturz einer psychotischen Manie in völlige Auflösung und Suizidalität. Viele begingen damals ja auch Suizid. Aber es gab einen geheimen Ausweg, in den sich ein Großteil der Geschlagenen rettete. Das war im deutschen Westen die Flucht in eine Ersatz-Identität. Fast über Nacht erfolgte die Implantation eines geborgten neuen Ich-Ideals, das sprach Englisch. Die Welt ringsum bestaunte ein Volk, das in keiner sichtbaren moralischen Krise versank, sondern am nächsten Tag mit dem neuen Bewusstsein erwachte, endlich wie die Amerikaner denken, fühlen, Kunst und Musik machen zu dürfen, wovon der schreckliche Hitler sie so lange abgehalten habe. Die Hörigkeit war von der einen Autorität schlicht auf die neue umgekoppelt. Die Deutschen – quasi als Klone – kopierten brav, wie die Amerikaner sich in ihnen abbil-

116

den und sie für sich instrumentieren wollten. Es war kein freies Dankbarkeits- und Loyalitätsverhältnis, sondern eine tief verankerte Außensteuerung, eine Schein-Amerikanisierung mit einem verdrängten Antiamerikanismus im Hintergrund.

Umgekehrt adoptierten die Amerikaner die braven Westdeutschen mehr und mehr als ihre Musterschüler und als ihre gefällige Wachtruppe an der Frontlinie des Kalten Krieges. Zugleich blieben sie wie der gesamte Westen an die Figur Hitler als Archetypus des Bösen, gleichsam als Gegenbild zur Abstützung der eigenen Identität, lange fixiert. Es war schon von der Angst die Rede, in exzessiver Form entfesselte Mentalität barbarischer Unmenschlichkeit sei mit Hitler nicht begraben, sondern schlafe vorläufig nur im Unbewussten und könne leicht wieder geweckt werden. Verschiedene amerikanische Schriftsteller haben zwischen dem Nazi-Holocaust und der atomaren Aufrüstung eine Parallele zu entdecken geglaubt. R. J. Lifton spricht von einer im 20. Jahrhundert aufgekommenen *»Ausrottungsmentalität«*. Er zitiert den Auschwitz-Überlebenden Samuel Pisar: »Alles scheint mit Apokalypse durchtränkt. Es ist, als ob ein Auschwitz-Fieber die Menschheit befallen hätte und sie direkt in den Abgrund treibt: eine Auschwitz-Ideologie, geprägt durch die Aushöhlung des wichtigsten Grundrechts – des Rechts auf Leben. Die Verbindung von Hightech und äußerster Brutalität, die sich immer mehr durchsetzt, zeigt überdeutlich, dass der Mensch nicht nur die ideologischen Voraussetzungen, sondern auch die wissenschaftlichen Mittel für eine beispiellose Massenvernichtung schaffen kann.«

Der Allmachtswille hat im 20. Jahrhundert mit der Ausrottungsmentalität und den dazu passenden technischen Mitteln eine neue Stufe erreicht. Hitler und sein mörderischer Terror haben diese Entwicklung in extremer Grausamkeit zum Ausdruck gebracht. Allerdings hat er dieses Denken nicht mit sich ins Grab genommen. Es ist nach wie vor lebendig, und die dazu

passenden Vernichtungsinstrumente sind unbeirrt weiter entwickelt worden. Aber auch psychische Gegenkräfte, wie sie im
vorigen Kapitel geschildert wurden, sind gewachsen. Wer diese
in sich spürt und bei anderen wahrnimmt, kann sich vor nie-
derdrückender Resignation schützen. Ermutigung kann man
sich immer von Vorbildern holen, die klar sehen und unbeirrt
für eine Humanisierung der Verhältnisse kämpfen. Ich nenne
im Folgenden zwei Männer, willkürlich ausgewählt aus einer
größeren Reihe, die mir persönlich wichtig geworden sind und
von denen ich viel gelernt habe, auch über mich selbst.

14.
Die Ausrottungsmentalität und ihre Kritiker – Anders und Lifton

Für den Philosophen Günther Anders, Sohn des bekannten Psychologen William Stern, wurde der Hiroshima-Tag zur Offenbarung einer Schicksalswende der Menschheit. »Den Stupor, in den mich die berühmte Rundfunk-Nachricht am 6. August 1945 versetzt hatte, den habe ich viele Jahre lang nicht überwinden oder durch Sprechen lockern können. Erst in den frühen 50er Jahren, 1952 oder 1953, lange nach der Rückkehr aus dem amerikanischen Exil, ist mir der erste unsichere Schritt gelungen. Erst danach zwang ich mich … ich hatte mir gewissermaßen ein Ultimatum gestellt – doch ein paar Sätze über diesen ›Gegenstand‹ zu Papier zu bringen, da dieser ja immerhin der wichtigste überhaupt wäre und neben der Beschäftigung mit diesem ›Thema‹ jede mit einem anderen unentschuldbar, nein: läppisch sein würde. Aber was ich da, nicht etwa flüssig schreibend, sondern jeden einzelnen Buchstaben zögernd malend, zusammenbrachte, war kaum mehr als das Bekenntnis meiner Unfähigkeit, nein: unserer Unfähigkeit, das, was ›wir‹ da angestellt oder hergestellt hatten, uns auch nur vorzustellen … Hätte mir an diesem Tag jemand vorausgesagt, dass sich aus diesem jämmerlichen, drei Seiten langen Text einmal Bücher entwickeln würden, ich hätte ihn verhöhnt. Erst ein paar Tage später dämmerte es mir, dass die Furchtbarkeit unserer Situation: nämlich die Möglichkeit, nein: die Wahrscheinlichkeit der Wiederholung von Hiroshima und Nagasaki gerade auf dieser Diskrepanz zwischen unserer Vorstellungs- und unserer Herstellungskapazität beruhte.«

Bei Günther Anders haben jedenfalls die diversen üblichen Abwehrmechanismen der Verdrängung, Verleugnung, Verschiebung und Projektion versagt. Sein Stupor zeigte, dass ihn der Hiroshima-Schock bis ins Mark, bis in die Grundfesten seiner psychosomatischen Struktur getroffen hatte. Eine einzige Detonation mit der Gewalt von 20 000 Tonnen TNT hatte 200 000 Menschen umgebracht, weitere Hunderttausende krank gemacht, zahlreiche andere in ihren Erbanlagen geschädigt, 60 000 Häuser zerstört. Anders verriet mit seiner jahrelangen Störung eine leibhaftige Identifizierung mit den Opfern, und er begriff, dass diese Waffentechnik nun die Menschheit auf ewig zu Geiseln derer machen würde, die darin allen anderen überlegen sein würden.

Im Frühjahr 1959 ließ sich Anders – zuerst widerwillig – von seiner Frau zur Lektüre eines »Newsweek«-Artikels drängen. »Da musst du etwas tun!« Der Hiroshima-Pilot Claude Eatherly war in eine psychiatrische Anstalt eingeliefert worden. Er hatte ein paar Delikte extra zu dem Zweck begangen, um auf sich aufmerksam zu machen. Anders vermutete als Hintergrund Reue- und Strafbedürfnisse aufgrund des Hiroshima-Erlebnisses – und wurde in dieser Vermutung im Verlaufe eines ausgedehnten Briefwechsels mit Eatherly voll bestätigt. Aber es durfte nicht sein, dass der »national glamour boy«, der Stolz der Nation, von Reue geplagt würde. Also musste man aus ihm einen gewöhnlichen psychopathologischen Fall machen – wozu sich dann auch ein Autor zur Verfügung stellte, der die »harmlose« Diagnose begründete. Auf der anderen Seite fand Anders für seine Version prominente Unterstützer wie den Psychiater Thomas Szasz, Bertrand Russell und Graham Greene. Eatherly hatte die Bombe nicht ausgeklinkt. Er war der Pilot und der Signalgeber – also nur indirekt beteiligt. Aber er war entgeistert, als er wenige Tage nach der Bombardierung die ersten Fotos von den Verwüstungen und den im Wasser schwimmenden verkohlten

Leichen zu Gesicht bekam. Und von da ab wurde er seine Schuldgefühle nicht mehr los. Als ihn Anders später einmal in Mexiko traf und ihn noch einmal auf seine innere Veränderung ansprach, wurde Eatherly von Weinkrämpfen geschüttelt – seine Verzweiflung war noch nicht gewichen.

Eatherly konnte sich keinen besseren Dolmetscher als Anders wünschen, und dieser konnte an dem Piloten zeigen, dass es normal war, auf eine unmenschliche, verbrecherische Zumutung »abnorm« zu reagieren. Der Öffentlichkeit wurde hingegen die offizielle Version präsentiert, nämlich dass es keine Reue gäbe, weil angeblich nichts zu bereuen sei. Der Autor dieser Reinwaschungs-These segnete, wie Anders schrieb, den Bombenflug noch einmal ab, nachdem das Flugzeug vor dem Start bereits feierlich eingesegnet worden war. Es war nach Meinung des Philosophen »wohl der erschreckendste Missbrauch, der in der christlichen Ära je geschehen, ohne dass die Gläubigen ihrem Christentum in dieser Situation zur Hilfe gesprungen wären«.

Was es neuerdings möglich machte, unschuldige Menschen, Frauen und Kinder massenweise auszulöschen, war neben einer beispiellosen Verrohung der Verantwortlichen die Entwicklung entsprechender *technischer Mittel*, die obendrein der Tarnung der menschlichen Aggression dienen. Die Erfindungen der industriellen Vergasung, die sogar Blutvergießen ersparte, und des nuklearen Massenmords leiteten ein *neues Zeitalter technisierter Grausamkeit* ein. Günther Anders wurde nicht müde, die neue Epoche *»Endzeit«* zu nennen, weil die atomare Vernichtungstechnik nie mehr verlernt werden könne. Tatsächlich zeigt sich ja, dass die Atommächte – unabhängig von den Wandlungen der Weltlage – ihre nuklearen Potentiale heimlich weiter modernisieren und damit andere zur Teilnahme an einem ewigen Wettrüsten mit Massenvernichtungswaffen provozieren.

Ohne spezielle psychoanalytische Schulung begriff Anders die Gefährlichkeit der Angstverdrängung als Ursache für die Lähmung des Widerstandswillens gegen die Nuklearrüstung. So schrieb er: Wir leben »im Zeitalter der Verharmlosung und der Unfähigkeit zur Angst.« Und weiter: »Habe keine Angst vor der Angst, habe Mut zur Angst!« »Freilich muss diese unsere Angst eine von ganz besonderer Art sein:

1. Eine furchtlose Angst, da sie jede Angst vor denen, die uns als Angsthasen verhöhnen könnten, ausschließt.
2. Eine belebende Angst, da sie uns statt in die Stubenecken hinein in die Straßen hinaus treiben soll.
3. Eine liebende Angst, die sich *um* die Welt ängstigen soll, nicht nur vor dem, was uns zustoßen könnte.«

Ähnlich plädierte bald nach ihm Hans Jonas für eine *ethische Pflicht zur Furcht*, »in der mit dem Übel das davor zu rettende Gute sichtbar wird«.

Anders erkannte für sich die Notwendigkeit, sich unüblicherweise als Philosoph öffentlich politisch zu engagieren. Bereits 1958 beteiligte er sich streckenweise an einem Friedensmarsch, angeführt von einem jungen buddhistischen Priester, von Hiroshima nach Tokio, in dem Bürger, Bauern und Arbeiter aus dem Explosionsgebiet in glühender Hitze mitzogen. Er wurde ein Pionier der europäischen Ostermärsche und der deutschen Friedensbewegung. Dabei lernte er, seine philosophischen Einsichten in gut verständlicher Sprache vorzutragen. Denn er wollte ja eben nicht nur belehren, sondern aufwecken und anstacheln. Damit erregte er allerdings Anstoß in seiner Zunft, während er umgekehrt Ende der 50er, dann noch einmal Anfang der 80er Jahre, große Scharen nicht nur aus der studentischen Jugend zu friedenspolitischem Engagement auf den Weg brachte.

Im Dezember 1986 habe ich zusammen mit meinem Freund und Mitstreiter Hans-Jürgen Wirth den damals 84-Jährigen noch in seiner karg eingerichteten Wiener Wohnung besucht. Obwohl mit arthritisch verkrümmten und verkrampften Händen erheblich behindert, hauste er immer noch allein. Voll ungebrochener geistiger Energie verteidigte er seine umstrittene Forderung, wir sollten diejenigen Verantwortlichen mehr bedrohen, die uns mit den Atomwaffen bedrohten. Denn im Ernstfall würden ja die Völker zu Opfern der ganz wenigen werden, die ohne demokratische Kontrolle die entscheidenden Knöpfe oder Schalter bedienen würden. Es war die letzte verzweifelte Botschaft des Autors von »Hiroshima ist überall«.

Ein wenig schmerzte ihn noch die Ausgrenzung aus der Zunft. Jürgen Habermas habe ihn in einem Seminar über Philosophie in Deutschland nicht einmal erwähnt und einem darüber erstaunten Studenten erklärt, er, Anders, habe seit seiner frühen Doktorarbeit nichts Nennenswertes mehr fertig gebracht. Zu einem Philosophen-Kongress nebenan in Wien habe man ihn zunächst gar nicht hineingelassen. Erst die Fürsprache Ernst Blochs habe dazu verholfen.

Viele Tausende haben diesem Mann den Anstoß und den Mut zu eigenem Engagement zu danken. Jedenfalls hat er deutlich gemacht, dass ein humanistisches Menschenbild nach Auschwitz und Hiroshima nur noch glaubhaft und wirksam vertreten kann, wer sich unbeeindruckt von Zunft- und Standessitten öffentlich einmischt, um den heimlichen Verrat an einem öffentlich bekundeten politischen Humanismus aufzudecken.

***

Auf amerikanischer Seite ragt Robert J. Lifton seit Jahrzehnten als streitbarer analytischer Aufklärer heraus, der sich ins-

besondere mit den Gefahren der Genocidal Mentality (Ausrottungsmentalität) und des Nuclarism (Nuklearismus) befasst hat. Mit Nuklearismus meint er die uns noch immer zugemutete Ideologie, wonach die Hortung von Atomwaffen den Frieden schützen soll. Sein letzter Buchtitel von 1995 verrät, was ihn unvermindert umtreibt: »Hiroshima in America – Fifty Years of Demal« (verfasst zusammen mit Greg Mitchell). Die Verleugnung Hiroshimas, die Ausrottungsmentalität in »Gottes eigenem Land« ist das Thema. Er scheut sich nicht, bereits die Städtebombardierungen des Zweiten Weltkrieges, von Hitler begonnen, aber von den Amerikanern mit vielfacher Wucht fortgesetzt, der Ausrottungsstrategie zuzurechnen. Ein eklatanter Bruch der Genfer Konventionen sei es gewesen, fernab von militärischen Zielen Massen von wehrloser Zivilbevölkerung zu töten. Mindestens je 40 000 zivile Opfer hätten allein die Luftangriffe auf Hamburg und Dresden gefordert, womit man die Deutschen nicht demoralisiert, sondern noch einmal fester an Hitler gebunden hätte. Getötet wurden vornehmlich Frauen, Kinder und Alte, nur ausnahmsweise Soldaten. Gemessen am Völkermord der Nazis seien diese Bombardements vielleicht weniger schrecklich, aber allemal verbrecherisch gewesen. Dazu kam dann das Inferno von Hiroshima. Als Augenzeuge berichtete der US-Brigadegeneral Thomas Farrel Präsident Truman: »Man könnte die Wirkung beispiellos, erhaben, schön, gewaltig und erschreckend nennen. Nie zuvor hatte der Mensch etwas derart Übermächtiges geschaffen … Dreißig Sekunden nach der Explosion kam zuerst die mächtige Druckwelle, und fast unmittelbar darauf folgte das starke, anhaltende Donnern, ein Signal des Jüngsten Gerichts, bei dem wir Winzlinge uns fühlten, als sei es eine Blasphemie, dass wir es wagten, jene Kräfte zu entfesseln, die bis dahin dem Allmächtigen vorbehalten waren.«
Jeder Satz des Generals verdiente es, dass man lange über seinen Gehalt nachgrübelt. In seiner Verwirrung zwischen Triumph

und Schuldgefühlen, zwischen Euphorie und Blasphemie drückt Farrel spontan aus, was in diesem historischen Moment geschah. Er spürt, dass der Mensch eine Macht missbraucht, die nicht in seine Hände gehört. Und das Jüngste Gericht fällt ihm ein. Erst erschrocken, dann fast begeistert staunt er, dass *»wir«* die *»bis dahin«* dem Allmächtigen vorbehaltenen Kräfte entfesseln konnten. Es klingt nach Stolz: Wir Winzlinge können so Großartiges vollbringen. Nicht etwa: Unfassbar, dass wir Christenmenschen uns dieses entsetzlichen Völkermordes schuldig machen. Kein Hauch, nicht die mindeste Andeutung von Mitgefühl mit der momentan nur zu ahnenden Riesenschar von Opfern. An Gottes Stelle straft der Mensch die in den Medien längst verbal dehumanisierten Japaner. Von »Affen«, »Ratten«, »Tieren« war da laufend die Rede gewesen.

General Thomas Farrel und Günther Anders repräsentieren in etwa die beiden Pole des Gotteskomplexes: Der eine erlebt sich als Mitglied einer Gemeinschaft, die Gott die Allmacht und das höchste Richteramt zum Abstrafen des Bösen in der Welt entwindet. Fasziniert gibt er sich der Ästhetik des Grauens hin. Der andere fällt schon nach bloßer Lektüre der Zeitungsnachricht in einen Stupor, verliert die Sprache und braucht Jahre, ehe er auch nur ein paar Sätze über das Ungeheuerliche zu Papier bringen kann. Und dann sucht er den Kontakt zu dem Hiroshima-Piloten, um im Anteilnehmen an dessen psychischer Traumatisierung besser zu verstehen, was in ihnen beiden angerichtet worden ist.

Der eine bestätigt seinen Präsidenten, der nie Zweifel an der Gerechtigkeit seines völkermörderischen Befehls aufkommen lässt. Dieser hat die Macht und sieht keine Instanz über sich, die über ihn richten dürfte. Der andere erfährt, dass eine verdrängende Öffentlichkeit nichts glauben will, was auf die vermeintliche Ruhmestat von Hiroshima einen Schatten werfen könnte. Aber dieser andere richtet sich auf, kämpft für die unterdrückte Wahrheit und wird schließlich zu einer mitreißenden Leitfigur der Friedensbewegung.

***

Günther Anders und Robert J. Lifton haben entscheidend mitgeholfen, die Verrohung des Denkens zu analysieren, die zur Gewöhnung an die Strategie der Massenvernichtung geführt hat. Erleichtert wird diese Gewöhnung durch den häufigen Gebrauch sich bald abnutzender Worte. Genozid, Völkermord, Ausrottung, Unmenschlichkeit, Verbrechen gegen die Menschheit – hört man das unentwegt, verblasst die begleitende Vorstellung. Zudem kennt man die Politikergesichter, die zu den schaurigen Worten die entsprechende Miene aufsetzen, wenn sie sich an die Spitze der Prozession des Entsetzens und der Ergriffenheit setzen wollen. Man weiß, dass vielfach dieselben dafür sorgen, dass keine Bilder von Massenelend an die Öffentlichkeit gelangen, das von eigener Kriegsstrategie produziert wird. Die Mächtigen in aller Welt haben längst gelernt, die eigenen Grausamkeiten zu vertuschen, zumindest zu verharmlosen. Wären die Nazis mit ihrem Terror-Regime nicht untergegangen, hätte die Welt nie genau erfahren bzw. gar zu Gesicht bekommen, was in den Vernichtungslagern passiert ist.

Robert J. Lifton hat zu Recht in verschiedenen seiner Bücher immer wieder klargestellt, dass die Einzigartigkeit des Holocaust nicht durch Vergleiche verwischt werden darf. Nicht zu leugnen ist aber, dass im 20. Jahrhundert allein durch die von Pisar genannte Verbindung von Hightech mit Brutalität Szenarien entstanden sind, die es vorher in dieser Art nicht gegeben hat. Waffensysteme von verheerender Vernichtungskraft werden neuerdings unter Mitwirkung wachsender Zahlen von Wissenschaftlern produziert, denen niemand die psychischen Antriebe zu

der Grausamkeit zutraut, die bei Anwendung der Vernichtungs-
maschinen zu Tage tritt. Eine Ausrottungsmentalität, in die ein
Großteil der Bevölkerungen mit verwickelt wird, kann sich fast
unbemerkt ausbreiten, weil man keine brutalen Zyniker mehr
als Protagonisten vor sich sieht. Die Erfinder der schlimmsten
Massentötungs-Mittel sind im Sinne Freuds sicherlich Meister
der Sublimation, d. h. der Entschärfung ihrer Aggressivität
durch Umleitung der Triebenergie auf ihre militärische Erfin-
dungs- und Konstruktionsarbeit. Aber der Wissenstrieb bleibt,
wie Freud selbst versicherte, ein Abkömmling des Bemächti-
gungstriebes, also der Aggression im weiteren Sinne. Hinzu
kommt der Mechanismus der *Abspaltung*. Lifton meint damit,
»einen Teil des Geistes vom Ganzen zu lösen, sodass die einzelnen Elemente in gewissem Maße eigenständig wirken. ›*Psychische Abstumpfung*‹ ist jene Form der Dissoziation, bei der das
Empfinden nachlässt und gewöhnlich vom Denken abgetrennt
wird. ›*Spaltung*‹ ist die stärkste Form der Dissoziation, bei der
sich ein funktionales zweites Selbst bildet, das zwar mit dem ursprünglichen Selbst verbunden bleibt, aber mehr oder weniger
eigenständig wirkt.« In diesem Zusammenhang erwähnt Lifton
den Physiker Robert Oppenheimer, den Leiter des Laboratori-
ums von Los Alamos, wo die Atombombe für Hiroshima entwickelt wurde: »Der Krieg hatte die Wissenschaftler derart gefühl-
los werden lassen, dass der bedeutende italienische Physiker En-
rico Fermi dem Projektleiter Robert Oppenheimer im April
1943 vorschlug, die deutschen Lebensmittelvorräte mit dem ra-
dioaktiven Abfall zu vergiften. Nachdem Oppenheimer diesen
Gedanken ernsthaft erwogen und mit anderen diskutiert hatte,
schloss er, dass Strontium 90 ›am geeignetsten‹ wäre, riet jedoch
abzuwarten: ›Wir sollten den Plan erst umsetzen, wenn wir mindestens eine halbe Million Menschen vergiften können.‹«
Wenn die Überlieferung stimmt, so wäre Oppenheimer ein
eindrucksvolles Beispiel für die Infektiosität jener dehumani-

sierenden Ausrottungsmentalität, die sogar einen kritischen Wissenschaftler befallen konnte, der sich später dem Bau der Wasserstoffbombe widersetzte und sich einem Verfahren zur Überprüfung seiner Loyalität stellen musste.

In den USA wie in Deutschland haben wir während des Kalten Krieges eine regierungsamtliche Desensibilisierungs-Kampagne erlebt, die zur Ablenkung der Atomkriegsängste auf die Friedensbewegung inszeniert wurde. Die Menschen sollten sich vor denjenigen fürchten, die vor der Atomkriegsgefahr warnten. Die Anhäufung eines gigantischen Bedrohungspotentials, das im Ernstfall die Selbstvernichtung bedeutet hätte, galt als patriotische Wehrbereitschaft, die Forderung nach Verständigung und bilateraler Abrüstung hingegen als sicherheitsgefährdend und verratsverdächtig. In den USA wurde sogar ein Expertenrat geschaffen, der helfen sollte, die psychologische Infrastruktur des Rüstungswahnsinns zu stabilisieren. Gewiss wäre der erklärte Pazifist Freud, hätte er seine auf die Ängste der Menschen vor der technisch ermöglichten gemeinsamen Selbstzerstörung gegründete Warnung von 1930 wiederholt, zu den Feinden der westlichen Sicherheit gezählt worden, so wie es den Aktivisten der internationalen Friedensbewegung erging.

Aber die Psychoanalyse hat sich nun einmal der Aufgabe verschrieben, unheilvolle Verdrängung aufzudecken und den Widerstand zu ertragen, den dieses Vorhaben zu allen Zeiten hervorruft. In unserer Zeit gehört die Arbeit an der Verdrängung, die der Akzeptanz der Ausrottungsmentalität dienlich ist, zu einer unausweichlichen Pflicht für die Psychoanalyse, zumal in einem Land, das für diese Mentalität das furchtbarste Beispiel geliefert hat.

Günther Anders war nicht Psychoanalytiker oder Psychiater von Beruf. Aber als Sohn eines großen Psychologen war er gründlich in die Wissenschaft Freuds eingedrungen. Mit der

Beschreibung seines eigenen »Falls«, nämlich seiner persönlichen inneren Verletzung und der jahrelang nachwirkenden intellektuellen Lähmung, hat er indessen einen Aufklärungsbeitrag geleistet, der besser als hundert empirische Studien klar macht, wie weit uns die Ausrottungsmentalität in unserer Kulturentwicklung zurückwirft. Anders war ein Kämpfer voller Mut und Durchsetzungskraft, bei Gott kein Weichling, aber einer mit einem intakten Sensorium, der ausfühlen konnte, was Hiroshima bedeutete – eine kühl berechnete, staatlich befohlene Hinrichtung bzw. folgenschwere Verletzung von ein paar Hunderttausend unschuldigen Menschen, nach Auschwitz das schlimmste Verbrechen gegen die Menschheit.

***

Psychologische Grundlage der Ausrottungsmentalität ist die definitive Abkehr vom Menschenbild wechselseitiger Abhängigkeit und Aufeinander-Angewiesenseins und damit von einer ganzheitlichen Vorstellung von Solidarität, wie sie als Kennzeichen der Sozialen Bewegung der 70er Jahre beschrieben wurde. Es gibt nur noch ein Wir in der Art eines vergrößerten Ich, indem man sich gemeinsam abgrenzt gegen eine Masse von anonymisierten anderen. Es vereint sich eine Machtelite der Guten, ähnlich den »höheren Menschen« Nietzsches, die es mit einem fremden Heer von »Missratenen«, mit einem Gewimmel von »Gewürm« zu tun hat. Der Rückzug aus der mitmenschlichen Nähe entbindet von Einfühlung, Mitleid, Helfen, von jeglichem Anteilnehmen schlechthin. Zygmunt Bauman hat sehr genau beschrieben, wie die Nazis mit ihrer antisemitischen Kampagne dadurch erst »erfolgreich« wurden, dass sie gleich nach ihrer Machtübernahme die Juden aus der Öffentlichkeit, also aus dem alltäglichen Gesichtsfeld, entfernten. Danach hatte die Bevölkerung keine Gelegenheit mehr, die propagandistische Diskriminierung durch persönliche Erfahrungen aus dem Zusammenleben zu korrigieren. Es entstand ein Vakuum, das die Propaganda mit Greuelmärchen füllen konnte, um das Horrorbild einer durch und durch verdorbenen blutsaugenden Rasse zu konstruieren.

Soziale Verantwortung schwindet mit dem Ausstieg aus dem Dialog und der Gegenseitigkeit. Was ich den anderen schuldig bin, weiß und fühle ich aber nur, solange ich ihnen ins Auge blicke, ihnen zuhöre und mich auf ein Miteinander einlasse. Die moderne computerisierte Informationsgesellschaft erweitert nach Zahl und Geschwindigkeit die Beziehungsmöglichkeiten enorm. Aber verloren geht die echte Nähe, das Spüren des anderen in seiner Leibhaftigkeit. Die Technik erlaubt eine nie geahnte Fülle von Informationen. Aber wird der Technik erlaubt, mich offen und vorurteilsfrei zu unterrichten? Wenn ich ein Volk unsympathisch finden soll, wird in den Medien aussortiert, was mich positiv berühren könnte. Soll ich, wie jetzt in Afghanistan, massenhafte Bombardierungen gerecht finden, bekomme ich nicht zu sehen, wie die gebombten Menschen darunter leiden, wie sie auf der Flucht ungeschützt der Kälte und dem Hunger preisgegeben sind. Alle Bilder, alle Nachrichten sind danach gefiltert, wen ich hassen, mit wem ich mitfühlen, wem ich das Siegen, das Verlieren oder den Tod wünschen soll. Vom Zerstörungswerk der Raketen und der Bomben bekomme ich phantastische Brände, Gemälde von Rauchwolken, das amüsante Herabpurzeln des Gewimmels von Splitterbomben aus den Schächten der gigantischen B52 zu sehen. Aber nichts von zerfetzten, verstümmelten Menschen, für die es auf den riesigen gebombten Flächen kein Entrinnen gibt. Und dann sehe ich in Politikergesichter, die mir die tägliche Verschlimmerung des Grauens als wachsende Erfolge gegen das Böse verkünden, und ich höre die Politiker umso eindringlicher und beschwörender reden, je mehr Mühe sie aufwenden müssen, sich selbst und mir die Wahrheit auszureden.

Die Technik ist der Ausrottungsmentalität stets zu Diensten, indem sie es den Mächtigen immer leichter macht, Kriege ohne eigene Verluste zu führen. Sie können aus unerreichbarer Höhe am Boden alles Leben lahm legen, wo immer sie wollen. Aus Schlachtfeldern werden Schießplätze. Die einen schießen, die anderen werden zu lebendigen Schießscheiben. Es gibt kaum noch Kriegs-Szenarien mit Kämpfen von Menschen gegen Menschen, stattdessen häufiger so etwas wie Massenhinrichtungen, Tötungen von mehr oder weniger Wehrlosen. Längst sind die einst mühsam zustande gebrachten Konventionen zum Schutz der Zivilbevölkerung Makulatur. So wurde schon der Nato-Krieg gegen Jugoslawien nicht mehr gegen das fast intakt gebliebene serbische Militär gewonnen, sondern durch Ausschaltung der Grundlagen des zivilen Lebens, durch Zerstörung von Versorgungsanlagen, Fabriken, Verkehrsverbindungen usw. Inzwischen wird für jeden sichtbar, was Erich Fromm 1973 in der »Anatomie der menschlichen Destruktivität« feststellte: Mit wachsender Zivilisation werden Kriege nicht humaner, sondern grausamer. Aber die Grausamkeit wird verdrängt oder dadurch verleugnet, dass man sich einredet, die an verseuchtem Wasser sterbenden Kinder im Irak oder die verhungernden oder erfrierenden afghanischen Flüchtlinge müssten halt in einer Art Sippenhaftung für die Erzschurken Saddam Hussein und Osama Bin Laden büßen. Je schlimmer die Schurken, umso höhere Opferzahlen lässt man schließlich noch als gerecht gelten.

Im Falle der Anschläge vom 11. September musste man erst das Feindbild der Taliban konstruieren, um Schießen und Siegen zu können. Außer dass sie Bin Laden in Afghanistan beherbergt hatten, war den Taliban keinerlei Beitrag zu den terroristischen Angriffen nachzuweisen. Den Krieg hat man denn ja auch nicht Afghanistan oder den Taliban erklärt, sondern dem Terrorismus. Terroristische Taten verüben Guerilleros, Geheimagenten, kriminelle Banden, Glaubenskrieger, Freiheitskämpfer. Mit dem Anti-Terrorismuskrieg der Amerikaner als Rückendeckung können die Chinesen ihre Dissidenten, die Russen aufrührerische Tschetschenen und Scharon seinen Intimfeind Arafat verfolgen. Mit dem Terroristen-Etikett werden sie alle Freiwild. Mit Kriegsgegnern kann man vielleicht irgendwann zu Vereinbarungen kommen. Aber mit Terroristen?

Amerika weiß schon, warum es Scharons Panzer stoppt. Um nicht zu einem jederzeit verletzbaren Groß-Israel zu werden, kann ihm nur daran gelegen sein, im Nahen Osten zu fördern, was Rabin und Arafat mit dem Oslo-Plan fast schon gelungen schien, als es fast drei Jahre kaum noch terroristische Anschläge gab. Aber beiderseits werden die Radikalen kaum Ruhe geben, wenn aus den leidenden Bevölkerungen nicht ausreichender Druck wächst, um eine Verständigung zu erzwingen.

Da gibt es einen Anfang. Zum Jahreswechsel 2001/2002 passierte etwas Unerwartetes. In dem symbolträchtigen Imperial Hotel in der Jerusalemer Altstadt trafen sich Mitglieder der israelischen Knesset mit palästinensischen Politikern, beiderseits friedensbewegt, und unterzeichneten eine Resolution: »Time for Peace«. Sofort sollten Verhandlungen über ein dauerhaftes Abkommen beginnen. Palästina sollte selbstständiger Staat in den Grenzen von 1967 werden. Alle jüdischen Siedlungen im Gazastreifen und im Westjordanland sollten aufgegeben werden. »Wir fühlen gemeinsam«, sagte der israelische Schriftsteller David Grossmann, »dass die Mehrheit beider Völker die Gewalt und den politischen Stillstand leid ist.« Und Abdul Khader Hussein formulierte »die Hoffnung auf Jerusalem als offene Stadt, die beiden Seiten als Kapitale dienen kann«.

Vor den Altstadtmauern versammelten sich am 28. Dezember mehrere tausend Israelinnen, »Frauen in Schwarz«, die gegen die Besatzung eintreten. Es gab einen offenen Brief mit Hunderten von Unterschriften palästinensischer Christen an den lateinischen Patriarchen und alle christlichen Gemeinden im Heiligen Land, dass man sich überall für Friedensverhandlungen und ein Ende der Intifada einsetzen solle. Laut Umfragen unterstützt eine klare Mehrheit der Palästinenser den von Arafat verkündeten Gewaltverzicht.

Nachdem die Gewalt an die 300 Tote auf israelischer und fast 1000 Tote auf palästinensischer Seite gefordert hat, könnte doch vielleicht aus dem gemeinsamen Leiden die Erkenntnis aufsteigen, dass man nicht gegeneinander, sondern nur miteinander eine menschliche Zukunft aufbauen kann und dass alle dazu notwendigen Verzichte immer noch erträglicher sind als die Fortsetzung des zerstörerischen Gemetzels. Es würde sicher umfangreichere Friedenstreffen geben, würden Palästinenser leichter nach Israel einreisen dürfen und würden Israelis nicht von eigenen Soldaten an den Straßensperren aufgehalten. Gerade wollte Israels Präsident Mosche Katsav vor dem palästinensischen Parlament in Ramallah eine Friedensrede halten. Aber Scharon verbot es ihm.

Wo bleibt der Mut der Europäer, die so stolz verkünden, dass ihr Zusammenwachsen auch eine neue Verantwortung schaffe, nämlich nirgendwo mehr nur zuzuschauen, wo systematisch unmenschliche Gewalt geübt wird? Nicht in Afghanistan, noch weniger in Somalia oder sonst wo in der Welt kann im Augenblick ein wirksamerer Kampf gegen den Terrorismus geführt werden als durch eine aktive Mithilfe zu einer Befriedung in Nahost.

15.
Narzisstischer Rückzug

Noch ein Blick zurück zu den 70er Jahren, in denen große
Teile einer hoffnungserfüllten Jugend daran glaubten, eine
friedlichere, solidarischere Gesellschaft von unten her aufbauen zu können. Dieses Vertrauen hatte erstaunliche Kräfte
freigemacht, vor allem zum Aufbau der geschilderten sozialen Projekte in jahrelanger, neben dem Studium betriebener
ehrenamtlicher Arbeit. Voraussetzung war eine Grundstimmung der Zuversicht, wie eine solche überhaupt das Verfolgen einer höheren sozialen Wertrichtung fördert, was Max
Scheler in seiner Ethik als eine Art Gesetz festgestellt hat.
Aber der Optimismus schrumpfte. Ab Ende der 70er Jahre
kam wieder mehr von den Besorgnissen und der Unruhe
zum Vorschein, wie sie Freud 1930 schon als Reaktion auf die
Phantasie einer apokalyptischen gemeinsamen Selbstbe-
drohung wahrgenommen hatte. Die Angst heftete sich zunehmend an zwei Gefahren: an die *Zerstörung der Umwelt* und
an *das atomare Wettrüsten*.

Beide Themen zogen große Teile der bisher relativ einheitli-
chen sozialen Bewegung an sich. Voran ging die junge Generation. »Die Grenzen des Wachstums«, der Bericht von Dennis
Meadows an den Club of Rome, bildete das Startzeichen für die
sich langsam ausweitende Grüne Bewegung, die ähnlich wie
ihre soziale Vorläuferin erst im Nachhinein von den etablierten
Parteien ernst genommen wurde. Anfang der 80er Jahre trat
dann die schon lange existierende Friedensbewegung, durch
den so genannten Nato-Doppelbeschluss aufgeschreckt, aus
dem Schatten heraus. Beide Initiativen erregten bald Aufsehen.
Aber was sie trug, war nicht mehr der optimistische Glaube, eine
bessere Gesellschaft zu schaffen, sondern eher der Trotz, sich

beunruhigenden Bedrohungen entgegenstellen zu wollen. Im Hintergrund wirkte Angst, aber eine solche, wie sie sich Hans Jonas in seinem Buch »Das Prinzip Verantwortung« (1979) wünschte, nämlich als Antrieb zu konstruktivem politischen Handeln. In der Friedensbewegung, in der sich christliche, humanistische, ärztliche und sozialistische Initiativen zusammenfanden, spielte der Protest gegen die zuerst im Osten, dann auch im Westen aufgestellten atomaren Mittelstreckenraketen eine zentrale Rolle. Indessen liefen beide Projekte nicht unabhängig nebeneinander her. Viele Leute waren in beiden Gruppierungen tätig. Die Grünen formierten sich 1980 zur Partei. Die meisten Friedensorganisationen blieben unabhängig. Der Ärztebewegung IPPNW (Internationale Ärzte für die Verhütung des Atomkrieges) gelang sogar der Sprung über den Eisernen Vorhang. Sie schaffte es, in einer Zeit der absoluten Selbstabschottung der Machtblöcke auf beiden Seiten Beachtung zu gewinnen, im Osten sehr rasch, nachdem Gorbatschow auf den Plan getreten war.

***

Allerdings schwammen diese Bewegungen in den 80er Jahren gegen den Strom eines wieder erstarkenden *egozentrischen Individualismus*. Dazu trugen mehrere Faktoren bei. Im Schatten der atomaren Ost-West-Konfrontation gewann der Kampf zwischen den Ideologien an Schärfe. Der Neoliberalismus forderte aggressive Selbstbehauptung in der Schlacht der Marktegoismen. Rette sich, wer kann, wurde für viele das Motto. Jenseits der kritischen Basisbewegungen setzte sich durch, was den Namen Ellbogen-Mentalität erhielt. Soziale Gefühle kühlten ab. Das Ego bestimmte den neuen Trend.

Das konnten Elmar Brähler und ich unmittelbar aus Befunden repräsentativer Untersuchungen ablesen, die wir seit 1968 periodisch in der westdeutschen Bevölkerung durchführten und übrigens bis heute fortsetzen. Grundlage ist ein ausführlicher Fragebogen (Gießen-Test) zum Befinden, zu sozialen Einstellungen und zum Beziehungsverhalten. Die Befragten entwickeln dabei ein psychologisches bzw. sozialpsychologisches Selbstporträt. Zwischen 1975 und 1989 ergaben sich dabei folgende statistische Veränderungen in den Antworten:

– Ich bin stärker daran interessiert, andere zu übertreffen;
– ich bin im Vergleich zu anderen eigensinniger;
– ich gerate häufiger in Auseinandersetzungen mit anderen;
– ich neige eher dazu, meinen Ärger abzureagieren;
– ich mache mir seltener Selbstvorwürfe;
– ich mache mir seltener Sorgen um andere Menschen.

Resümee: Der Ich-Mensch wurde vorübergehend tonangebend. Aber es war weniger kraftvolle Selbstbetonung, eher eine Art Einigelung aus Angst, verloren zu gehen, im Konkurrenzkampf zu unterliegen. Diese tiefe Verunsicherung diagnostizierte vor allem der Psychoanalytiker Martin Wangh:
»Dadurch ist der Glaube an die Zukunft, den gewöhnlich jeder in sich trägt, ernsthaft erschüttert worden.«
»Todesangst … hat seit dem Aufkommen der Atombomben die allgegenwärtige Verleugnung der Sterblichkeit, mit der die aufgeklärte Menschheit innerlich lebt, geschwächt.« Das Angstniveau sei heute »mindestens so hoch wie während der Zeit der Seuchen im 14. Jahrhundert«.
Wenn man sich nur um sich selbst und das eigene Wohl bekümmere und seinen sozialen Verantwortungshorizont maximal einenge, dann bemerke man gar nicht, was man sonst zu sehen fürchte, so Martin Wangh. Unbestritten war jedenfalls die starke Ausbreitung einer neuen Ich-Bezogenheit bei gleichzeitiger Verarmung sozialer Beziehungen. Die Verfah-

ren der Familien- und Gruppentherapie verloren an Attraktivität. Der Einzelne wollte, wenn er Therapie suchte, im eigenen Selbst stabilisiert werden. Gemeinschaftsfähigkeit gehörte nicht mehr zu den unmittelbaren Heilungsvorstellungen. In den Gruppentherapien, die ich selbst durch die Jahrzehnte bis heute weiterführe, standen weniger das Anteilnehmen aneinander und das Lernen in den Austauschprozessen vornean, auch nicht die kritische gemeinsame Emanzipation in Auseinandersetzung mit dem Analytiker, vielmehr die Sorge, sich in der Konkurrenz gegeneinander genügend Hilfe zur Stärkung des eigenen Selbst vom Therapeuten zu holen.

Es war die Zeit, in welcher der Mainstream der Psychoanalytiker das Zentralthema des *Narzissmus* entdeckte. Die *narzisstische Störung* beherrschte die psychoanalytische Literatur. In der Beschreibung, Erklärung und der therapeutischen Erfassung dieser Störung tat sich ganz besonders Heinz Kohut als vorübergehender Cheftheoretiker der Freudianer hervor. Kohut sah das Problem des modernen Menschen weniger in seinen inneren und zwischenmenschlichen Konflikten, stattdessen vor allem in den Defiziten seines »unterernährten Selbst«. Er schuf eine neue »Selbst-Psychologie« und erläuterte diese u. a. am Beispiel von Kindern, die »unterstimuliert« seien und ihre Umgebung als bedrohlich fern erlebten: Narzisstisch gestörte Eltern leben von ihren Kindern abgeschirmt. Diese suchen dann zum Teil erotische Stimulierung, um ihre Einsamkeit zu lindern und eine emotionale Leere zu füllen. Eltern erwecken den Anschein, »ihren Kindern besonders nahe zu sein. Doch der Schein trügt. Denn die Eltern sind unfähig, narzisstische Erfüllung durch Teilnahme am Wachstum ihrer Kinder zu finden, weil sie ihre Kinder für ihre eigenen narzisstischen Bedürfnisse benutzen.« Kohut fand, die Gefahr für das psychologische Überleben des modernen westlichen Menschen sei die *psychologische Unterernäh-*

rung des Selbst und dessen dadurch geschwächte Kohärenz bzw. Fragmentierung.

Martin Wangh stellte daraufhin die provokative Frage, ob Kohut und die anderen Narzissmus-Theoretiker mit ihrer alleinigen Konzentration auf das individuelle Selbst und dessen Störungen nicht einen eigenen narzisstischen Rückzug vollzögen. Das hieße, die neue individualistische Selbstpsychologie ließe sich als Symptom der Störung verstehen, mit der sie sich beschäftigte. Das schien einleuchtend. Tatsächlich hatte sich die große Mehrzahl der psychoanalytischen Institute schon gegen die Kollegen abgegrenzt, die sich in Zeiten der sozialen Bewegung für Familien- und Gruppentherapie interessiert hatten, erst recht gegen solche, die sich engagiert an den Reformprojekten der sozialen Psychiatrie und der Sozialtherapie beteiligt hatten. Ich erinnere an den geschilderten Unmut im Kollegenkreis, als ich die Störungen der interfamiliären Kommunikation zu einem legitimen Feld für einen erweiterten psychoanalytischen Therapieansatz erklärte. Auch die Ausdehnung des Gesundheitsbegriffs auf psychosoziale Kompetenz war auf heftigen Widerstand gestoßen. Die psychoanalytischen Institute wehrten sich in der Mehrzahl länger und erfolgreicher gegen strukturelle Demokratisierung als alle anderen vergleichbaren Einrichtungen.

Diese Spaltungsprozesse in der Psychoanalyse kann man ihr, wenn man will, als Schwäche oder Defizit ankreiden. Aber man kann es auch so sehen, dass sich in ihnen notwendigerweise immer wieder der gesellschaftliche Grundkonflikt zwischen dem individualistischen und dem beziehungspsychologischen Menschenbild ausdrückt, zwischen der Einengung der Krankheitsvorstellung auf das individuelle Selbst einerseits und der Erweiterung auf das soziale Zusammenleben andererseits. Ist das Ich das Primäre oder das Ich-Du? Ist es die Splendid isolation oder die Gegenseitigkeit? Kohut engte in seinem Blickfeld die Angst auf psychologische Unterernährung oder »Unterstimulierung« des individuellen Selbst ein, die von Generation zu Generation weitergegeben werde. Wangh lotete tiefer und näherte sich der Diagnose von Freud (1930), indem er »von einer allgemeinen Grundangst vor dem Vollzug der menschlichen Selbstauslöschung« sprach.

Hier schließt sich nun die Frage an, ob man auf Freuds Todestrieb-Lehre zurückgehen muss, wie es Wangh tut, oder nicht vielmehr unbewusste Selbstbestrafung aus dem Gotteskomplex in Erwägung ziehen sollte. In einem Augenblick, da die Selbstvergöttlichung des Menschen die Beinahe-Allmacht der apokalyptischen Vernichtungskraft erreicht hat – muss da nicht aus dem Unbewussten die Selbstbestrafung für die Grenzenlosigkeit der Egomanie und für den Gottesmord emportauchen? Ist demnach die Einengung des Horizonts auf die Sicherung des individuellen Selbst nichts anderes als eine Vermeidung der Konfrontation mit dem Ausmaß der Verirrung und ihren unabsehbaren destruktiven Folgen?

In dieser Sicht bedeutete die Einschränkung der Konzentration auf die Ich-Psychologie und auf die Heilung des Selbst einen Restitutionsversuch auf einer regressiven Ebene, letztlich wie die Bemühung, beim Versteckspiel die Augen zu schließen, um nicht gefangen zu werden. Dagegen steckte in den diversen sozialen, grünen, pazifistischen Engagements die Hoffnung, dass man nicht nur konkrete äußere Bedrohungen mindern, sondern in sich selbst und gemeinsam wieder eine Haltung aufrichten könne, die von der Anmaßung der manischen Selbstvergötterung wieder zu Bescheidenheit, Demut und Ehrfurcht vor dem Leben zurückführt – also auch ein verschlüsseltes Reueverhalten mit der Hoffnung, sich von der Hybris des Bemächtigungswahns und der daraus folgenden Gewalt ein Stück weit reinigen zu können. Das ist wohl auch ein unausgesprochener Hintergrund der neuen globalisierungskritischen Jugendbewegung, von der später noch die Rede sein wird.

Es ist also schon etwas daran, was die Gutmenschen-Kritiker, die ihre Konjunktur um die Mitte der 90er Jahre hatten, bei den beharrlichen Pazifisten, Menschenrechtlern und Öko-Aktivisten diagnostizierten, nämlich so etwas wie ein moralisches Selbsthilfeunternehmen. Aber es war eben nicht nur ein solches. Sondern beides wirkte ineinander: »Ich kann nur noch im Engagement ich selber sein.« Das war die eine Seite. Die andere, das war die Übernahme der Mitverantwortung für dringliche humanistische und ökologische Aufgaben.

16.
Kampf um das Bewusstsein

Mein Buch »Alle redeten vom Frieden« von 1981 enthielt eine ähnliche Deutung, wie ich sie später dem Film »Jurassic Parc« des Regisseurs Spielberg entnehmen zu können glaubte. Aus jenem Film las ich heraus, dass sich der Mensch wohl einbilde, er könne Ungeheuer wie Dinosaurier oder Atombomben (im Chefbüro des Parks hing ein Foto Robert Oppenheimers, des Leiters des Atombombenprojektes von Los Alamos) mit perfekter Sicherheitstechnik kontrollieren. Aber jederzeit könne menschliches Versagen diese Illusion zerstören und eine apokalyptische Katastrophe herbeiführen. Damals wusste ich noch nicht, dass der spätere Oberkommandierende der amerikanischen Nuklearstreitkräfte General Lee Butler öffentlich zugeben würde, dass ein »atomarer Holocaust« (seine eigenen Worte) während des Kalten Krieges wohl eher durch göttliche Gnade als durch menschliche Vorsicht gerade noch verhindert worden sei.

Ich ersann folgende Geschichte: In ferner Zeit besuchen Außerirdische die menschenleere Erde. Sie ermitteln, dass sich hier einst ein hoch zivilisiertes Geschlecht mit einer hervorragend entwickelten Medizin befunden hatte. Aber warum dieser gemeinsame Selbstmord? In mühsamen Recherchen rekonstruieren sie folgenden Hergang: Jenes Geschlecht habe einem Dahinschwinden seiner elementaren Lebensbedingungen entgegengesehen. Schadstoffe in der Luft und in der Nahrung, Verssteppung der Erde, Versiegen der Ressourcen und Strahlenverseuchung drohten die Erde unbewohnbar zu machen. Entweder noch über Generationen hinweg ein allmähliches Dahinsiechen in Kauf zu nehmen oder ein Ende mit Schrecken herbeizuführen, nur diese Wahl war ihnen offenbar übrig geblieben. Am Ende sei einer kleinen internationalen Gruppe von Top-Geheimdienstlern eine schnelle Erlösung am schonendsten erschienen. Sie hätten einen ultimativen Atomschlag durch Zündung des gesamten Nuklearwaffenbestandes in Ost und West vorbereitet und schließlich ausgelöst.

Bei meinem damaligen Verlag stieß ich zunächst auf einhellige Ablehnung. Man wollte den Text gar nicht drucken. So unfriedliche Töne sei man von mir nicht gewohnt, wohingegen ich meinte, gerade die friedlichste Absicht zu verfolgen, indem ich die Verantwortungslosigkeit und Unfriedlichkeit der atomaren Überrüstung und der Umweltzerstörung in krassester Form anprangerte. Es hieß, ich mutete den Lesern zu viel an Grausamkeit zu und wirke dadurch auch unangenehm überheblich. Ich verstand sehr wohl, dass man mich so wahrnehmen konnte, obwohl ich mich ganz anders fühlte. Eher kam ich mir wie der kleine Junge vor, der, geschockt von einem sadistischen Kriegsfilm, in den folgenden Tagen einen aggressiven Bösewicht spielt, um seine Angst abzureagieren. Anna Freud hatte dies »Identifikation mit dem Aggressor« genannt. In der gesamten Story steckte also in Wahrheit mein Versuch, das eigene Entsetzen in der Phantasie einer mörderischen Verschwörung abzuarbeiten. Dabei bemerkte ich natürlich, dass das sadistische Element auch in mir steckte, sonst hätte ich es ja gar nicht so plastisch ausmalen können.

Eines konnte ich gut einsehen: dass ich mich in der Geschichte persönlich offener zu erkennen geben musste. Also verriet ich in einem angefügten zweiten Teil des Buches, wie ich überhaupt zu diesem Projekt gelangt war. Ein Physikprofessor aus meiner wöchentlich trainierenden Fußballgruppe hatte verraten, dass die derzeit gehorteten Atomwaffen das Ausmaß von angeblich umgerechnet 60 Tonnen TNT-Sprengstoff pro Erdenbürger erreicht hätten. In den folgenden Nächten hatte ich sehr unruhig geträumt, unter anderem von verfolgenden

Russen wie im Krieg, den ich als 18-, 19-jähriger Soldat in Russland miterlebt hatte. Dass die erfundene Horrorgeschichte wohl mit diesem Trauma zusammenhing, mochte vielleicht erkennbar sein.

Nichtsdestoweniger erregt man mit gesellschaftskritischen Deutungen immer notwendigerweise Anstoß. Freud hatte 1910 geschrieben:

»Die Gesellschaft wird sich nicht beeilen, uns Autorität einzuräumen. Sie muss sich im Widerstand gegen uns befinden, denn wir verhalten uns kritisch gegen sie; wir weisen ihr nach, dass sie an der Verursachung der Neurosen selbst einen großen Anteil hat. Wir werden den Einzelnen durch die Aufdeckung des in ihm Verdrängten zu unserem Feinde machen, so kann auch die Gesellschaft die rücksichtslose Bloßlegung ihrer Schäden und Unzulänglichkeiten nicht mit sympathischem Entgegenkommen beantworten; weil wir ihre Illusion zerstören, wirft man uns vor, dass wir die Ideale in Gefahr bringen.«

Freud selbst konnte seiner damals höchst anstößigen Theorie keine bessere Glaubwürdigkeit verleihen als durch seine offenherzige Selbstanalyse. Und Günther Anders machte seine erschreckende Aufklärung über die Destruktivität des Atomzeitalters erst dadurch besonders überzeugend, dass er seine eigene schwere, über Jahre anhaltende psychotraumatische Störung nach Hiroshima beschrieb, dazu seinen Selbstheilungsversuch durch Teilnahme an dem Friedensmarsch in Japan und an der späteren Friedensbewegung. Wenn gesellschaftskritische Deutungen einen moralischen Aspekt enthalten, meldet sich im Publikum regelmäßig ein spontaner Auflehnungsimpuls, und zwar umso sicherer, je genauer die Deutungen zutreffen. Wenn der Deutende sich aber eher als ein Mitpatient offenbart, nicht als ein überlegener Alleswisser, dem man sich unterwerfen soll, dann kann die Einladung zum Mitdenken vielleicht eher angenommen werden.

Gemeinsame Selbsthilfe ist ja überhaupt momentan *die* Via regia aus gemeinsamen Verirrungen. Frauenbewegung, Grüne Bewegung, Friedensbewegung und die gerade neu aufstrebende globalisierungskritische Bewegung sind aus Netzwerken von Selbsthilfegruppen hervorgegangen, also nicht in der Nachfolge von Ideologen, Populisten oder Heilsfiguren. Die Friedensbewegung, für die seinerzeit jenes Buch geschrieben wurde, speiste sich – wie auch die anderen Bewegungen – zuallererst aus der Unruhe, der kritischen Wachsamkeit und dem spontanen Elan einer sensibilisierten Jugend, freilich auch begleitet und befruchtet von solidarischen Älteren. Der Antrieb und die kreative Phantasie kamen von unten. Man erkannte, wo es nicht weiterging, was anders werden musste. Und dieses Suchen nach dem besseren Weg konnte Ermutigung, da und dort auch Denkhilfe gebrauchen von solchen, die zugleich aktiv mitmachten. So war damals »Alle redeten vom Frieden« gemeint und wurde auch von einem weiteren Sympathisantenkreis durchaus so verstanden. Andere fanden darin eher eine unterhaltsame Kriminalstory. Es gab auch heftige Ablehnung.

Immerhin wuchs damals die Beunruhigung durch das atomare Wettrüsten rasch an. Aber nicht durchbrochen wurde die alte Mauer zwischen den beiden antagonistischen Grundpositionen – dem Glauben an den Stärkekult einerseits und dem Glauben an die Versöhnungskraft andererseits. In der Bundesrepublik waren die beiden Richtungen repräsentiert durch den Kanzler Helmut Schmidt und den Ex-Kanzler und SPD-Chef Willy Brandt. Schmidt wünschte sich amerikanische Atomraketen nach Deutschland. Willy Brandt war dagegen und krönte mit seinen Reden Großveranstaltungen der Friedensbewegung. Aber der Streit um die Raketen war nur Ausdruck der Polarisierung zweier Grundhaltungen: Helmut Schmidt stand klar auf der Seite des Machtwillens: Sicherheit gibt es nur, wenn man den Gegner durch die Stärke der eigenen Rüstung in Schach halten kann. Er glaubte an die Abschreckungstheorie, von der General Butler, Ex-Chef der US-Nuklearstreitkräfte, am 4. Mai 2001 sagte: »Abschreckung ist der Dialog zwischen dem Blinden und dem Tauben. Sie beschwört den Tod in zunehmender Berauschung an der Macht des Schöpfers.« Willy Brandt suchte, von Egon Bahr unterstützt, Frieden durch Verständigung und Aussöhnung. Wie sich später zeigte, war Brandts Überzeugung die maßgebliche für die Überwindung des tödlichen Wettlaufs. Denn sie traf sich mit der gleich gerichteten Entschlossenheit Gorbatschows, die Ost-West-Kluft mit dem Mut zu entwaffnendem Vertrauen zu überwinden. Seit 1985 setzte Gorbatschow konsequent auf »vertrauensbildende Maßnahmen« und belegte die Ehrlichkeit seiner Absichten durch praktische Vorleistungen – Atomtest-Stopp und Schritte der konventionellen Abrüstung. Es dauerte Jahre, ehe die argwöhnischen Amerikaner verstanden, dass dieser Mann nicht mehr in ihre Schurken-Schablone passte. Vielmehr gelang es ihm mit seiner Offenheit und Versöhnungsbereitschaft, die beiderseitige Festungs- und Bedrohungsmentalität allmählich aufzulockern. Indem er den verbannten Anti-Stalinisten und prominenten Regime-Kritiker Andrej Sacharow aus der Verbannung befreite und schließlich als Glaubwürdigkeitszeugen durch die USA reisen ließ, gewann er die Amerikaner. Die gefährlichste Weltkrise seit Hitler war überstanden.

Aber damit war die hintergründige Kontroverse zwischen der Philosophie des Machtegoismus und jener anderen der sozialen Humanität nur kurzfristig gelöst. Das Bemächtigungsdenken findet im Nachhinein ohnehin meist Argumente, um die Geschichte in das eigene Konzept einzuordnen: Da war es dann nicht Gorbatschows Versöhnungswille, unterstützt von der internationalen Friedensbewegung, der den entscheidenden Klimawandel für die Überwindung des Kalten Krieges herbeigeführt hatte, sondern entscheidend sei der Wille der USA gewesen, die Russen totzurüsten. Nicht sein sozialer Verantwortungssinn, sondern seine besiegelte Niederlage habe Gorbatschow zum Einlenken genötigt.

Ähnlich hieß es im Falle Südafrika: Der allerseits erwartete Bürgerkrieg sei schlicht durch das internationale Handelsembargo verhindert worden, das die Weißen in die Knie gezwungen habe, als ihnen das Wasser bis zum Halse stand. Und so habe sich der Ausgleich mit den Schwarzen automatisch ergeben. Aber warum hat sich dann nicht die jahrzehntelang aufgestaute Rachewut der Schwarzen entladen? Warum haben sich Nelson Mandela und Bischof Tutu für die Versöhnungsinitiative der »Wahrheitskommissionen« entschieden? Warum haben sie keine blutige Bestrafungskampagne nach dem Apartheidterror der Weißen entfacht? Etwa nach dem Muster der USA-Reaktion auf die Anschläge vom 11. September? Wer die Autobiographie Mandelas gelesen hat, findet dort die überzeugende Antwort: Eine tief verwurzelte Menschlichkeit war die Kraft, die diesem Manne wie die mit ihm verbundenen Häuptlinge bewogen hat, die Kette der Gewalt zu beenden und das Zusammenleben im Lande auf ein anderes Niveau zu heben.

An den Taten herausragender Humanisten wärmen große Scharen eine Zeit lang ihre Herzen. Eine Weile breitet sich regelrechte Seligkeit aus. Willy Brandt, Nelson Mandela, Michail Gorbatschow, Václav Havel können vorübergehend eine tiefe Sympathie entfachen, weil sich viele zusammen mit diesen Vorbildern für einen Augenblick auf ein befreiendes Selbstwertgefühl hochschwingen können. Es ist, als wäre ein Stück ihres eigenen Selbst mit den jeweiligen Lichtgestalten verschmolzen. Aber das hält allenfalls so lange vor, wie die jeweiligen Humanisten zugleich als Sieger dastehen, als weltweit ausstrahlender Friedenskanzler, als triumphaler Befreier von der Atomkriegsgefahr, als Retter Südafrikas. Treten die Betreffenden aber in den Schatten zurück oder müssen gar weichen, weil ihnen die Zügel aus den Händen gleiten, breitet sich um sie bald Ernüchterung aus. Es gelingt nicht, sich längerfristig mit einem Ideal zu identifizieren, dem man sich persönlich ungenügend gewachsen fühlt. Triumphieren dann wieder die gewieften Machttaktiker auf der politischen Bühne, sagt man, sie repräsentierten die wahre Realität. Und die vormaligen Helden gelten als Utopisten, als blauäugige Idealisten, als Träumer – jedenfalls als zu wenig robust für die echte Wirklichkeit, wie diese nun einmal beschaffen sei.

Aber andersherum könnte die Erkenntnis auch lauten: Wir erklären die Szene der Machtspiele, der egoistischen Rücksichtslosigkeiten und der taktischen Anpassungszwänge nur deshalb für die echte Realität, weil es unsere eigene ist, deren Abbild wir draußen geschaffen haben. Wir möchten schon gut sein und daran glauben, dass wir es sind. Das gelingt uns auch, wenn wir uns einen Augenblick an der Seite erfolgreicher Guter fühlen können. Aber um in die korrupte Machtwelt zu passen, müssen wir uns halt biegen und winden oder auch, um oben zu bleiben, nach unten zutreten und Prinzipien verraten. Und um uns dafür nicht zu hassen, sagen wir: Wir müssen so sein, weil die Welt so ist. Und deshalb müssen wir die eben noch idealisierten Figuren zu Versagern stempeln. Also: Nicht wir haben uns mit unserer gestrigen Verehrung verhoben, sondern diese Leute haben uns zu viel versprochen. Sie sind schuld daran, dass wir uns jetzt enttäuscht fühlen.

Indessen ist die Welt ja auch momentan so, wie sie von einer Mehrheit gemacht ist, die Gerechtigkeit und gleiche Freiheit für alle zwar fordert, aber sich mehrheitlich verständigt hat, praktische Ungerechtigkeiten und diverse Formen von materieller und psychischer Korruption als Bestandteile eines Systems zu akzeptieren, das als richtig erklärt wird, weil es in der Konkurrenz der Systeme vorerst gesiegt hat.

17.

Biomedizin am Scheideweg

Es gibt ein gesellschaftliches Feld, das scheinbar weit abliegt von den Konflikten zwischen Gewalt und Friedlichkeit, zwischen Machtwillen und sozialer Humanität. Das ist, das war einmal die Medizin. Sogar noch als Aldous Huxley 1932 die »Schöne Neue Welt« mit einem System selektiver Menschenzüchtung beschrieb, erbaute man sich daran als einer verrückten Anti-Utopie. Allerdings hätte der Welterfolg dieser Horrorgeschichte schon hellhörig machen können. Denn in irgendeinem Winkel müssen die Menschen bereits gespürt haben, dass darin eine hellsichtige Prophezeiung steckte. Jetzt ist es so weit, dass die biomedizinische Revolution wie ein geistiges Erdbeben über uns hereinbricht. Die Natur wird in einem Grade manipulierbar, wie es unsere Gesetze nicht vorausgesehen haben. Es wird schon manches gemacht, was vorher hätte verboten werden sollen. Anderes ist verboten, was durchaus heilvoll wirken könnte. Wieder prallen der im Gewande des Fortschrittsgeists aktive Bemächtigungswille und die Sorge um die Bewahrung der Schöpfung aufeinander. Gehören wir nach wie vor zur Natur, oder gehört die Natur uns?

Jedenfalls ist nun auch der Zellkern wie schon zuvor der Atomkern Beute des wissenschaftlichen Bemächtigungswillens geworden. Schon ist bekannt, dass in Amerika Kinder mit drei Elternteilen gezeugt wurden. Nicht mehr befruchtbare Eier älterer Frauen wurden durch eingeschleuste Zellflüssigkeit jüngerer Frauen wieder funktionsfähig gemacht. Dabei wurde automatisch auch Erbinformation von Ei zu Ei übertragen. Diese künstliche Mischung von Erbanlagen wird nun ewig weitergegeben werden. Allen Nachkommen ist das

Recht auf natürliches Erbgut genommen. Und diese Manipulation ist bisher straffrei. Aber darüber später mehr.

Nahezu in jeder neuen Machbarkeit liegen Verheißung und Bedrohung nahe beieinander oder sind miteinander untrennbar verschmolzen: Verhütung oder Heilung von Krankheiten einerseits, Vergewaltigen der Natur, Tötung andererseits. Einen Schlüsselkonflikt offenbart die Entnahme von *Stammzellen aus Früh-Embryonen*. Aus diesen Stammzellen hofft man Ersatzgewebe zur Therapie verschiedener Krankheiten züchten zu können. Solche Versuche laufen. Aber die Embryonen gehen bei der Gewinnung der Stammzellen kaputt. Das heißt, man tötet *ein* Leben, um *einem anderen* zu helfen. Ob dies gelingen wird, weiß man heute noch gar nicht genau. Aber ist das Leben eines Früh-Embryos überhaupt schon schutzwürdig? Ist dieser nicht vorläufig nur ein empfindungsloser Zellhaufen? Juristen, Theologen, Politiker streiten darüber. Wo ist eine Instanz, deren Weisheit Klarheit schaffen könnte? Die Politik kann sich für zuständig erklären und, wie das englische Parlament es getan hat, dem Keimling vor der Einpflanzung in die Gebärmutter der Frau eine absolute Schutzwürdigkeit aberkennen. Die Forscher dort sind dankbar und werden von deutschen Kollegen beneidet, denen – noch – ein Embryonenschutzgesetz den Weg zur Stammzellenproduktion versperrt. Der Gesetzgeber kann sich die Entscheidungskompetenz zwar anmaßen. Es bleibt Willkür. Denn es gibt noch eine andere Instanz, die mitspricht. Die kommt aus dem Inneren und kann sich als Stimme vernehmbar machen und warnen: Dieser Früh-Embryo trägt in sich schon ein vollständiges Leben. Es ist ein anderer, für den ich Verantwortung empfinde. Es widerstrebt mir, seine Tötung zuzulassen. Auch wenn es sich um einen »überzähligen« Embryo handelt, der nur eingefroren wird, weil er zur Einpflanzung momentan nicht gebraucht wird, ändert das nichts an meinem Empfinden.

In der Einstellung zum Embryonenschutz ist eine deutliche

Trennlinie zwischen denen zu erkennen, die unmittelbar mit Kranken und Behinderten zu tun haben einerseits und manchen Vertretern der Forscherzunft andererseits. Eltern und Pflegekräften, die täglich mit behinderten oder chronisch geschädigten Kindern umgehen, kommt meist zuallerletzt in den Sinn, dass das Leben, das sie andauernd betreuen, besser verhütet worden wäre oder künftig gar nicht mehr entstehen sollte. Von Angesicht zu Angesicht stellt sich in ihnen ein Mitempfinden her, das ihnen das hilfreiche Zusammenleben mit solchen Kindern wertvoll macht – auch für sie selbst. (Der französische Philosoph Emmanuel Lévinas hat das Mysterium beschrieben, wie es kommt, dass das Antlitz des anderen mich anruft, mich zur Antwort aufruft. Ich-Sein heißt dann, dass ich mich der Verantwortung nicht entziehen kann.) Betreute Behinderte werden für die Betreuer, Verwandte oder Personal vielfach wie ein Teil des eigenen Lebens empfunden. In der Identifizierung können wichtige Bindungsgefühle ausgetauscht werden.

Ganz anders stellt sich die Situation für die Menschen in Forschungslabors dar, wo sie tagaus, tagein nur mit Reagenzgläsern, Petrischalen und Pipetten hantieren und etwas mit Zellen oder Zellklumpen tun, von denen sie nicht angeschaut und gefragt werden. Hier gibt es keinen Austausch, nur ein einseitiges Eingreifen in elementare biologische Vorgänge, zu denen keine innere Beziehung besteht oder wo sogar das Aufkommen der emotionellen Anteilnahme die Präzision der Eingriffe stören könnte. Im Übrigen zielt die Forschung hier ja ihrem Wesen nach ohnehin auf Erweiterung von Herrschaft über Naturprozesse, und wenn sogar das Fernziel therapeutisch nutzbarerer Gewebezüchtung angeführt werden kann, findet man die Unterdrückung von Skrupeln leicht gerechtfertigt. – Ich kenne keine der beratenden oder gutachtenden Ethik-Kommissionen, in der Angehörige der praktischen Heilberufe und Frauen angemessen oder gar mehrheitlich vertreten wären.

**

Dann ist noch ein handfester materieller Faktor im Spiel, der auf den ersten Blick unabhängig von außen einzuwirken scheint. Er macht sich dadurch bemerkbar, dass er der Diskussion des Für und Wider in der modernen biomedizinischen Debatte das Tempo vorschreibt. Wer dafür plädiert, dass man sich angesichts der Tragweite der Grundsatzentscheidungen mehr Zeit zum Überdenken der Implikationen lassen sollte, wird prompt gemahnt, den Gang der Dinge nicht aufzuhalten. Aber was ist es, das nicht verpasst werden darf? Es sind die lukrativen *Patente*, die neuerdings für einzelne Schritte winken, wenn man Stammzellen zu ausdifferenzierteren, etwa Herzmuskel- oder Nervenzellen, weiterzüchtet. Regine Kollek, eine führende deutsche Expertin, zitiert das Motto: »Wer zu spät kommt, den bestraft das Patentamt.« Bei dem Wettlauf, aus embryonalen Stammzellen weiterentwickelte Zellen zu entwickeln, treten viele Schwierigkeiten auf. Der britische Stammzellenforscher Austin Smith hat dabei, wie er selber zugibt, bereits Dutzende von Embryonen verbraucht, d. h. getötet, die bei künstlicher Befruchtung weggeworfen worden waren. Dabei sind alle seine Züchtungsversuche bislang erfolglos verlaufen. Solche Misserfolge ändern nichts daran, dass mit der Entwicklung neuer Laborverfahren und Stammzell-Linien für Forscher und Industrie-Unternehmen große Gewinne winken. Es sind oft mehr solche kommerziellen Interessen, die überall zu einer ungesunden Eile antreiben und eine notwendige kritische Selbstbesinnung erschweren.

Kaum sind diese Zeilen geschrieben, da ist etwas vor kurzem noch kaum Denkbares eingetreten. Ein amerikanisches Institut kauft von Frauen und Männern, die einander nicht kennen, Eizellen bzw. Sperma, um daraus Embryonen rein für Forschungszwecke herzustellen. Von 100 produzierten Embryonen hat man 60 verworfen. Aus den übrigen hat man Stammzellen hergestellt, die man nun als Ausgangsmaterial für Gewebezüchtung verwendet. Was heißt das? Die Wissenschaft wartet nicht länger auf den Kinderwunsch von Paaren, um bei künstlicher Befruchtung eventuell »überzählige« Embryonen für wissenschaftliche Experimente zu erzeugen. Sondern sie besorgt sich von vornherein x-beliebige Eier und Spermien von Frauen und Männern als »Rohmaterial« zur experimentellen Gewebezüchtung. Das betreffende Institut produziert keimendes Menschenleben allein, um dieses anschließend zu töten. Ob es je möglich sein wird, aus den dabei abfallenden Stammzellen so etwas wie Ersatzteilgewebe für Krebs-, Parkinson- oder Alzheimer-Kranke zu züchten, steht in den Sternen, wird aber zur Selbstrechtfertigung wieder und wieder beschworen.

Was für eine Fühllosigkeit braucht es, um im Wettlauf um Patente eingekauftes Leben systematisch zu Ausbeutungszwecken zu zerstören? Und was geht in den Menschen vor, die diese Unmenschlichkeit mit ihren bezahlten Ei- und Samenspenden in Gang setzen? Gleichzeitig hört man von amerikanischen Versuchen, Menschen zu klonen. Muss man sich entschuldigen, wenn einem bei solchen Nachrichten übel wird und wenn einem dazu die Nürnberger Ärzteprozesse von 1946 einfallen?

***

Was kann die Politik tun, wenn sie von der Wissenschaft, der Ärzteschaft, den Kirchen und sensibilisierten Bevölkerungsteilen beständig ermahnt wird, über die Rahmenbedingungen der revolutionären Anwendungsmöglichkeiten der biomedizinischen Entdeckungen Klarheit zu schaffen? Sie kann sich Rat holen. Und bei wem? Bei Juristen, bei Theologen, zuallererst doch wohl aber bei den Fachwissenschaftlern, die sich in der Materie am besten auskennen. Nach diesen Kriterien wird auch meist verfahren. Und fast alle finden das so in Ordnung. Aber ist es in Ordnung?

Man sollte gewarnt sein. Blickt man nämlich in die Zeit zurück, in der es zu dem schlimmsten Missbrauch vererbungswissenschaftlicher Erkenntnisse gekommen ist, so findet man in vorderer Front der verhängnisvollen Wegweiser und Täter ausgerechnet Spitzenvertreter der Fachwissenschaft. Allerdings dürfte schon dieser Hinweis heftige Proteste provozieren. Denn wenn eines die heutige Forscherzunft auf der Stelle in Rage bringt, so ist es bereits die Andeutung eines Vergleichs der aktuellen Problemlage mit den Verhältnissen der Hitlerzeit. Schon die Erwähnung dieser Vorgeschichte evoziert den Vorwurf, man rücke die gegenwärtigen Forschergruppen in die Nähe von Naziverbrechern. Da hilft kein Dementi. Der Tabuverletzer ist out. Aber als Psychoanalytiker bleibt man gelassen, zumal wenn man bedenkt, dass die Gesellschaft keinen Komplex von Unmenschlichkeit aus der Nazizeit weniger kritisch aufgearbeitet hat als die geistige Mittäterschaft führender anthropologischer, erbbiologischer und psychiatrischer Forscher.

Es springt in die Augen, dass die erbbiologische Ausrottungspolitik der Nazis, mitgetragen und gerechtfertigt von hochrenommierten Wissenschaftlern, nach dem Kriege niemals große Empörung und Abscheu hervorgerufen hat. Sichtbarstes Zeichen dieser Gelassenheit war die glimpfliche Behandlung eines Großteils der verantwortlichen Wissenschaftler, die der Verfolgung der erbbiologisch stigmatisierten Kranken und Behinderten ihren Segen gegeben hatten. Diese Schonung geschah nicht aus Großherzigkeit, sondern weil die Mentalität, aus der die Gewalt gegen so genanntes krankes Erbgut entsprungen war, weithin erhalten geblieben war. Den Völkermord an den Juden lernte man als grauenhafte Nazi-Bestialität einzuordnen. Aber das Vorgehen gegen die Träger vermeintlich minderwertigen Erbgutes, von führenden Experten gutgeheißen oder sogar persönlich praktiziert, entging der Tabuisierung.

Schon zu Beginn des Naziregimes hatte sich eine Art neuer Gesundheitsmoral festgesetzt, die in dem Lehrbuch des Erbpathologen Otmar von Verschuer von 1934 so klang: »Die neue Aufgabe der Staatsmedizin ist heute: Pflege des Volkskörpers durch Bewahrung und Förderung gesunden Erbgutes, durch Ausschaltung krankhaften Erbgutes und durch Erhaltung der rassischen Eigenart unseres Volkes …« Er feierte die seit 1933 stattfindende operative Unfruchtbarmachung als einzig wirksames Mittel, um die Übertragung krankhaften Erbgutes zu verhindern. Und er lobte, dass »Asoziale« und »hoffnungslos Erbkranke« in der Fürsorge auf ein *»entsprechendes Maß«* zurückgesetzt würden. – Es war schon so etwas wie eine Einstimmung auf die später als Euthanasie getarnte Massentötung. Nur durch radikale Ausschaltung negativen Erbgutes könne die deutsche Kultur vor dem Volkstod gerettet werden, der einst die Kultur der Griechen und Römer vernichtet habe. Dieser Otmar von Verschuer wurde Direktor des Kaiser-Wilhelm-Instituts in Berlin, bildete Josef Mengele aus und empfing in seinem Institut von Mengele die Präparate aus dessen tödlichen Auschwitz-Experimenten. 1949, also vier Jahre nach dem Krieg befand eine Professorenkommission in einer Denkschrift über Verschuer: »Es würde uns pharisäerhaft erscheinen, wollten wir aus der heutigen Sicht heraus einem Manne als unverzeihliche moralische Belastung anrechnen, der sonst ehrlich und tapfer seinen schwierigen Weg gegangen ist und oft genug seine edle Gesinnung bewahrt hat. Wir Unterzeichneten glauben übereinstimmend, dass Prof. Dr. Verschuer alle Qualitäten besitzt, die ihn zum Forscher und Lehrer akademischer Jugend prädestinieren.« So wirkte dieser hoch geehrt bis zur Altersgrenze weiter als Lehrstuhlinhaber.

Im gleichen Atemzug lässt sich ein eher noch renommierterer Gelehrter nennen, der Verhaltensforscher Konrad Lorenz, der 1940 die Ausrottung unwerten Lebens wie folgt empfohlen hatte: »Aus der weitgehenden biologischen Analogie des Verhältnisses zwischen Körper und Krebsgeschwulst einerseits und einem Volk und seinen durch Ausfälle asozial gewordenen Mitgliedern andererseits ergeben sich große Parallelen in den notwendigen Maßnahmen ... Jeder Versuch des Wiederaufbaus der aus ihrer Ganzheitsbezogenheit gefallenen Elemente ist daher hoffnungslos. Zum Glück ist ihre Ausmerzung für den Volksarzt leichter und für den überindividuellen Organismus weniger gefährlich als die Operation des Chirurgen für den Einzelkörper.«

Von Verschuer und Lorenz sind hier deshalb genannt, weil sie, anders als die in Nürnberg abgeurteilten ärztlichen Verbrecher gegen die Menschlichkeit, im Nachkriegsdeutschland hoch gelobte und hoch geehrte Repräsentanten der deutschen Forscherelite geblieben sind. Beide Männer haben sich mit ihren fatalen Ideen von der Ausmerzung unwerten Lebens als humanistische Gesellschaftsverbesserer gefühlt. Von Verschuer hatte keine Mühe, sich von der achtbaren Deutschen Forschungsgemeinschaft (DFG) die Gelder für die Auschwitz-Versuche von Josef Mengele zu besorgen. So finanzierte die DFG die Laborausstattung für Verbrechen gegen die Menschlichkeit, unterstützte – nebenbei gesagt – auch anstandslos von 1937 bis 1944 die »Zigeunerstudien« des Psychiaters Ritter, den Benno Müller-Hill »den akademischen Organisator des Völkermordes an den deutschen Zigeunern« nennt.

***

155

Der Punkt war, ob sich die Politik bei der Frage nach der Verantwortbarkeit der biogenetischen Projekte an erster Stelle bei den Naturforschern Rat holen sollte. Die Erfahrung lehrt, wie gezeigt, Vorsicht zu üben. Denn die für exzellente Forschung benötigten intellektuellen Qualitäten reichen eben *nicht* aus, um verlässlich einschätzen zu können, wo wissenschaftlich-technisches Erobern an die Grenze der Menschlichkeit stößt. Man kann eher beobachten, dass diese Sensibilität durch eine bestimmte antrainierte Nüchternheit, die auf emotionaler Seite nur den brennenden Forscherehrgeiz durchlässt, nicht selten eingeschränkt wird. Das Forschergewissen richtet sich vielfach zu einseitig auf die Sauberkeit, Gründlichkeit und Exaktheit des methodischen Arbeitens. Darum war z. B. Josef Mengele, dessen achtbare Doktorarbeit ich gelesen habe, in diesem formalen Sinne durchaus »gewissenhaft« tätig.

Nicht selten geht Forschern erst im höheren Alter selbstkritisch ein Licht für einen inneren Wegweiser auf, der ihrem Verantwortungssinn Richtung und Maß geben sollte. Der Molekularbiologe Erwin Chargaff, der bei der Entschlüsselung des Zellkerns eine wichtige Pionierrolle gespielt hat und dem dafür die höchste wissenschaftliche Auszeichnung der USA, die National Medal of Science, verliehen wurde, beklagte als alter Mann die unmerkliche Brutalisierung der Menschen durch die Wissenschaft, in der er das eigene Leben verbracht hatte: »Das Herz der Menschen ist zentripetal, die Naturforschung ist zentrifugal. Je weiter und schneller diese fortschreitet, umso mehr muss jenes zerrissen werden.«

Umgekehrt könnte man auch sagen, dass das Herz, indem es sich nicht zerreißen lässt, die Fliehkräfte des wissenschaftlichen Bemächtigungswillens bändigen muss. Das hat wohl auch Albert Einstein gemeint, als er seinen berühmten Satz aussprach: »Nicht die Atombombe ist das Problem, sondern das Herz des Menschen.«

***

Nimmt man Chargaff und Einstein mit ihren Einsichten ernst, so kann man folgern, dass die Experten erst einmal *selber* Rat brauchen, um herauszufinden, wo ihre Projekte der Humanisierung der Gesellschaft förderlich oder abträglich sind. Denn die dazu nötige Empfindsamkeit des Herzens ist eben, wie die Beispiele aus der Vergangenheit belegen, kein verlässlicher Vorzug ihrer Berufsgruppe. Vielen Laborwissenschaftlern geht im Übrigen eine Erfahrung ab, die für eine gemeinsame Orientierung über einen vertretbaren Umgang mit den revolutionären biogenetischen Möglichkeiten nötig scheint. Das ist die Wahrheitssuche in einer breiten Gemeinschaftsarbeit. Es geht ja bei diesen Fragen primär darum, was wir alle einander antun können, dürfen oder nicht dürfen. Und darüber ist der Austausch in der Breite der Gesellschaft nötig, als Erkenntnismittel das gegenseitige Fragen und Zuhören. Vielen gescheiten Texten zum Für und Wider etwa der Prä-Implantationsdiagnostik, des Klonens, der Stammzellenforschung, der Aussonderung krank machender Gene, der Züchtung erwünschter Anlagen usw. merkt man ein einsames Vor-sich-hin-Denken von Theoretikern an. Es entstehen Ethik-Räte als Ansammlungen solcher einsamen Herrscher über Zellen und Labortechnik, die alle schon wissen, was richtig und vernünftig ist. Aber die Grundfragen nach der Zuträglichkeit oder Unzuträglichkeit revolutionärer biomedizinischer Interventionen können nur in Gemeinschaftsarbeit vor der Öffentlichkeit geklärt werden.

Die deutsche Sektion der IPPNW, die Ärztinnen und Ärzte für Frieden und Soziale Verantwortung, führen modellhaft eine solche Kooperation vor. 2001 haben sie einen zweiten Kongress »Medizin und Gewissen« mit über 1500 Teilnehmern, dem ich präsidieren durfte, in Erlangen abgehalten. Mitgeredet haben an vier Tagen Forscher und Krankenschwestern, Rechtswissenschaftler und Politikerinnen, Hebammen und Soziologen, Ärzte und Ethiker, Studentinnen und Humangenetiker, Sozialarbeiter und die Präsidentin des Bundesverfassungsgerichtes. Teilgenommen haben auch Behinderte. Denn diese haben ein besonderes Interesse zu erfahren, ob sie sich in der Gesellschaft noch aufgehoben fühlen können oder als potentiell verhinderbare Minusvarianten an den Rand geraten.

Eine Mutter kommentierte einen Film, der sie und drei andere starke, optimistische Mütter zeigte, die Kinder mit schweren Behinderungen aufziehen. Plötzlich kommt eine Atmosphäre von Menschlichkeit in einer Debatte auf, in der sonst Halbgötter der Wissenschaft von hoch oben den Ton angeben, wie viel sie von der Schöpfung ummodeln oder noch unangetastet lassen wollen. Auf einmal merken alle, dass sie – wie gut momentan noch immer bei Kräften – auch selbst potentiell Versehrbare sind. Und mancher, der für die Machbarkeit perfekterer Menschen eintritt, spürt plötzlich sein Angewiesensein auf die helfende Kraft solcher starken Mütter, denkt er daran, wie rasch auch ihn ein Unfall oder eine Krankheit den ohnmächtig Leidenden zugesellen könnte.

Diese jüngste Veranstaltung »Medizin und Gewissen« wurde von dem jungen Arzt Stephan Kolb zusammen mit Medizinern und vielen Studenten in Erlangen organisiert – als Beispiel für die notwendige Breite der gesellschaftlichen Beteiligung und für den dialogischen Austausch als geeignete Form gemeinsamen Lernens. Der große Zuspruch bewies: Die Bereitschaft, sich zu dem Thema zu engagieren, zuzuhören, zu fragen, aber auch das eigene Fühlen und Wollen auszudrücken, ist groß. Das trifft für einen Großteil der jungen Leute zu, aber auch für viele Ältere, die in der sozialen 70er-Bewegung als selbstverständlich gelernt hatten, verantwortlich mitzudenken und davon in Initiativgruppen Zeugnis abzulegen. Leider haben Politiker, die sich von früh an in den Funktionärshierarchien ihrer Parteien bewegt haben, dieses kreative Miteinander-Denken, -Sprechen und -Zuhören meist kaum gelernt. Deshalb muss man ihnen solche Modelle vormachen, damit sie noch rechtzeitig aus einem gemeinsamen Getto mit Spezialisten, Forschungsfunktionären und Ethiktheoretikern herausfinden. Vielleicht wird ihnen demnächst auch die junge Generation wieder mehr Druck machen, die gerade erst wieder anfängt, ihre soziale Sensibilität über den privaten Bereich hinaus in gesellschaftlichem Engagement sichtbar zu machen.

***

Freiheit, Fortschritt und Moral sind die drei Kernbegriffe, mit denen die Biomedizin-Debatte hauptsächlich ausgetragen wird. Freiheit verlangen die Forscher, die sich – nach Chargaff – anschicken, »Vorsehung zu spielen und den Gang des menschlichen Lebens in die ihnen erwünscht scheinenden Bahnen zu lenken«. Dazu steht das Tor weit offen. Was aber ist eigentlich mit der Freiheit gemeint, mit der die Wortführer einer ausschweifenden Ausnützung der neuen biogenetischen Verfügungsmacht über das Leben argumentieren? Man kann immer noch das Ursprungsmotiv heraushören, das den westlichen Menschen zum Ausbruch aus seiner mittelalterlichen Unmündigkeit getrieben hat. Frei wollte der Einzelne von seinem religiösen Gehorsamszwang werden, den die Kirche von außen verstärkte und überwachte. Galileo Galilei bediente sich dazu der bis heute wirksamsten Waffe, nämlich des Eroberungsdranges der Naturwissenschaft. Es entbrannte der Kampf zwischen ketzerischen Forschern und der inquisitorischen Kirche – ein Szenario, das sich über die folgenden Jahrhunderte hinweg im Prinzip erhalten hat. Neuerdings hat Hubert Markl, Präsident der Max-Planck-Gesellschaft, den Vatikan heftig aufs Korn genommen, der angeblich »das Hochufer moralischer Selbstbegründung« besetze – im Einklang mit dem »eifernden Moralzwang einer Gesinnungsmehrheit«. Der deutsche Bundespräsident Johannes Rau tauchte in Markls Rede als »Levitenleser« auf. So wird der Eindruck erzeugt, es gehe wie am Ausgang des Mittelalters noch immer um die Freiheit der Forschung im Kampf gegen eine repressive Autorität – Kirche, Staat oder ein Gesinnungskollektiv. Freiheit ist insofern ein Totschlagbegriff, als er keinen Widerspruch zuzulassen scheint. Freiheit steht gegen Diktatur, Totalitarismus, Repression. Freiheit der Forschung ist durch die Verfassung geheiligt. Bei Bedrohung dieser Freiheit denkt jeder sofort an unbotmäßige staatliche Einmischung, kaum an die längst verbreitete freiwillige Opferung des Freiheitsrechtes an manipulierende kommerzielle Interessen. Freiheit klingt zunächst immer positiv, fortschrittlich, lösend von Beklemmungen, Druck und Zwängen. Der Appell des Marquis von Posa an den grausamen König Philipp: »Geben Sie Gedankenfreiheit!«, diesen einen Satz in Schillers »Don Carlos« mit Beifall zu überschütten, war für uns Jungen einst unter Hitler ein Grund, in Schlangen für Theaterkarten anzustehen.

Aber heute zeigt sich eben, dass sich das Gewissen und die Natur vor *dem* Gebrauch von Freiheit fürchten müssen, wie sie die Wissenschaft z. B. beim Klonen und bei der Produktion von bloßen Versuchsembryonen für sich reklamiert. Begonnen als unentbehrliche Emanzipationshilfe, ist die Wissenschaft ihrerseits zum Instrument eines unkontrollierten Machtwillens geworden. Dagegen traten die Naturphilosophen der Romantik auf, in neuerer Zeit u. a. Albert Einstein, Carl Friedrich v. Weizsäcker, Klaus-Michael Meyer-Abich und Hans-Peter Dürr. Umso deutlicher wird das aggressive Moment indessen dort, wo der Allmachtsanspruch des Gottes-Komplexes voll durch-schlägt. Wo Gott war, will der Mensch sein. Dann verbinden sich Erkenntnisse nicht mehr mit »Ehrfurcht vor dem Leben« (Albert Schweitzer), sondern immer automatischer mit reinem Herrschaftswillen. Nicht mehr die antiautoritäre Selbstbefreiung der Wissenschaft ist heute das Problem, vielmehr die *Befreiung des Menschen aus der Gefahr eines inhumanen Missbrauchs dieser Freiheit.*

18.
Doping und Egomanie

Die Wissenschaft ist auch in einem anderen Fall, obzwar unsichtbar, eifriger Mittäter. Wiederum geht es um die Egomanie, um den scheinbar unstillbaren Drang, über sich hinauswachsen zu wollen. Gemeint ist das offiziell geächtete, in Wahrheit längst zu unheimlicher Routine gediehene Doping. Noch steht hier die Gentechnologie startbereit vor der Tür. Aber Gen-Doping ist bereits ein geläufiger Begriff. Vorerst wird immer noch nur geschluckt, gespritzt, infundiert, Blut ausgetauscht, um aus dem Organismus Leistungen herauszupressen, zu denen er natürlicherweise nie imstande wäre. Wie beim Wettlauf Hase gegen Igel sind die Doping-Tricks der Entwicklung von Prüfungsmethoden meist ein Stück voraus. Werden sie von diesen doch mal eingeholt, kann man es immer noch durch lässige Kontrollen, Verschleierung von Befunden, fadenscheinige biologische Rechtfertigungen so erscheinen lassen, als habe man das Übel im Griff. Notfalls bindet man doch mal einen Athleten an den Schandpfahl und lässt ihn – als Sündenbock stellvertretend für Scharen seiner Kollegen – das übliche Skandalritual mit der erwünschten Buß- und Läuterungsfunktion erdulden.

Im Schatten bleiben die Mittäter – Ärzte, Forscher, Dealer, Funktionäre, Pharma-Unternehmen, aber auch die oft nur scheinbar ahnungslosen Verbände und die vielen anderen, die mit den spektakulären Rekorden ihre Geschäfte machen. Was die Allianz zusammenhält, sind Riesensummen, aber die fließen letztlich nur der Rekorde wegen. Ohne Rekorde leeren sich die Stadien, machen sich die Sponsoren davon, stürzen die Einschaltquoten ab, kapitulieren die Veranstalter. Das Volk braucht Beweise, dass es immer noch schneller, höher und weiter geht, nicht etwa nur um Helden bewundern zu können.

Sondern weil es Angst macht, wenn es nicht mehr weiterginge, wenn die Stärksten und Schnellsten eingestehen müssten, dass mit Rekorden Schluss ist. Aber das darf nicht sein, denn im Hochleistungssport sieht der Mensch sich mit seinem geheimen Drängen nach dem Grenzenlosen, nach der unendlichen Selbst-Erweiterung widergespiegelt. Seine Egomanie lässt keine Kapitulation zu. Im ewigen Brechen von Rekorden rechtfertigt sich »das Fortschrittsstreben, dessen Wesen darin besteht, dass nicht bestimmte Sachziele, ... sondern das bloße Übertreffen der gegebenen Phase – der ›Rekord‹ – zum alles bewegenden Grundmotiv wird und die Sachziele, erst aus diesem Streben sekundär herauswachsend, als gleichgültige ›Übergangspunkte‹ der Fortschrittsbewegung erscheinen«. »Die innere Grenzenlosigkeit des Strebens ist hierbei eine Folge des Wegfalls aller ursprünglichen Sach- und qualitativen Wertgebundenheit des Strebens.« (Max Scheler)

Wir brauchen den Blinden, der den Mount Everest meistert, den Beinamputierten auf dem Matterhorn, den krebsoperierten »Tour de France«-Sieger, immer wieder Vollbringer des Unmöglichen – um die eigene Angst vor Zerbrechlichkeit und Hinfälligkeit besser beherrschen zu können. Der »Formel 1«-Fahrer, der sich bei Tempo 300 zweimal überschlägt, heil aus seinem Wrack klettert und zwei Tage später unverdrossen wieder Rennen fährt – das ist jedes Mal wie das Besiegen des Todes. Nichts wäre manchen Top-Athleten erwünschter, als auf Doping verzichten zu können. Aber dazu müsste man z. B.. die unmenschlichen Strapazen der Tour de France mildern, und es dürfte keine Schelte für ungedopte Verlierer geben, die Medaillen und Rekorde willig Konkurrenten aus weniger streng kontrollierenden Ländern überlassen. Aber so wenig man der Tour den Reiz der spektakulären Torturen nehmen will, so beharrlich erwarten die Verbände angemessene Medaillen-Gewinne, natürlich unter ärztlich garantierter Verhütung positiver Befunde. Schließlich gibt es zu jeder Zeit noch eine Auswahl unter vorläufig unkontrollierbaren und solchen Substanzen, die noch auf keiner Verbotsliste stehen.

Die fairste Lösung wäre – so hört man sagen – Doping unter ärztlicher Aufsicht freizugeben. Dann hätte es mit dem Schwindeln und Betrügen ein Ende. Ist es nicht ohnehin der Weg des Fortschritts, mit technischen Mitteln nachzuhelfen, wo immer die Natur uns Grenzen setzt? Was wären wir ohne die technischen Prothesen, die uns zu »Prothesengöttern« gemacht haben? Auf Schritt und Tritt benutzen wir die Technik, um unsere natürliche Langsamkeit, unsere Ungeschicktheit, die natürliche Schwerkraft zu überwinden. Warum sollen ausgerechnet die Sportler darauf verzichten, die eigene Natur technisch zu vervollkommnen? Vielleicht um zu beweisen, dass der Mensch doch noch aus sich selbst heraus immer größer und stärker werden kann und dass er seine Unabhängigkeit nicht überall der Technik opfern muss?

Vielleicht steckt tatsächlich diese symbolische Bedeutung dahinter. Die Illusion einer stolzen Unabhängigkeit, die in Wahrheit längst nicht mehr existiert. Die Zeit ist vorbei, da der Mensch der Technik kommandieren konnte, wo und wie sie ihm zur Hand gehen sollte. Inzwischen bestimmt sie weitgehend sein Leben. Sie entscheidet, wo sie ihn zum Arbeiten, zum Produzieren noch braucht oder ihn überflüssig macht. Sie erhält ihn mit Herzschrittmachern, Defibrillatoren und Dialysemaschinen künstlich lebendig. Ohne Chips und Computer stände der gesamte Gesellschaftsbetrieb still. Aber vielleicht steht dieser bald tatsächlich einmal still, wenn eine schon weit entwickelte Kriegsstrategie gezielt böse Viren einschleust, die schlagartig das gesamte computerisierte Kommunikations-, Versorgungs- und Produktionssystem eines Feindstaates lahm legen. Erst dann würde allen klar werden, wer wirklich in unserer neuen Welt das Sagen hat. An wen der Mensch seine Rolle als Subjekt der Geschichte abzutreten im Begriff ist. Wir träumen noch von Figuren wie Superman und James Bond, die, mit Supertechnik verwachsen, als unverletzbare ewige Sieger die Welt vom Bösen befreien. Aber keine der technischen Prothesen, denen wir unsere Scheinmacht entleihen, ist wirklich mit uns verwachsen.

***

Noch einmal zurück zu dem bezeichnenderweise unlösbaren Widerspruch zwischen der Sauberkeits-Ideologie und der geheimen Doping-Praxis im Sport. Vielleicht ging es nicht mit rechten Dingen zu, als ausgerechnet die Leitfigur der deutschen Anti-Drogenkampagne, der Olympiasieger Dieter Baumann, des Konsums einer verbotenen Droge überführt wurde. Vielleicht war er das Opfer eines Anschlages. Aber so oder so wurde er zur Symbolfigur eines kollektiven psychopathologischen Konflikts der Allgemeinheit. Am Spitzensport will der Mensch der Neuzeit seinen Aufstieg zu immer größerer Unabhängigkeit ablesen, durch Überwindung von Erschöpfung, von Luftwiderstand und Schwerkraft. Das größenwahnsinnige Ich will sich die eigene Natur unterwerfen – eine manische Krankheit, die sich im letzten Jahrhundert des zunehmenden Rekordwahns ständig verschlimmert hat. Der Höchstleistungssport ist zum sinnfälligen Austragungsort eines inneren Kampfes geworden. Er erinnert den Psychoanalytiker an die Psychodynamik einer psychosomatischen Krankheit: der Magersucht. In der Magersucht ist es eine andere unerträgliche Abhängigkeit, die bezwungen werden soll, nämlich die Notwendigkeit zu essen. Dem kranken Ich ist die Auslieferung an den Hungertrieb unerträglich, der freilich aus der Unterdrückung umso archaischer durchbrechen und sich in den Esszwang der Bulimie verwandeln kann.

Auch der Sauberkeitsideologie im Sport haftet die zwanghafte Angst vor Abhängigkeit an. Vielleicht ist es kein Zufall, dass in manchen Sportarten wie Geräteturnen und Skispringen Magersucht überproportional häufig auftritt. Asketische Vergewaltigung der eigenen Natur kann auch ohne Zufuhr künstlicher Mittel dem Ziel dienen, die Grenzen des Möglichen zu überwinden. Diese Selbstkasteiung ist aber, vielleicht schädlicher als manches Doping, keineswegs verboten. Jede noch so brutale, manche Langzeitschäden hinterlassende Trainingsmethode ist statthaft, nur darf keine Chemie aus der Verbotsliste im Spiel sein. Es geht also bei der Doping-Inquisition gar nicht konsequent um das gesundheitliche Wohl der Athleten, denn zahlreiche Doping-Präparate sind, in Maßen konsumiert, gesundheitlich ganz unbedenklich. Der Punkt ist, dass am Sport ein moralisches Exempel statuiert werden soll. Diesmal ist es nicht die sexuelle Versündigung wie im Zeitalter der Hexenprozesse, sondern in Gestalt der Doping-Unzucht ein anderes Bündnis mit dem Teufel, das die Strafgerichte auf den Plan ruft. Die scheinheilige Entrüstung ist fast die gleiche. Übrigens, auch die mittelalterliche Inquisition wütete nur gegen einzelne ausgesuchte Opfer als Mittel der Einschüchterung und als Alibi für heimliche Duldung einer ununterdrückbaren Sexualpraxis.

Diesmal opfern die Doping-Priester nicht wie ihre Vorfahren, die Hexenjäger, die Sünder dem christlichen Gott, sondern dem vergöttlichten Idealbild ihres Selbst. Die Verlogenheit hat andere Vorzeichen. Der Größenwahn, der die uneingeschränkte Unabhängigkeit erstrebt, will bis zuletzt verleugnen, dass alle errungene Fortschrittsmacht in Abhängigkeit errungen ist, nämlich von einer künstlichen Technikwelt, die wie der Apparatepark einer Intensivstation unsere natürlichen Schwächen zu kompensieren erlaubt.

Dem Psychoanalytiker liegt die Frage nahe, ob in der Doping-Inquisition nicht tatsächlich sogar ein religiöses Element steckt, nämlich unbewusste Selbstbestrafungsbedürfnisse für das eigentliche Motiv, das sich hinter dem irrationalen Rekordwahn verbirgt. Es ist die geheime Egomanie unserer westlichen Welt. Wie bei der Zwangsneurose findet eine Problemverschiebung statt. Die überführten Doping-Frevler büßen für das schuldhafte Über-sich-hinauswachsen-Wollen der Fortschrittsgesellschaft. Deren Vermessenheit sollen die skandalierten Täter wenigstens symbolisch von Zeit zu Zeit stellvertretend abbüßen.

19.
Patriotismus als Erlösung
aus der Vereinzelung

Was im Innenleben Amerikas und auch Deutschlands nach
dem 11. September 2001 an dramatischen Veränderungen
zum Vorschein kommt, kann man nur zum kleineren Teil
vom Terror der Terroristen her erklären. Es muss eine Bereitschaft da gewesen sein, die den Anlass benutzt hat, um
hervorzutreten. Die Amerikaner scharen sich mit patrioti-
schem Elan um ihren säbelrasselnden Präsidenten. Viele
drängen ihn, die Krisensituation schnell auszunutzen, um
den Krieg von Afghanistan auf andere »Schurkenstaaten«
auszudehnen, obwohl der Geheimdienst Mühe hat, konkrete
Bedrohungen aus Somalia und dem Irak hinreichend glaubhaft zu machen. Der deutsche Kanzler scheint selber verwun-
dert, wie rasch es ihm geglückt ist, die eben noch überzeugt
unkriegerischen Deutschen für Fronteinsätze »out of area«
(außerhalb des eigenen Staats- oder Bündnisgebiets) zu gewinnen. Er macht ein stolzes Gesicht, als sei das Volk endlich
aus zaghafter Beklommenheit zu neuer Tatkraft erwacht.
Aber die neue westliche Kraftmeierei sprießt offensichtlich
nicht aus fundiertem Selbstbewusstsein. Sonst bräuchte man
ja nicht die militärischen Überreaktionen, erst recht nicht
den dramatischen Eingriff in das liberale Rechtssystem. Immerhin treibt das aufgebauschte Bedrohungsgespenst die
aufgescheuchte Herde zusammen, vermittelt ein fast ent-
schwundenes Zusammengehörigkeitsgefühl mit Angst und
Kriegsgeist als Bindemitteln.

Um die Wandlung zu verstehen, sei auf die psychische Verfassung im Westen zurückgeblendet, die den Nährboden für diesen Umschwung bereitet hatte. Es war ausführlich von dem

Trend zu narzisstischer Vereinzelung der Menschen die Rede gewesen. Allan Bloom, Professor für Sozialgeschichte und Philosophie in Chicago, hatte 1987 dazu eine ausführliche Beschreibung in seinem Buch »The Closing of the American Mind« geliefert. Von der damaligen Studentengeneration sagte er u. a.: »Amerika wird nicht mehr als Gemeinschaftsaufgabe empfunden, sondern als eine Struktur, in der die Menschen nur als Individuen leben und auf sich selbst gestellt sind.« »Einige von ihnen blicken voller Nostalgie auf die Studenten der 60er Jahre zurück, die noch an etwas geglaubt hatten.« »Am meisten beschäftigen sie sich mit sich selbst, was im engsten Sinne des Wortes zu verstehen ist.« »Da gibt es diese Redensart von der Selbstverwirklichung, die solchem Leben einen gewissen Reiz zu verleihen scheint, aber sie sehen selbst, dass da nichts besonders Edles dran ist.« »Die Wendung zu sich selbst … beruht vielmehr auf einem neuen Ausmaß an Isolation, die den jungen Leuten keine andere Wahl lässt als die Hinwendung zu sich selbst. Dinge, die fast selbstverständlich ein Registrieren größerer Probleme auslösen würden, sind einfach nicht vorhanden.« »Da gibt es keine Notwendigkeit, keine Moral, keinen gesellschaftlichen Druck, kein Opfer, das zu bringen wäre und das dagegen spräche, diese oder jene Richtung einzuschlagen.« »Geistig ungerüstet, beziehungslos, isoliert, mit keinerlei ererbter oder vorbehaltloser Bindung an irgendetwas oder irgendwen.«

Als der 30 Jahre jüngere Michael Schindhelm, aus Ostdeutschland stammend, den Zustand seiner Generation im Westen nach 1989 besichtigte, entwarf er – in literarischer Form – ein in manchem ähnliches Porträt:

»Mit seiner Generation, vermutete er, musste der Infantilismus eingesetzt haben, der immer mehr die ganze Gesellschaft durchsetzte. Irgendwie hörte die Pubertät nie ganz auf, man wechselte die Hemden und die Freundinnen und die Autos und die Jobs, tröstete sich über alles Stete und Unstete mit ein bisschen Gras, bis dieses Gras über einen selbst wuchs ...« »Seine Altersgenossen hüllten sich in romantisches, erschöpftes Schwarz, sie bevorzugten die Nacht, das Alleinsein und die gedankenverlorenen lauen Stunden auf Partys und Autofahrten. Saßen sie sich gegenüber, legten sie gern die Arme über Kreuz, die Hände auf den Schultern, als fröstelten sie, und als Madonna, auch dieser Jahrgang, ein paar Jahre später wie durch eine verlassene U-Bahn-Röhre »Frozen« sang, sah er bei manchen von ihnen den Blick im Ungefähren stehen bleiben. Das war die Kälte, die aus ihnen kam. Eine sonderbare Kälte, die jegliche Form von Zusammenhalt verhinderte und den Raum um sie zerriss, Abstand schaffte, Dinge und Menschen entrückte, vereinzelte und nomadisierte, monadisierte, und so zogen seine Altersgenossen, jeder für sich, durch den sich ausdehnenden Äther.«

In den repräsentativen Befragungen der Westdeutschen mit dem Gießen-Test konnten Elmar Brähler und ich den Trend bestätigen, den Bloom und Schindhelm skizziert hatten. Zwischen 1975 und 1989 hatten Bequemlichkeit und Gleichgültigkeit zugenommen: Weniger Besorgnisse um andere Menschen, weniger Skrupel, dafür mehr Konzentration auf das Ego. Bis 1994 verstärkte sich der Egozentrismus noch, allerdings mit einer deutlichen Trübung der Grundstimmung verbunden. Im durchschnittlichen Selbstporträt fühlten sich die Westdeutschen gegenüber 1989

– anderen Menschen noch ferner,
– sie fraßen Ärger mehr in sich hinein,
– suchten weniger Geselligkeit,
– erlebten sich dem anderen Geschlecht gegenüber befangener,
– konnten in der Liebe weniger von sich hergeben,
– zeigten weniger von Liebesbedürfnissen,

- waren in der Liebe weniger erlebnisfähig,
- arbeiteten weniger gern mit anderen Menschen zusammen.

In dürren Testantworten kommt also die gleiche Atmosphäre heraus, die Schindhelm so anschaulich zeichnete: Ermattung der Gefühle, Zurückweichen aus der persönlichen Nähe. Die Frage bleibt: Soll man diesen Zustand als ein Steckenbleiben in der Entwicklung oder als eine Regression ansehen? Müssen unerfüllte narzisstische Bedürfnisse nachbefriedigt werden? Oder ist es eher ein Den-Kopf-in-den-Sand-Stecken, ein Ausweichen vor künftigen Verantwortungslasten und Bedrohungen?
Klar ist jedenfalls, dass sich die Grundstimmung zwischen 1989 und 1994 nach der negativen Seite hin verschoben hatte. Denn nunmehr sagten die Westdeutschen von sich:

- dass sie häufiger in ein Stimmungstief fielen,
- dass sie sich weniger attraktiv erlebten,
- dass sie sich weniger beliebt machen
- und sich schlechter durchsetzen könnten.

Wenn man weniger von sich hergibt, bekommt man eben auch weniger zurück. Es ist keine »splendid isolation«, die man sich durch die Entfernung von der Mitwelt verschafft hat, stattdessen eher ein Hinabsinken in eine depressivere Verfassung. Die seinerzeit von der Werbung herausgestellten strahlenden Ich-Menschen repräsentierten also beileibe nicht die durchschnittliche Befindlichkeit Anfang der 90er. Wir schlossen aus unseren Befunden: Der Ego-Kult steht auf der Kippe. Das Leitbild der Selbstverwirklichung in der konsequenten Individualisierung hat seine Zugkraft verloren. Der Trend wird sich ändern, aber wohin?

***

Vereinfacht ausgedrückt: Die Ich-Menschen fühlten sich in ihrer Singularisierung zunehmend unbehaglich. Es fehlte ihnen an Auftrieb, an Austausch, an Wärme. Es gab keinen Halt, keine Geborgenheit, aber auch keine besondere Herausforderung, sich aufzuraffen und Verantwortung zu übernehmen. So kam Schindhelm zu seiner Diagnose von einem die gesamte Gesellschaft durchsetzenden Infantilismus. Neil Postman hatte bereits 1982 einen »Verfall der Kindheit« und eine »damit einhergehende Verkümmerung der Erwachsenheit« festgestellt. Die Erwachsenen würden nicht mehr wirklich erwachsen. Es komme zu einer Homogenisierung zwischen den Generationen im Geschmack für Musik, in der Sprache, in der Kleidung. Die Sprache der Jugendlichen beeinflusse die der Erwachsenen stärker als umgekehrt. Die Verwischung der Unterschiede zwischen den Generationen geschehe vor allem durch die Re-Infantilisierung der Älteren. »In der Welt von heute hat das Erwachsenenalter viel von seiner Autorität und seiner Aura verloren, und die Idee des Respekts gegenüber Älteren wirkt schon fast lächerlich.« Was gab es außerhalb der Spaßkultur noch an fesselnden Zielen, um zu wissen, was einem überhaupt wichtig ist, wozu man da ist, wofür man sich einsetzen sollte?

Es mag zynisch klingen, wenn man sagt, dass Saddam Hussein, Karadzic, Miloševic und schließlich Bin Laden zu rechter Zeit kamen, um wieder brüchige gemeinsame Identitäten zu reparieren. Der Riesenaufmarsch zum Golfkrieg, für den die USA die halbe Welt mobilisierten und für den Deutschland 8,5 Milliarden Euro bezahlte, half, die Ölquellen zu sichern und Kuwait an seine Feudalherren zurückzugeben. Aber vor allem half der Krieg den USA, die isolierten Menschen mit patriotischer Stimmung wieder aneinander zu binden. Vielleicht – so eine kühne Vermutung – waren es nicht nur taktische Gründe, die den alten Präsidenten Bush zur Schonung von Saddam Hussein bewogen. Womöglich ahnte er schon dunkel, dass man diesen »Schurken« irgendwann noch einmal brauchen könnte, wenn andere identitätsstiftende Feindbilder ausgingen. Jedenfalls bewähren sich die Kriege am Golf, in Jugoslawien und nun in Afghanistan offensichtlich für die Amerikaner, aber nicht nur für sie, um in und zwischen den westlichen Ländern Gefühle und Strukturen der Verbundenheit zu fördern. Patriotismus und »Wehrwille« funktionieren als Kitt. Zwar ist es weniger erwachsener globaler Verantwortungssinn, der die Amerikaner im Inneren und mit ihren Alliierten enger zusammenführt, eher so etwas wie ödipaler Tatendurst, der eben deshalb in den militärischen Mitteln wie in den innenpolitischen Überwachungsmaßnahmen über die Stränge schlägt.

Deutlich ist Verfolgungsangst im Spiel, daher auch die regressive Unterwerfung unter die Einengung des freiheitlichen Rechts. Man will gehorchen, um geschützt zu werden. Der Präsident darf alles, wenn er uns nur die Terroristen vom Halse hält bzw. ihnen den Garaus macht. Infantile Züge sind unverkennbar, indem, wie auch in anderen Kriegen, eine regressive Selbstentmündigung der Menschen stattfindet. Der Gewinn ist die Erlösung aus der Vereinzelung. In Amerika strahlt die Idealisierung des Anführers deutlich auf die Idealisierenden zurück. Es ist keine echte Überwindung des Egozentrismus, vielmehr eine Verschmelzung der Millionen Einzelnen mit dem Präsidenten, dem sie in patriotischen Gefühlen ihr Ich-Ideal übereignen, so wie es Freud in »Massenpsychologie und Ich-Analyse« beschrieben hat. Durch die Phantasien geistert ein amerikanisches Selbst, dessen interne Bindungskräfte aber wiederum von dem Vorhandensein des großen Feindes abhängen. Insofern ist es ein spalterisches Selbst, ein paranoides Selbst. Vom Prinzip her braucht dieses »amerikanische Selbst« die Trennwand gegen den Feind nach dem Muster des »homo clausus«, der seine persönliche Innenwelt für ein abgeschlossenes Ganzes hält, misstrauisch gegen das Draußen abgeschirmt.

20.
Bush ist kein Mandela

Der Mensch kann sich ursprünglich schwer vorstellen, dass seine erfundenen technischen Mittel zu etwas anderem als zur Stärkung seiner Position in der Welt taugen sollten. Der Gedanke, dass seine Spiel- und Werkzeuge sich irgendwann seiner Kontrolle entziehen und sich gegen ihn erheben könnten, hat er unterdrückt. Wer den anderen in der Entwicklung und in der Inbesitznahme der stärksten technischen Machtmittel voraus ist, der sollte um seine Sicherheit nicht mehr besorgt sein müssen. So schien es. Aber dann passierte, was der schon einmal genannte General Lee Butler, Ex-Oberkommandierender der U.S. Nuklearstreitkräfte, am 11. März 1999 öffentlich eingestand:

»Raketen, die in ihren Silos explodierten und die Kernsprengköpfe aus den Silos herausschleuderten. B52-Bomber, die mit Tankflugzeugen zusammenstießen und die Kernwaffen entlang der spanischen Küste ins Meer verstreuten. Ein mit Kernwaffen beladener B52-Bomber, der in North Carolina abstürzte und bei dessen Untersuchung festgestellt wurde, dass beim Absturz an einer der Waffen sechs der sieben Sicherungsvorrichtungen, die eine Kernwaffenexplosion verhindern sollten, ausgefallen waren.«

Um ein Haar hätte diese Explosion auch die anderen mitgeführten Waffen gezündet und ein unausdenkbares Inferno in dem Land angerichtet, das sich zur Abschreckung gegen das Böse im Osten gerüstet hatte. Wenn es je des Beweises bedurft hätte, dass sich der Mensch mit der Atomrüstung anstelle der größtmöglichen Selbstsicherung eine unermessliche Selbstgefährdung verschafft hat – hier ist er. Und jeder wird jetzt die Konvertierung des Generals zu einem Mitstreiter der Friedensbewegung verstehen und sein Bekenntnis, dass es wohl eher göttliche Gnade als menschliche Vorsorge gewesen sei, dass wir im Kalten Krieg gerade noch vor einem atomaren Holocaust verschont geblieben seien.

Die Einsicht in die anmaßende Verrücktheit, die völkermörderische nukleare Zerstörungskraft als Kriegsmittel zu produzieren und zu horten, hat Lee Butler sehend gemacht. 30 Jahre, so sagt er, habe er gebraucht, um die Unverantwortlichkeit seiner übernommenen Verantwortung zu durchschauen. Aus dem Munde des Mannes, dem der Oberbefehl über das mächtigste je angesammelte Vernichtungswaffen-Potential anvertraut war, muss die Welt erfahren, dass kein Mann in dieser Position das in ihn gesetzte Vertrauen verdiene. Er dankt es himmlischer Gnade, dass das »Jüngste Gericht«, das General Taylor einst auf amerikanisches Kommando über Hiroshima hereinbrechen sah, nun nicht das eigene Volk von North Carolina aus heimgesucht hat.

Hätte die Botschaft Lee Butlers nicht die Welt erschüttern müssen? Wäre nicht ein Proteststurm einer neu erwachten internationalen Friedensbewegung fällig gewesen? Aber schon die Medien blockten ab. Eine Information, die für die Einschätzung der nuklearen Bedrohung von einzigartiger Bedeutung gewesen wäre, blieb großen Teilen der Weltöffentlichkeit bis heute verborgen. Warum?

Die Antwort fällt nicht schwer. Das Verschweigen soll wie eine – falsche – Psychotherapie funktionieren, nämlich die untergründige, mühsam in der Verdrängung gehaltene Angst der Menschen nicht neu aufstören. Es soll nicht wieder die Sorge aufkommen, dass die gehorteten nuklearen Arsenale, statt Sicherheit zu garantieren, die Menschen unter der ständigen Bedrohung eines »Damokles-Schwertes« (General Butler) zu leben zwingen. Man bedenke: Da glaubt sich der Mensch nahe am Ziel der vorher Gott zugeteilten Allmacht, als Herrscher einer Vernichtungskraft wie jener der Johannes-Apokalypse, und fühlt sich nun, wenn er die Wahrheit an sich heranlässt, in demütige Dankbarkeit für die Barmherzigkeit des Gottes versetzt, der Tausende Male für tot bzw. als Hinterlassenschaft einfältigen Kinderglaubens erklärt worden ist. Die Technik, zu endgültiger Sicherung der Herrschaft über das Böse bestimmt, kehrt sich gegen ihre Erfinder und deren verlogene Selbstheiligung. Aber da die letzte der sieben Sicherungen an der Bombe der B52 gerade noch gehalten hat, also der sprichwörtlich seidene Faden intakt geblieben ist, konnte man alle erprobten Verleugnungs- und Vertuschungsstrategien in der Komplizenschaft von Militär, Politik und Medien einsetzen, um den Menschen ein Wissen zu ersparen – das diese aber vielleicht auch gar nicht haben wollten? So ist es wohl, dass der Anspruch auf mündige Aufklärung dort aufhört, wo sie die psychosomatische Gesundheit, Appetit und Schlaf beeinträchtigen könnte. Denn Gesundheit geht über alles. Was die Fitness lädiert, ist allemal schlecht, seien es Bewegungsarmut, falsches Essen oder eben auch aufwühlende Beunruhigung, zumal eine solche, die zu einem Dauerstress führen könnte. Es ist nicht leicht, dieses Den-Kopf-in-den-Sand-Stecken gelassen hinzunehmen, auch die scheinheiligen Fragen der selektiv verschweigenden Medien, wo denn die Friedensbewegung geblieben sei.

Aber dann kam der 11. September, der mörderische Anschlag islamischer Terroristen auf das World Trade Center in New York und das Pentagon in Washington, ausgeführt mit amerikanischen Zivilflugzeugen, die zu Bomben umfunktioniert waren. Hier war nichts mehr zu vertuschen oder zu verdrängen. Hunderte von Millionen sahen die Fernsehbilder vom Einsturz der beiden Wahrzeichen New Yorks, zugleich Symbole der größten Wirtschaftsmacht der Welt. Und sie sahen, wie ein paar todgeweihte Menschen verzweifelt mit weißen Tüchern aus einem Fenster winkten und ein anderer sich über Hunderte von Metern aus einem der beiden Türme in die Tiefe stürzte – Sekunden, die endlos schienen. Das Schicksal der Unglücklichen offenbarte für einen Augenblick unsere geläufige Selbsttäuschung: Wir können die höchsten Türme bauen und mit Hightech-Flugzeugen den Luftraum beherrschen. Aber plötzlich erkennen wir uns in den Menschen wieder, über denen die Türme zusammenstürzen, und in den anderen, die wehrlos in den mörderischen Flugzeugen sitzen. Plötzlich sind wir uns unserer Gefährdung inmitten einer grandiosen Technikwelt bewusst, in der wir uns größer und sicherer fühlten als alle Generationen zuvor.

Es hieß sogleich, nach dem 11. September sei die Welt nicht mehr die gleiche wie zuvor. Natürlich ist sie die Gleiche geblieben. Aber wir lernen, dass wir sie nicht so verstanden haben, wie sie ist. Noch genauer: Wir selbst haben uns in ihr falsch verstanden. Wir haben uns mit ihrer technischen Perfektionierung verwechselt und geglaubt, entsprechend mitgewachsen zu sein. Der Einbruch in das Sicherheitsgefühl legte tiefste Ängste frei. Diese bahnten sich zwei Wege. Der eine führte zum spontanen Auflodern von Hass und Rachedurst: Es ist Krieg, und in dem werden wir siegen, versprach der amerikanische Präsident auf der Stelle. Noch wusste er aber nur, dass islamische Terroristen Schuld waren, jedoch nicht, wie viele es waren, wo sie herkamen, wer sie anführte. Gegen wen konnte, sollte der Krieg geführt werden? Die Ungewissheit, wo überall sich der Feind in unentdeckten Stützpunkten verschanzt haben mochte, erschwerte es zunächst, den Hass festzumachen.

Der andere Weg, auf dem sich die Angst Erleichterung erhoffte, führte viele wieder in die Kirchen, die sich füllten wie seit langem nicht mehr. Es war ein Ort, wo man gemeinsam trauern konnte. Man betete für die Opfer und die Angehörigen und vermochte seine Verbundenheit auszudrücken. Hier konnte man auch Gefühle zulassen, die sonst in der allgemeinen Verwirrung und Rachestimmung keinen Platz fanden. Etwa dunkle Schuldempfindungen, dass es vielleicht eine symbolische Bedeutung habe, dass ausgerechnet das bedeutendste militärische Planungs- und Organisationszentrum in Gestalt des Pentagons getroffen worden war, dazu das mächtige Wahrzeichen der stärksten Wirtschafts- und Handelsmacht der Welt. Müssen wir uns vielleicht fragen, ob wir etwas mit der Hure Babylon zu tun haben, die furchtbare Bestrafung für ihre Sündenlast verdient und erlitten hat? Erfüllt sich nunmehr etwa die Warnung, als welche das Beinahe-Inferno durch den Absturz der B52 in North Carolina hätte begriffen werden müssen? Haben wir jetzt für unsere Hybris, unsere Gigantomanie, unseren Allmachtswahn zu büßen? Ist diese Katastrophe vielleicht eine letzte Chance, auf dem Irrweg zur vermeintlichen Selbstvergöttlichung innezuhalten und das verlorene innere Gleichgewicht wieder zu suchen – in Bescheidenheit, in Demut und Ehrfurcht? Kann Gott helfen, den Absturz aus der kranken Megalomanie aufzuhalten? Aber diese Hilfe kann nur erhoffen, wer erst mal die Einsicht in das eigene Kranksein aufbringt, in die schon genannte Krankheit, nicht mehr *leiden* zu wollen und zu können.

Gleich hat man gesagt: Der Anschlag habe über Amerika hinaus die westliche Zivilisation schlechthin getroffen. Entsprechend haben die Menschen in Europa reagiert, auch sie mit tiefem Erschrecken und Mittrauern, auch hier panische Alarmstimmung. Überall Polizei zum Schutz vor öffentlichen Gebäuden, auf Bahnhöfen, Flugplätzen, keine größere Veranstaltung ohne Personenkontrollen. Argwöhnische Blicke auf fremdländisch aussehende Gesichter, auf islamische Frauen mit Kopftüchern; Nährboden für notorisch ausländerfeindliche Gruppierungen.

Es war eine Welle einer aus dem Inneren aufsteigenden Bedrohungsangst, denn keine Information kündigte ein Über-

178

schwappen der Anschläge auf Europa an. Psychoanalyse fahndet bei abnormem Misstrauen immer nach verdrängtem Selbstmisstrauen, nach dem sprichwörtlichen schlechten Gewissen. In der Tat ist es unheimlich, dass die bald entlarvten Selbstmord-Terroristen sich als Rächer im Namen Allahs an den »Ungläubigen« aufführen. Ihr vermutlicher Anführer Mohammed Atta entpuppt sich – wie fundamentalistisch und verbohrt auch immer – als ernster religiöser Mensch, jedenfalls nicht im Mindesten als heruntergekommener Abenteurer oder typischer Bandit. Er ist auch kein Herostratos, der den berühmten Artemis-Tempel von Ephesos, eines der sieben Weltwunder der Antike, aus Ruhmsucht anzündete. Er ist mordender Verbrecher und Glaubenskrieger zugleich, so wie offenbar auch seine Komplizen in den Flugzeugen vom 11. September. Sie alle glaubten fest, sich als Märtyrer für Allah zu opfern. Und sie waren sicher, von vielen ähnlich fühlenden Glaubensgenossen in ihrer Heimat verstanden und verehrt zu werden.

Im Dezember 2001 berichtete das »Ärztliche Journal Neurologie-Psychiatrie« (Ausgabe 6/2001) von zwei Untersuchungen über psychopathologische Störungen nach dem 11. September. Nach einer Umfrage des Instituts für Praxisforschung im Berufsverband der Allgemeinärzte Deutschlands ermittelte Prof. Klaus Wahle, dass nach den Anschlägen Angststörungen und Depressionen zugenommen haben, vermehrt bei Frauen ab 30, in geringerem Umfang auch bei Männern in höherem Alter. In der Schweiz ist Prof. Jürgen Margraf beim Vergleich zweier Untersuchungen von 2000 und Ende Oktober 2001 aufgefallen, dass nach dem 11. September generalisierte Angst, Phobien, Depressionen und das posttraumatische Stress-Syndrom häufiger auftraten. Gehäuft hätten die befragten Schweizer eine allgemeine Unsicherheit angegeben: Sie hielten »wichtige Bereiche ihres täglichen Lebens für unkontrollierbar«. Auch mir sind in der therapeutischen Praxis solche Erlebnisse berichtet worden: schwankender Boden unter den Füßen, nächtliches Aufschrecken, Katastrophenträume. Beim Versuch, sich diese Anfälligkeit zu erklären, kam nur immer wieder die Vermutung zum Vorschein: Dass man einen Horror von dieser Dimension immer nur als Filmgeschichte, aber niemals in der Realität für möglich gehalten habe und am allerwenigsten im bestgesicherten Land der Welt.

Können wir, dürfen wir im Westen die Täter verstehen? Natürlich nicht im Sinne von einfühlender Identifikation, gar von Entschuldigen. Dennoch ist es ein beschämendes Versäumnis, wie wenig sich der Westen um das Denken und Fühlen der Menschen in den Regionen des Islam gekümmert hat, aus denen die Terroristen stammen. Das einzige Interesse galt den dortigen Ölvorkommen und Pipeline-Projekten und der Unterstützung feudalistischer Herrschaftssysteme zur Sicherung dieser Ressourcen. Wie tief jene Bevölkerungen noch mit ihren heiligen Stätten in Mekka und Jerusalem verbunden sind, das hat man im Westen, sofern man es überhaupt registriert hat, nach eigenem Fortschrittsmaßstab als mittelalterliches Relikt eingestuft. Dass Armut und Verzweiflung dazu führen können, in der Religion den Rückhalt für einen militanten Selbstbefreiungskampf zu gewinnen, das hätte der Westen nicht nur aus der Geschichte, sondern aus den langjährigen Schreckensszenarien im Nahen Osten entnehmen können.

Aber was nicht mehr zeitgemäß erscheint, das lässt man so unbeachtet wie alles aus der Mode Gekommene. Was hinter der Aufklärung zurückgeblieben ist, das gilt als out, das gehört ins Museum bzw. kann allenfalls noch für Bildungstourismus vermarktet werden. Die Fortschrittszivilisation will möglichst heute schon da sein, wo sie morgen hinkommen möchte. Gott hat sie ohnehin hinter sich gelassen. Sie beherrscht die Evolution und den Weltraum, und die weit Hinterherhinkenden sollen froh sein, dass sie in einer Art von Reservaten notgedrungen humanitäre Unterstützung erhalten, damit sie nicht aus der Not in noch viel größeren Massen als heute schon in den Westen flüchten.

So ist es dazu gekommen, dass keiner der mit Hightech ausgerüsteten Nachrichtendienste, nicht einmal der reiche amerikanische, die mindeste Ahnung von dem weit gespannten Verschwörernetz hatte, das über Jahre den jetzt präzise koordinierten Angriff auf die Machtsymbole der westlichen Welt vorbereitet hat. Wie man vernimmt, beschäftigten die westlichen Dienste auch kaum Sprachkundige, die den technisch perfekt ausgebauten Abhörsystemen hätten entnehmen können, wo wer was an Anschlägen plante. Aber auch das war kein Versehen, sondern Ausdruck für ein sich planvoll nicht mehr Kümmern um scheinbar in endgültiges Abseits abgesunkene Länder und Völker.

Genau diesen Vorwurf erhebt Orhan Pamuk, der bedeutende türkische Schriftsteller: »Der Westen hat leider keine Vorstellung von dem Gefühl der Erniedrigung, das eine große Mehrheit der Weltbevölkerung durchlebt und überwinden muss, ohne den Verstand zu verlieren oder sich auf Terroristen, radikale Nationalisten oder Fundamentalisten einzulassen.«

»Heute«, so fährt Pamuk fort, »ist das Problem des Westens weniger, herauszufinden, welcher Terrorist in welchem Zelt, welcher Gasse, welcher fernen Stadt seine neue Bombe vorbereitet, um dann auf ihn Bomben regnen zu lassen. Das Problem des Westens ist mehr die seelische Verfassung der Armen, Erniedrigten und stets im ›Unrecht‹ stehenden Mehrheit zu verstehen, die nicht in der westlichen Welt lebt.«

Die »Süddeutsche Zeitung« erlaubte sich, diesen Text gleich nach den Terroranschlägen zu drucken. Ein Türke durfte das schreiben, zu dieser Zeit kein Deutscher. Die Medien waren sich schnell einig: Wer hier zu Lande auch nur darüber laut nachdenkt, was Amerika, was der Westen an sich haben könnte, um terroristischen Hass auf sich zu ziehen, der ist darauf aus, die Schuld auf die Opfer zu schieben. Der gehört nicht zu uns, so wie Präsident Bush gesagt hat: Wer nicht für uns ist, der ist für die Terroristen. Als Deutscher ist er zumindest ein Anti-Amerikaner, überdies bar jeden Anstandes. Denn schon die Dankesschuld verbiete es, den Wohltäter mit Zweifeln zu belasten. Wer nicht pariert, der wird moralisch zusammengestaucht, gelegentlich vor den Fernsehkameras vom Innenminister höchstpersönlich.

Gerade weil die Deutschen als Schuldige an einem Vernichtungskrieg und Völkermord ein Amerika erlebt haben, das ihnen den Weg zurück in die Völkergemeinschaft gebahnt hat, sollten sie doch nun ein Recht haben, die USA an diese bewiesene moralische Kraft zu erinnern und sie darin zu bestärken, sich nicht von den Angreifern zu überschießenden Racheausbrüchen hinreißen zu lassen. In einem Interview für »Die Zeit« sagte ich unlängst dem Sinne nach: Nur wer eine unbeschädigte Selbstachtung besitzt, kann großherzig sein. Je schwächer und unsicherer jemand ist, umso eher wird ihn Rachsucht befallen.

Das war für das Verhalten in privaten Konflikten gemeint. Aber auch führende Staatsmänner sind Menschen mit spezifischen Empfindlichkeiten und unterschiedlich gerüstet, entfachter Volkswut standzuhalten oder nachzugeben. Im Krisenfall werden sie getestet, ob sie sich als rächende Helden beweisen müssen oder ob es ihre Selbstachtung erlaubt, Vergeltung mit Besonnenheit und Maß zu üben. In dem zitierten Interview erinnerte ich an Nelson Mandela. 27 Jahre lang hatte dieser im Kerker die Gräuel der Apartheid mit allen terroristischen Mordaktionen gegen sein Volk ohnmächtig hinnehmen müssen. Kaum einer hatte ihm zugetraut, dass er nach seiner Freilassung imstande sein würde, seine Brüder von einem blutigen Rachekrieg abzuhalten. Aber die schlimmsten Kränkungen hatten seinen Glauben an die Überwindbarkeit von Gewalt nicht gebrochen. Er wollte sich mit seinem Volk nicht auf die Stufe der Barbarei hinabziehen lassen, die ihnen allen widerfahren war.

Aber Mandela kam aus einem leidgeprüften, geschundenen Volk. Er hatte die Selbsterniedrigung der weißen Unterdrücker studiert, die mit ihrer Brutalität ihre Menschlichkeit beschädigt hatten. Er brachte die Kraft auf, seine Würde zu wahren, indem er zusammen mit Bischof Tutu die Gerichte und die »Wahrheitskommissionen« damit betraute, die geschehenen Verbrechen, auch die auf schwarzer Seite, öffentlich zu verhandeln.

Die Amerikaner sind jedoch nicht ähnlich leidgeprüft. Niederlagen und Unterdrückung im eigenen Land sind ihnen nie widerfahren. Immer vornean, am reichsten und am stärksten, fühlen sie sich als Gottes eigenes Land und dazu berufen, den Rest der Welt zum Kopieren der eigenen Lebensform anzuhalten. Auf eine Verletzung ihres Stolzes vom Ausmaß des 11. Septembers waren sie so wenig vorbereitet wie ein Organismus, der von Erregern befallen wird, gegen die er keinen Immunschutz zu entwickeln Gelegenheit hatte. Daher die Versuchung, sofort panisch um sich zu schlagen. Kanadische und amerikanische Wissenschaftler ahnten diese Gefahr und bestürmten Präsident Bush und den Kongress in einem leidenschaftlichen Brief, die Verbrecher und ihre Organisatoren mit rechtsstaatlichen Mitteln zu verfolgen, aber sich zu keinen überstürzten Kriegshandlungen hinreißen zu lassen. Verfasser des Briefes war der Psychologieprofessor Jordan P. Peterson. Zahlreiche Wissenschaftler aus den bekanntesten amerikanischen und kanadischen Universitäten sowie aus Frankreich, der Schweiz und Deutschland schlossen sich an. In dem Schreiben, das auch ich unterzeichnete, hieß es: Die unmittelbare Reaktion auf die Katastrophe seien Hass und Wut. Aber das Rechtssystem, auf das sich die USA und ihre Alliierten stützten,

fordere, dass Hass und Wut nicht das letzte Wort haben dürften. Rache erzeuge nur neue Rache. Es bedeute, die Terror-
akte unzulässig aufzuwerten, wenn man sie als Kriegshandlungen klassifiziere. Die Täter müssten als Verbrecher und internationale Parias behandelt und für ihre Verbrechen gegen die
Humanity – d. h. gegen die Menschlichkeit wie gegen die
Menschheit – mit den Mitteln des Rechts belangt werden. Mit
blinder Rache zu reagieren und dabei Blutbäder unter Unschuldigen zu riskieren, heiße, auf die brutale Herausforderung mit der gleichen Primitivität zu antworten und obendrein
dafür zu sorgen, dass sich fortgesetzter internationaler Terror
zum Kennzeichen des 21. Jahrhunderts entwickeln werde.
Wie bekannt, verfehlte dieser deutliche Brief seine beabsichtigte
Wirkung. Zwar zog Präsident Bush seine Bemerkung, einen
Kreuzzug führen zu wollen, schnell wieder zurück, sicherlich von Beratern vor solcher Kriegserklärung an die islamische
Welt gewarnt. Aber bald überzog er Afghanistan, das den Chef-
Terroristen Bin Laden auszuliefern ablehnte, mit Raketen und
Bomben aller Kaliber, völkerrechtswidrige Streubomben ein-
geschlossen. Bald werde er den Krieg auf andere »Schurken-
staaten«, die den Terrorismus unterstützen, ausdehnen.
Also doch blutige Rache – entgegen allen Warnungen, etwa eine
ähnliche Gewaltspirale wie in Israel/Palästina in Gang zu setzen.
Eine weitere Überreaktion verriet noch deutlicher, dass die Krise dem Präsidenten über den Kopf wuchs. Kurzerhand erließ er
am 13. Oktober eine radikale Verordnung, die von William Safire in der »New York Times« als Ersetzung des amerikanischen
Rechtsverständnisses durch militärische Femegerichte ange-
prangert wurde. Adrian Kreye schrieb dazu in der »Süddeutschen Zeitung«:
»Nach dem aktuellen Stand der Dinge kann jetzt ein Bewohner
der Vereinigten Staaten unter Ausschluss der Öffentlichkeit in
einem geheimen Militärgericht auf der Basis von Gerüchten

184

und Vermutungen zum Tode verurteilt werden. Und wenn Präsident Bush glaubt, dass der Verurteilte Terroristen geholfen hat, wird er hingerichtet werden, ohne Anrecht auf Berufung vor einem zivilen Gerichtshof.«

Dieses Szenario ist keine Erfindung von Hollywood, sondern die neue Rechtslage in den USA. Ausländische Terrorverdächtige können fortan auf unbegrenzte Zeit ohne jeden Anspruch auf einen Anwalt oder eine Gerichtsverhandlung festgesetzt werden – was zurzeit schon für Hunderte gilt, die man nach dem 11. September auf bloßen Verdacht hin eingesperrt hat und in Gefängnissen schmoren lässt. Die Formulierungen der Verordnung seien so schwammig, dass sie auch gegen die 18 Millionen meist legal in den USA lebenden Ausländer angewendet werden könnten, klagt der ehemalige Generalstaatsanwalt Philip Heymann. Der amerikanische Präsident habe mehr oder weniger diktatorische Macht ergriffen, um Ausländer ins Gefängnis zu werfen oder hinzurichten, schreibt William Safire.

***

Tatsächlich hat Präsident Bush, hat mit ihm Amerika, haben wir alle nach dem 11. September eine Riesenchance verpasst. Einen Augenblick haben sicherlich viele Millionen in den verschiedenen Teilen der Welt, auch die Mehrheiten in den islamischen Ländern, eine Verbundenheit im Entsetzen, in der Angst, im Mitfühlen gespürt. Menschen aus 60 Ländern starben in den Türmen von Manhattan, in dem Land der größten Machtfülle, das sich plötzlich in einer nie vorausgesehenen Ohnmacht und in einem schrecklichen Leiden darbot. Das bestgerüstete Volk der Erde, die führende Wirtschaftsmacht, überwacht von dem teuersten aller Sicherheitsdienste, lag verletzt am Boden, getroffen von einer kleinen Schar fast unbewaffneter Selbstmord-Attentäter aus rückständigen Armutsregionen. Diese hilflose Ohnmacht der scheinbar Mächtigsten und die plötzliche Macht der scheinbar Ohnmächtigsten wirkte einerseits schrecklich verwirrend, hätte aber auch blitzartig die Erkenntnis aufleuchten lassen können, dass hier eine unlösbare gegenseitige Beziehung bestand, die nur nie positiv beherzigt und ausgelebt worden war. Das hat der amerikanische Politikwissenschaftler Benjamin Barber in einem Brief an Präsident Bush sehr klar zum Ausdruck gebracht: »Terrorismus ist die negative und verzerrte Form der gegenseitigen Abhängigkeit, die wir in der positiven und nützlichen Form nicht anzuerkennen bereit sind.« Noch einmal mit anderen Worten: »Terrorismus ist ein Produkt destruktiver Abhängigkeit, eine entstellte Form der Globalisierung.«

***

Das Versäumnis eines kooperativen Miteinander hatte nun das mörderische bzw. selbstmörderische Gegeneinander zur Folge. Albert Einstein hatte einst schon gehofft, dass Hiroshima und das Leben im Schatten der Atombombe die Menschen dazu bringen könnten, sich allesamt als Geschwister zu begreifen. Nun nötigte ein neuer Anlass einzusehen, dass es auf Dauer keine leidfreien Sieger auf Kosten einseitiger leidbeladener Verlierer gibt, sondern dass vermiedenes Leiden die machtbesessenen Sieger umso schmerzlicher einholt, je rücksichtsloser sie sich in ihrer Megalomanie davon auf Kosten der unterdrückten Schwächeren zu befreien trachten. Irgendwann ereilt sie die Panik, wie jetzt in den USA in der Form der Verfolgungsangst und einer destruktiven Festungsmentalität, die bis zur Preisgabe elementarer bürgerlicher Freiheitsrechte führt.

Da fehlt nun die Weisheit eines Mandela, der im Leiden und Mitleiden mit seinem geschundenen Volk begriffen hatte, dass rächende Gewalt nur erniedrigt und entwürdigt, so wie er seinerzeit die Selbstentwürdigung seiner Kerkerwärter mitgefühlt hatte. An der Stelle der Amerikaner hätte er gewiss den islamischen Völkern, wo der terroristische Hass sich forterbt, ein Zeichen der Mitverantwortung für ihr Wohl und des Respekts für ihre Kultur gegeben – und zwischen den strafwürdigen Terroristen und den friedlichen Mehrheiten jener Länder einen klaren Strich gezogen.

Umgekehrt hatten Bush und sein mitverschworenes Gefolge automatisch nur das alte Rezept im Sinn: Die Lücke in der Selbstpanzerung müsse geschlossen werden – mit noch mehr Sicherheitskräften, noch raffinierterer Technologie und eben mit Außerkraftsetzung liberaler Rechte. Und dazu Kriege erst gegen das eine, dann gegen jedes Land, das – tatsächlich oder auch nur wahrscheinlich – Terroristen Unterschlupf gewährt. Dass in jedem dieser Länder Massen von Unschuldigen werden mitleiden müssen, das sind dann tolerable »Kollateralschäden«.

Das Versagen des Präsidenten ist nicht bloß eine individuelle Tragödie. Die Amerikaner haben ihn gewählt, so wie er ist und so wie er sich immer offen zu erkennen gegeben hat. Und die Europäer hatten gewusst, welches Risiko sie eingingen, als sie nicht nur eine Solidarität des Mittrauerns, sondern eine Bereitschaft zum Mitschießen gelobt hatten. Sie mussten wissen, dass sie es mit einem Volk zu tun hatten, das sich noch nie auf Hilfe anderer angewiesen gefühlt hatte, das nur Siegen, Selbstidealisierung und Ausdehnung von Herrschaft gewöhnt war. Wie sollten dieses Volk und dieser Präsident auf die verheerende Kränkung anders antworten als mit der Verfolgung des Bösen bis zur Ausrottung mit Stumpf und Stiel? Schließlich liegt es ja auch in der Konsequenz der säkularisierten neuzeitlichen Fortschrittsvision, dass die Anführer im Stärkekult-Wettbewerb in jedem Augenblick von ihrer Übermacht Gebrauch machen, wenn andere, die sie immer nur in einseitiger Abhängigkeit wähnen, aufzumucken wagen.

Wünschbar wäre gewesen, dass die europäischen Partner – gereift an ihren historischen Traumen, ihren Erfahrungen von Scheitern und Rückschlägen – ihrer Führungsmacht weniger mit übereilten militärischen Angeboten, dafür mit vereinten mäßigenden Empfehlungen von der Art jenes Wissenschaftler-Briefes beigesprungen wären. Aber dazu hatten sie sich nicht getraut, und einer wollte sich immer noch gefälliger als der andere erweisen. Wie will man jetzt mit Bedenken noch ernst genommen werden, nachdem man das eine um das andere Mal blinde Gefolgschaftstreue gelobt hat?

Im Übrigen – wer wagt denn von den europäischen Staatsmännern, sich mit Kritik zu exponieren? Und wer von ihnen ist nicht selber inzwischen von Kriegsgeist und Verfolgungsangst angekränkelt? Sind die Deutschen nicht eifrig dabei, den Amerikanern mit fragwürdigen Anti-Terror-Gesetzen hinterherzueilen? Nach dem Prinzip: mehr Sicherheit durch mehr Unfreiheit?

In Deutschland produzierte der Innenminister einen Gesetzentwurf zur Terroristenbekämpfung, von dem Burkhard Hirsch, Ex-Vizepräsident des Bundestages, schreibt: »Der Gesetzentwurf hat keinen Respekt vor der Rechtstradition unseres Landes, vor Würde und Privatheit seiner Bürger. Er verrät totalitären Geist.« Vorgesehen ist, dass der Verfassungsschutz von den Banken alle Konten und Geldbewegungen, von den Telefongesellschaften alle gespeicherten Verbindungen, von den Fluglinien sämtliche Buchungen anfordern kann – ohne die Betroffenen zu benachrichtigen. »Anfangsverdacht« soll zur Ausweisung von Ausländern ausreichen. Widerspruch oder Klage dagegen sollen keine aufschiebende Wirkung mehr haben.

Schon heute sind die Deutschen »bei Telefonkontrollen unter demokratischen Staaten Weltmeister« (immerhin 1,4 Millionen Verbindungen jährlich), so Burkhard Hirsch, der daran erinnert, was es in Deutschland heute ohnehin schon gibt: Rasterfahndung, Kontaktsperre, verdeckte Ermittler, Vorbeugehaft, Anzeigepflicht der Banken, elektronisches Belauschen, Überwachung der Auslandsgespräche, Verdachtsdateien, Speicherung von Personen, die »nach ihrer Persönlichkeit« in Zukunft eine Straftat begehen könnten usw.

Der Innenminister kann nicht alle geplanten Verschärfungen durchsetzen, obwohl er schon gedroht hat, dass niemand ihm in den Arm fallen dürfe. Immerhin stimmen ihm auch viele zu. Wenn auch nicht so ausgeprägt wie in Amerika, verkrampfen sich auch in Deutschland breite Kreise in einer argwöhnischen Lauerhaltung. Von überall droht das Böse. Lieber verzichtet man auf Rechte, als sich nirgends mehr sicher fühlen zu können. Der gesamte Westen ist von einer phobisch paranoiden Störung befallen. Allgemeine Verunsicherung ruft nach mehr Schutz, mehr Überwachung, mehr Polizei, strengeren Bestrafungen. Genereller Argwohn gehorcht dem Aufruf von Präsident Bush zu einer neuen Spaltung der Welt – diesmal nicht mehr in die Guten im Westen und den Kommunismus im Osten, sondern in die Guten im Westen und den Terrorismus. Der Kommunismus – das war noch der klar definierbare Feind im Osten, in Moskau. Aber der Terrorismus – wo steckt der? Die meisten Attentäter vom 11. September stammten aus Saudi-Arabien. Aber da steht amerikanisches Militär. Geplant wurde der Coup anscheinend in Deutschland. Das Geld kam, wie man jetzt weiß, größtenteils aus den Golf-Emiraten. Zum Glück war da noch Bin Laden mit Al Quaida in Afghanistan. Obwohl nie Beweise vorgelegt wurden, dass Bin Laden persönlich an den Flugzeug-Anschlägen als Anstifter oder Organisator oder sonst wie maßgeblich beteiligt war, bot er sich als selbsterklärter Todfeind, Terroristen-Ausbilder und Mitwisser zur Verfolgung an. Und die ihn beherbergenden Taliban mit ihrem Gewaltregime, zwar erst durch die Amerikaner zur Macht gelangt, erlösten die Amerikaner alsbald von ihrer Suche nach einem ersten Kriegsziel. Aber mit einem Sieg über die Taliban ist nicht der islamistische Terrorismus zerschlagen. Der Terrorismus kann weiterhin mit seinem Netz von »Schläfern« hinter jeder Ecke, im Nachbarhaus, im Café, auf dem Flugplatz oder sonst wo lauern, am unwahrscheinlichsten dort, wo es ungewöhnlich oder verdächtig zugeht.

Also verlagert sich das Problem in das Innere der Menschen. Sie machen sich mit ihrer paranoiden Verunsicherung krank. Sie werden Patienten und rufen den »Arzt«. Und der kann alles mit ihnen machen, der Präsident, der Minister, der Polizeichef, der Verfassungsschutz – Hauptsache, der lässt sie wieder besser schlafen und friedvoller träumen. Das heißt: Es findet eine regressive Infantilisierung statt. Das Gespenst in den Köpfen verlangt nach Exorzismus. Je martialischer sich der Staat mit seinen Oberen aufführt, umso eher passt er zur Erwartung der Teufelsaustreibung. Wir haben die Inquisition in zeitgemäßer Variante. Aber die neu eingeführten amerikanischen Femegerichte werden keine öffentlichen Hexenprozesse veranstalten, sondern hinter verschlossenen Türen tagen und exekutieren. Und wer weiß, wen sie von den Verantwortlichen überhaupt finden werden. Man erzählt sich wieder die alte Geschichte von dem Mann, der etwas unter einer Laterne sucht und auf Befragung gesteht, dass er den gesuchten Gegenstand nebenan im Dunkeln vermute, stattdessen aber lieber hier suche, wo es so schön hell sei. Amerika macht Krieg, wo es hell ist.

***

Was der Apartheids-Terrorismus in Südafrika nicht erreicht hat, bringen die Flugzeug-Täter vom 11. September offenbar weitgehend zustande, indem nämlich das passiert, wovor jener Professorenbrief an Präsident Bush gewarnt hatte: Die Rächenden lassen sich auf die primitive Stufe der Gewalt herabziehen. Auch sie töten viele Unschuldige. Und indem sie die eigene Rechtskultur beschädigen, demonstrieren sie, wie wenig sie mit einer der stolzesten Errungenschaften ihrer Zivilisation verwachsen sind. Wenn es dem Terrorismus gelingt, auf der Gegenseite »totalitären Geist« hervorzulocken, dann nimmt die Selbstverteidigung so martialische Züge an, dass sich die Verhältnisse an das Szenario von Israel/Palästina annähern, wo die Sprachregelung – hier Vergeltung, dort Aggression – verwischt, dass die Menschlichkeit auf beiden Seiten Opfer der Gewalt wird.

21.
Ungleich gezählte Menschen

Nichts macht den Egozentrismus, handle es sich um das Selbst des Individuums, um das Selbst einer Sippe, einer Ethnie, einer Nation, einer Rasse, deutlicher als die Unterscheidung eigenen wertvollen Lebens von minderwertigem fremden Leben. Unlängst hat Nobelpreisträger Günter Grass den USA und dem Westen vorgeworfen, sich wegen der 5000 Terroropfer[1] in Amerika viel mehr aufzuregen als über die 800 000 Ermordeten[2] in Ruanda, als seien tote Weiße mehr wert als tote Afrikaner. Sollte Grass mit dieser Äußerung eine bemerkbare Resonanz gefunden haben, ist es mir entgangen. Das Schweigen wäre gut verständlich. Denn was Grass unerhört findet, wird längst stillschweigend als selbstverständlich hingenommen. Gewaltopfer werden tatsächlich ungleich gezählt. In Israel/Palästina sterben dreimal mehr Palästinenser als Israelis durch Gewalt. Aber sie erliegen immer nur »legitimer Vergeltung«, während die Israelis Opfer »terroristischer Verbrechen« werden.

Im Irak bringen die 1990 beschlossenen Wirtschaftssanktionen laufend vor allem Kinder unter fünf Jahren um. Kinder sterben hauptsächlich an verseuchtem Trinkwasser, weil die zerbombten Wasserwerke und Reinigungsanlagen wegen Einfuhrsperre für nötiges Reparaturmaterial nicht instand

---

1 Mittlerweile ist von rund 3000 Opfern der Anschläge vom 11. September die Rede.
2 Inzwischen hat die Regierung Ruandas die genauen Opferzahlen ermittelt:
Getötet wurden 1 074 017 Menschen, davon 50,1 Prozent Kinder. 37,9 Prozent wurden mit Macheten umgebracht, 16,8 Prozent mit Keulen erschlagen, 14,8 Prozent erschossen, 8 Prozent zu Tode geprügelt, 4 Prozent in Latrinen ertränkt.

gesetzt werden konnten: Die amerikanischen Schriftsteller Noam Chomsky und Edward Said nennen das sanktionierten Massenmord. Nachfolgend seien Ausschnitte aus einem Appell zitiert, der zur Beendigung der Sanktionen aufforderte. Er wurde im Februar 2001 unterschrieben u. a. von Hans C. von Sponeck, ehemals Leiter des Öl-für-Nahrungsmittel-Programms der UN im Irak; Jutta Burghardt, ehemals Leiterin des Welternährungsprogramms im Irak; Prof. Norman Paech, Hochschule für Wirtschaft und Politik, Hamburg; Prof. Ulrich Gottstein, IPPNW, und von 14 anderen:

»Mehr als eine Million Menschen ließen im Irak nach Angaben von UN-Organisationen wie dem Kinderhilfswerk UNICEF und der Weltgesundheitsorganisation WHO als Blockadeopfer in den letzten zehn Jahren ihr Leben, darunter mehr als 500 000 Kinder unter fünf Jahren.«

»Die Sanktionen sind die strengsten der Geschichte und die verhängnisvollsten: Die Kindersterblichkeitsrate hat sich mehr als verdoppelt, ein Drittel der irakischen Kinder leidet an Unterernährung, und viele bleiben auf Dauer körperlich und geistig in der Entwicklung zurück.«

»Sanktionen mit so gravierenden Folgen für das Leben und die Gesundheit der betroffenen Bevölkerung sind mit keinen politischen oder sonstigen Zielen zu rechtfertigen. Sie verstoßen gegen fundamentale Menschenrechte, eine Vielzahl völkerrechtlich verbindlicher Konventionen und das humane Völkerrecht.«

»In einem Gutachten für den Unterausschuss der UN-Menschenrechtskommission machte der renommierte belgische Jurist Mark Bossuyt im August 2000 den Sicherheitsrat für die katastrophalen Folgen des Embargos voll verantwortlich. Bossuyt zufolge sind die Sanktionen eindeutig illegal.«

»Das italienische Parlament hat sich im Juni 2000 mit großer Mehrheit gegen das Embargo ausgesprochen, das Gleiche haben im Februar desselben Jahres 70 Abgeordnete des US-Kongresses getan. Auch Russland, Frankreich und eine Reihe anderer Staaten haben sich eindeutig für ein Ende der Sanktionen ausgesprochen.«

Die Unterzeichner haben die deutsche Bundesregierung und die Abgeordneten des Bundestages aufgefordert, sich der Resolution anzuschließen – vergeblich. Was zählt das Leben irakischer Menschen? Deutscher Anstand gegenüber den USA, die auf den Sanktionen bestehen, gebietet offenbar zu schweigen. Es ist schon das Äußerste, dass der deutsche Außenminister angeblich zu denen gehört, die den Amerikanern vor einem neuen Bombenkrieg gegen den Irak in Reaktion auf den 11. September abraten.

Man sieht: Die Minderbewertung menschlichen Lebens in einem als unfreundlich eingestuften Staat erlaubt es anscheinend, sich über völkerrechtlich verbindliche Abmachungen hinwegzusetzen, die unterschiedslos für alle Völker Geltung haben. So heißt es beispielsweise in Artikel I des Internationalen Paktes über wirtschaftliche, soziale und kulturelle Rechte, dass »in keinem Fall ein Volk seiner eigenen Existenzmittel beraubt werden darf«. Das ist anscheinend Makulatur, wenn die führende Weltmacht ein Volk stellvertretend für sein verhasstes Regime bestrafen will.

***

Menschenleben zählen also nicht mehr gleich. Was Verbrechen gegen die Menschlichkeit sind, das bestimmt, wer die Macht hat. Und die UNO hat zu parieren. Tut sie es nicht, wird sie durch Vetos oder Entzug des Mitgliedsbeitrages auf die Knie gezwungen. Dieses Verfahren ist ein sicheres Mittel, in diskriminierten Völkern Hass zu säen und im Westen eine kritische Bewegung zu stärken, die einen Rückfall auf die Stufe ungleicher Zuteilung von Menschenrechten unerträglich findet. Aber was geht in den westlichen Mehrheiten vor, die sich nach wie vor diktieren lassen, Verbrechen, wie sie an den Kindern im Irak verübt werden, schweigend hinzunehmen?

Da ist offenbar ein sozialpsychologischer Mechanismus im Spiel, der in dem schon halb vergessenen Experiment des Amerikaners Stanley Milgram vor 40 Jahren nachgewiesen wurde. Demnach sind etwa zwei Drittel der Menschen bereit, sich im Konflikt zwischen moralischer Überzeugung und Gehorsamsbereitschaft gegenüber einer geachteten Autorität für die Letztere zu entscheiden. Nur so ist schließlich zu erklären, dass sich Massen ihr Gewissen praktisch enteignen lassen und eindeutig inhumane Maßnahmen nicht nur widerspruchslos gutheißen, gegebenenfalls sogar willig auszuführen bereit sind. Das wird von den Verhaltensforschern als stammesgeschichtlich erworbene Anlage erklärt. Blinder Gehorsam setzt die moralische Selbstbestimmung außer Kraft. Das Mitgefühl wird automatisch suspendiert, und der Gefügigkeitsmechanismus übernimmt das Kommando. Weil es zu peinlich ist, sich blinde Hörigkeit einzugestehen, wird sie als edles Treueverhalten ausgegeben. – Es ist ja richtig, dass die Deutschen den Amerikanern sehr viel Gutes zu verdanken haben. Also wird Gehorsam zu absoluter Anstandspflicht erklärt. Aber was halten wir von Eltern, die Gefügigkeit ihrer Kinder mit dem Argument einklagen: Seid ihr denn gar nicht dankbar dafür, was wir alles schon für euch getan haben?

***

Die Geschichte ist voll von offiziell abgesegneten Untaten. Das Muster der Hexenverfolgungen hat sich fortgeerbt, nur dass die neuen Teufel, denen die vermeintlich Schuldigen verfallen, weltliche Despoten sind, und dass nicht mehr einzelne Sünder, sondern gleich ganze Bevölkerungsgruppen den

Bestrafungszeremonien unterworfen werden. – Kaum etwas kann die Selbstachtung zivilisierter Menschen ähnlich kränken wie die Konfrontation mit der von Milgram so eindrucksvoll bewiesenen Bereitschaft zu entwürdigendem Gehorsam. Daher machen alle Ethik-Theorien um diese Entdeckung einen Bogen. Als die Sozialwissenschaftler bei Nachprüfungen Milgram Recht geben mussten, verschlug es ihnen zuerst die Sprache. Dann taten viele von ihnen genau das, was wir von ertappten Politikern so gut kennen. Wenn eine peinliche Wahrheit nicht mehr bestritten werden kann, bezichtigt man den, der sie aufgefunden hat, verabscheuungswürdiger Motive. So verdammte man in diesem Falle den Sozialforscher Milgram, weil er die Personen, mit denen er experimentierte, angeblich einer unzumutbaren Versuchungssituation ausgesetzt habe. Prompt stand er nun als Bösewicht am Pranger. Und es sah so aus, als hebe die eine Anrüchigkeit die andere auf.

Ähnlich war es ja auch einst Sigmund Freud mit seinen sexualpsychologischen Erkenntnissen ergangen. Der musste erdulden, dass psychiatrische Fachkollegen seine Lehre von der kindlichen Sexualität als eine Angelegenheit für die Polizei diffamierten. Freud hatte jedoch das Glück, dass die Zeit für seine Aufklärung reif war. Nach einer Weile feierte man ihn als Revolutionär. Milgram hatte deshalb weniger Glück, weil die Widerstandskräfte gegen seine Enthüllungen ungleich tiefer und zäher verankert sind. Es ist für den modernen Westler eine schlechthin unerträgliche Beleidigung seines Selbstwertbewusstseins, einsehen zu sollen, dass seine als unerschütterlich geglaubte moralische Standfestigkeit nur ungenügend geschützt ist gegen eine primitive Suggestibilität, die wie die Selbstabschaltung einer Warnanlage die moralische Selbstbestimmung außer Kraft setzen kann.

Freud traf auf eine Gesellschaft, die ohnehin dicht davor war, die Verdrängung der kulturellen Sexualmoral zu lockern. Dagegen steht Milgram mit einer Minderheit von Überzeugten vor einer geschlossenen Abwehrfront einer großen Mehrheit, die, Beweise hin oder her, niemals eine eigene entwürdigende Hörigkeitsbereitschaft als machtvolle Naturanlage anzuerkennen bereit ist. Wo die Konfrontation mit diesem Mechanismus unvermeidlich scheint, helfen immer noch das rasche Wegsehen oder das prompte Vergessen. Das wissen die Medien und helfen dabei mildtätig mit. Ruanda, wo ist das überhaupt, und wann soll da etwas Furchtbares gewesen sein? Und Irak? Da gibt es Gerüchte über sterbende Kinder. Aber ist das vielleicht nicht nur Horrorpropaganda? Die Medien wissen schon genau, warum sie Graf Sponeck oder Jutta Burghardt oder andere Ex-UN-Beauftragte für den Irak, die wegen der dort permanent wirksamen Unmenschlichkeit zurückgetreten sind, zu keiner Talkshow bitten.

Aber es gibt ja auch die vielen, die gar keine Mühe haben, ihren Gerechtigkeitssinn ohnehin ihrer Egozentrik unterzuordnen, die irgendein gemeinsames Selbst umfasst, das Nationale, das Amerikanische, das Westliche, das Weiße usw. Von einem gewissen Grad der Idealisierung dieses gemeinsamen Selbst an wird das Mitfühlen mit den anderen außerhalb zum Luxus von Gesinnungs-Idealisten oder zum Stigma von potentiell Abtrünnigen. Dann wird eine pervertierte Moral eingeübt. Man spricht nicht mehr von einer universalen Wertewelt, wie es richtig heißen müsste, sondern plötzlich nur noch von einer westlichen. Aber es gibt nun einmal nur eine globale. Das wussten die Vertreter der arabischen, der christlichen und der jüdischen Philosophie im 13. Jahrhundert, als sie im Schatten der blutigen Kreuzzüge eine gemeinsame Vernunftreligion und Vernunftethik lehrten, die sie gegenüber den Offenbarungs-Religionen aufstellten.

Die Überzeugung von einer Allgemeingültigkeit menschlicher Grundwerte bildete auch unlängst den Hintergrund für den

Plan eines Internationalen Strafgerichtshofes, dem sich alle Nationen unterwerfen sollten. Aber solange das amerikanische Selbst sich als herausragend und allenfalls zum Weltenrichter nach eigenen Maßstäben berufen fühlt, kann das Projekt natürlich nicht zustande kommen. Auf das Sterben der Kinder im Irak durch die von dem Amerikanern verteidigten Sanktionen angesprochen, soll Ex-Außenministerin Madeleine Albright geantwortet haben: Furchtbar, aber gerecht.

22.
Spuren eines Einstellungswandels der Deutschen

Die Amerikaner sind nach dem 11. September nicht mehr die gleichgültigen Narzissten, wie sie Allan Bloom beschrieben hatte. Die Katastrophe hat sie unter dem Sternenbanner in Trauer, in Hilfsbereitschaft, dann aber auch in Revanche-Geist und Trotz zusammengetrieben. Sie sehen wieder die Gemeinschaftsaufgabe Amerika vor sich. Der Zweifel an der gottgegebenen Überlegenheit ist rasch wieder verflogen. Zwar wird den UN mit längst fälliger Begleichung aufgelaufener Schulden unter die Arme gegriffen. Und die Länder des Westens werden gern in den entfesselten Krieg eingespannt, aber nirgends in ebenbürtiger Teilung der Verantwortung. Nach wie vor verweigert sich Amerika dem geplanten Internationalen Strafgerichtshof. Es entzieht sich den in Kyoto getroffenen Vereinbarungen zum Umweltschutz. Gegen das Votum nahezu der gesamten Weltgemeinschaft torpediert es die Konferenz zur Überprüfung des Verbots der biologischen Waffen, obwohl es gerade im eigenen Land eine Serie von Milzbrand-Anschlägen erdulden musste – mit Bazillen, die in einem heimischen Labor gezüchtet wurden. Und unverändert bilden die USA das Schlusslicht unter allen OECD-Ländern in der Hilfe für die armen Länder. Nur ganze 0,1 Prozent vom Bruttosozialprodukt bieten sie dafür auf, einen Bruchteil der Aufwendungen der übrigen 21 Staaten. Internationale Verpflichtungen werden nur anerkannt, wo sie Amerika nützen. Alle Einschränkungen der eigenen Selbstbestimmung werden verworfen. Unfassbar wird es für die meisten Amerikaner gewesen sein, als Benjamin Barber in dem besagten Brief an Präsident Bush ihnen ihre unvermeidliche Verletzbarkeit selbst aus den scheinbar ohnmächtigsten

Winkeln der Erde klar machte und sie zur Beherzigung des Prinzips der Gegenseitigkeit aufforderte. Umso leichter ging ihnen dann gewiss zu Herzen, als ihr Präsident ausrief: Wir sind doch so gut, wie können uns andere nur derart hassen?

So kann man sagen, dass die wieder erwachten sozialen Gefühle der Amerikaner sich einem Egozentrismus auf höherer Stufe unterordnen. Das amerikanische Selbst entfaltet wieder seine Integrationskraft. Überall prangt das Sternenbanner. Erst wenige Stimmen wagen sich mit selbstkritischen Fragen zu den Hintergründen des 11. Septembers hervor. Etwa der demokratische Senator Patrick Leahy mit der Überlegung: »Wir wären sicher nicht der große Satan, wenn wir Kindern in armen Ländern den Schulbesuch oder die notwendigen Impfungen ermöglichen würden.«

***

In Deutschland hat die Schockwirkung des 11. Septembers vorläufig eine Wandlung in der Befindlichkeit der Menschen überdeckt, die sich bereits deutlich bei einer neuen repräsentativen Gießen-Test-Studie zur Millenniumswende abzeichnete. Nach 1994 konnten wir jetzt zum zweiten Mal die Ostdeutschen in unsere Untersuchungen einbeziehen. Das Resümee vorab: Die durchschnittlichen Selbstbilder verraten wieder mehr Gefühle, Bindungsbedürfnisse und soziale Anteilnahme. Die anderen werden wieder wichtig.

Man will mehr dafür tun, dass Beziehungen dauerhaft halten. Verträglichkeit will man beweisen, Rücksicht üben. Im Unterschied zu 1994 geben die Deutschen zum Millennium an, dass sie

– weniger darauf aus sind, andere zu übertreffen,
– seltener in Auseinandersetzungen geraten,
– sich häufiger Sorgen um andere machen.

200

Sehr markant ist das Bedürfnis nach Wiedergewinn der verlorenen Nähe. Denn die Befragten

– wünschen sich engeren Anschluss an einen anderen;
– finden es leichter, langfristige Bindungen einzugehen;
– erleben sich liebesfähiger,
– auch attraktiver.

An ihre sozialen Aufgaben gehen sie, ihrem Selbstbild zufolge, mit größerem Ernst, also »erwachsener« heran. Es wird in den Feststellungen offenbar, dass

– sie sich mehr anstrengen,
– mehr Wert auf Ordnung legen,
– es mit der Wahrheit genauer nehmen. Zwei Punkte charakterisieren die Wandlung:

1. Die narzisstischen *Ich-Menschen* fühlen sich wieder mehr als *Wir-Menschen*. Sie suchen Nähe, wollen Gefühle austauschen, Liebe fühlen und insbesondere auch geben. Sie wollen miteinander gut auskommen.
2. Die unbekümmerte Unverbindlichkeit weicht. Verantwortungsbereitschaft wächst. Man will sich in langfristigen Bindungen bewähren, Ordnung schaffen, verlässlich sein.

Somit scheint sich bei den Deutschen wenigstens vorläufig nicht zu bewahrheiten, was der amerikanische Soziologe Richard Sennett in seiner Aufsehen erregenden Studie »Der flexible Mensch« befürchtet hatte, nämlich, dass sich die Menschen psychisch allmählich der Unstetigkeit und Unberechenbarkeit der ökonomischen Strukturen angleichen könnten. Denn die Wirtschaft benötige zunehmend Menschen, die sich nicht mehr festlegen dürfen, die sich vielmehr chamäleonartig umstellen können, die heute hier, morgen dort mit immer neuen Verrichtungen einsetzbar werden. Er fragte besorgt: »Wie bestimmen wir, was in uns selbst von bleibendem Wert ist, wenn wir in einer ungeduldigen Gesellschaft leben, die sich nur auf den unmittelbaren Augenblick konzentriert?« »Wenn es nichts Langfristiges mehr gibt, desorientiert das auf lange Sicht jedes Handeln, löst die Bindungen von Vertrauen und Verpflichtung und untergräbt die wichtigsten Elemente der Selbstachtung.«

Aber vielleicht ist es gerade diese ökonomische Nötigung zu unbegrenzter Flexibilität, gegen die sich die Menschen auflehnen, wenn sie – zumindest der Durchschnitt der Deutschen – gerade Verlässlichkeit, Dauerhaftigkeit von Beziehungen und Bindungen wieder groß schreiben. Sennett selbst hatte bereits gehofft, dass die Tendenz der kapitalistischen Ökonomie, die menschlichen Bedürfnisse nach Stetigkeit und Einwurzelung zu missachten, Widerstand produzieren werde. Er vertraute auf eine unumstößliche Erfahrung:

»Es ist eingestandenermaßen fast ein universelles Gesetz, dass das ›Wir‹ als Abwehr gegen Verirrung und Entwurzelung gebraucht wird.«

Aber das »Wir« kann sich entweder mehr nach einem »Anti« oder mehr nach einem »Pro« hin entwickeln. Im »Anti« überwiegt das defensive Moment, also das Wir gegen die anderen, die Fremden, die Bösen. Im »Pro« überwiegt soziale Offenheit, Vertrauen in die Gegenseitigkeit des Aufeinander-Angewiesenseins. In den zuletzt erhobenen durchschnittlichen Selbstbildern der Deutschen überwiegt das Prinzip des »Pro«. Vielleicht einer der Gründe dafür, dass der 11. September mehr Mitgefühl mit den leidenden als mit den rachebereiten Amerikanern weckte. Der pauschale Solidaritätsschwur des Bundeskanzlers ging darüber hinaus, was sich die Menschen als Hilfeleistung vorstellten. Nur knapp und unter Druck rang man sich im Regierungslager zum Entscheid für militärischen Beistand durch. Das Loyalitätsgebot machte Zähneknirschen, als es hieß, dass Dankbarkeit jede Kritik an den US-Streu- und Benzinbomben auf eines der ärmsten Länder der Welt verbiete. Kritikverbote sind das sicherste Mittel, um das zu züchten, was man verhüten will – im gegebenen Fall Antiamerikanismus.

***

Was in Teilen Europas und speziell in Deutschland das Unbehagen an der Ausuferung militärischer Gewalt gegen ein ohnehin schon ausgezehrtes und halb zerstörtes Land wachsen ließ, war zudem die Sorge, in eine neue unversöhnbare Spaltung der Welt hineingerissen zu werden, die als solche endlos weitere Gewaltbereitschaft begünstigt. Schon ist die Rede davon, dass die USA mit ihrer reinen Gewaltstrategie sich selbst sowie im Schlepptau den gesamten Westen einer endlosen Folge von islamistischem Terror aussetzen könnten, der auf jeden Militärschlag mit seinen eigenen Mitteln antworten würde. Es geht also nicht um ein Pro- oder Anti-Amerika. Sondern um die Arbeit an einer *Kultur des Friedens*, beginnend mit Anerkennung des Prinzips der Gerechtigkeit in der Regelung von Konflikten. Verwandelt sich die Terrorismusbekämpfung in eine Ausrottungsstrategie, reißt sie unweigerlich immer wieder Massen von Unschuldigen in ihre Aktionen hinein. Ganze Völker verlieren als ohnmächtige Geiseln ihrer Führer den Anschluss an den Zivilisationsprozess. Sie werden für ihre verantwortungslosen Unterdrücker bestraft, wie etwa die Iraker, wo die Weltgesundheitsorganisation und das Kinderhilfswerk der Vereinten Nationen das monatliche Sterben von rund 5000 kleinen Kindern an Folgen der Nachkriegssanktionen bestätigen.

Es muss eine Alternative im Abbau von Terror nach dem Muster des Versuchs von Nelson Mandela in Südafrika gewagt werden. Dort fand die Menschlichkeit einen Ausweg aus dem Zirkel der

Gewalteskalation. Wenn Menschen es wollen, können sie immer auf der Gegenseite andere Menschen finden, die mithelfen, noch so hoffnungslose Verfeindungen zu mildern und schließlich zu überwinden, was dem tragischerweise ermordeten Itzhak Rabin mit den Palästinensern beinahe gelungen wäre.

23.
Die Bewegung der Globalisierungs-kritiker-attac

Es gibt aber auch eine Hoffnung. Sie knüpft sich an eine ganz neue Bewegung vor allem, aber nicht ausschließlich junger Leute, die in aller Stille ein internationales Netzwerk aufgebaut haben. Man nennt sie Globalisierungskritiker, was so klingt, als wollten sie der Internationalisierung der Ökonomie und der Kommunikation in den Arm fallen – wie könnten sie das überhaupt? Nein, ihr Ziel ist ganz klar: Es darf bei der Globalisierung nicht länger so ungerecht zugehen wie bisher. Deren Gewinner dürfen nicht weiterhin einseitig die Starken zu Lasten der Schwächeren sein.

Die Massendemonstrationen in Seattle, Göteborg und Genua ließen zwar schon aufhorchen. Aber die Bilder täuschten. Die Oberfläche wilder Randalierer verdeckte eine Mehrheit von ernsthaft Engagierten, die durch ihre Präsenz die bloße Symbolik der Gipfelkonferenzen entlarven wollten, die bisher kaum bewirkten, was sie versprachen.

Die Kerngruppe der ernsthaften Kritiker nennt sich attac und hat sich in Windeseile von Frankreich aus bereits über 30 Länder verbreitet und zählte vor kurzem über 60 000 Mitglieder. Fast jede Woche bilden sich in Deutschland neue Regionalgruppen. Was wollen die attac-Leute? Schlicht – eine gerechtere Welt. Sie wollen die Spaltung überwinden, der im Globalisierungsprozess immer größere Massen von Benachteiligten zum Opfer fallen. Ein Hauptangriff richtet sich gegen internationale Institutionen, die von ihrer Struktur her deutlich mehr den Interessen des Geldes als den Bedürfnissen der Menschen dienen. Auf der Programmliste von attac stehen unter anderem die folgenden beachtlichen Forderungen: Einführung einer Steuer

auf Devisengeschäfte (Tobin-Steuer); Ausschaltung der Steueroasen (britische Cayman-Inseln, niederländische Antillen,
Liechtenstein, Honkong usw.), wo nach Schätzungen des Internationalen Währungsfonds (IWF) private Vermögen von *über
5 Billionen Dollar* gebucht sind; Entschuldung der armen Länder
und Umbau des Welthandelsrechts zu deren Gunsten; und vor
allem: Demokratisierung der Welthandelsorganisation (WTO),
des Internationalen Währungsfonds (IWF) und der Weltbank.
Ohne diese Reform werden die Exporteure und die Finanzindustrie der westlichen Länder, an der Spitze die USA, alle noch so
groß angekündigten Vorhaben zur Armutsbekämpfung behindern.

Bei attac denkt man grundsätzlich in der Perspektive der Gegenseitigkeit und der Fairness. Die Anschläge vom 11. September warfen hier spontan die Frage auf: Was hat der Terror mit
der Entweihung der heiligen Stätten des Islams in Saudi-Arabien und Jerusalem zu tun, mit der Unterdrückung der Menschen in diesen Regionen, mit der Spaltung der Kulturen? Niemand dachte daran, den Terrorismus zu entschuldigen oder
gar seine Bestrafung in Frage zu stellen. Aber die Sorge war,
dass ein gleich gegen mehrere Länder in Aussicht genomme-
ner Krieg neuen Hass, neues Zerwürfnis und eine große Tragödie nach dem Muster von Israel/Palästina in Gang setzen
könnte. Deshalb tat sich attac spontan mit Aktiven aus der Friedensbewegung zusammen. Ich selbst wurde eingeladen, den
attac-Kongress im Oktober 2001 in der Berliner Technischen
Universität mit einer Rede einzuleiten. So konnte ich an den
drei Kongresstagen zahlreiche Gespräche nutzen, um mir ein
Bild von den Ideen und Motiven der Teilnehmer zu machen.
Über 2000 neugierige und überwiegend hoffnungsvoll wirken-
de Leute drängten sich in der Aula und den Hörsälen. Viele
ganz junge, hier und da aber auch bekannte Veteranen der
Grünen, der Friedensbewegung und aus dem linken Spek-

trum. Alle fanden sich in den Konzepten von attac mitvertreten. Tatsächlich passt in die Idee einer gerechteren Welt sehr vieles hinein – Pazifismus, Menschenrechte, Frauenbewegung, Gewerkschaftsrechte, Umweltschutz. Die attac-Aktivisten zögern nicht, über ihr Kernprogramm hinaus verwandte Aspekte mit aufzunehmen, die sich allesamt zu dem Motto fügen, mit dem der Berliner Kongress überschrieben war: »Eine andere Welt ist möglich«.

Die Offenheit der Bewegung ist ihr Charakteristikum: Miteinander lernen, einander zuhören, sich nicht voreilig eingrenzen. Es den verschiedenen Regionalgruppen überlassen, sich innerhalb des Rahmens auf den einen oder anderen Schwerpunkt zu konzentrieren. Öffnung insbesondere auch für die Zusammenarbeit mit Opfern organisierten Machtmissbrauchs. So traten auf dem Berliner Kongress Vertreter der Landlosen aus Brasilien auf. Kooperiert wird auch mit den rebellischen Bauern Mexikos. Auf der anderen Seite hört man dem Ex-Finanzminister Oskar Lafontaine und dem offiziellen UN-Beauftragten Jean Ziegler, beide attac-Sympathisanten, sehr aufmerksam zu. Mit großem Interesse nimmt man auch Äußerungen von Spitzenleuten ausgerechnet aus dem Lager der Institutionen auf, die für attac besondere Angriffsziele bieten:

Da hält etwa Josef Stieglitz, Ex-Chefökonom der Weltbank, der internationalen Finanzindustrie ausdrücklich vor, die Asienkrise 1997/98, die über Millionen Armut gebracht hat, gezielt verschlimmert zu haben. Ganz im Sinne von attac klagt Horst Köhler, amtierender Chef des IWF: »Die extremen Ungleichgewichte in der Verteilung der Wohlfahrtsgewinne werden mehr und mehr zu einer Bedrohung der politischen und sozialen Stabilität.« Und Weltbank-Chef Wolffensohn fand scharfe Worte für den Abwärtstrend in der Entwicklungshilfe. Ein Verbrechen nannte er diesen Kurs. In einer seiner zentralen Forderungen hätte attac sogar den seinerzeitigen Vorstandschef der Deutschen Bank, Alfred Herrhausen, an seiner Seite gehabt. Der forderte die radikale Entschuldung der armen Länder. Gerade als Herrhausen sich dadurch mit seinen Vorstandskollegen überwarf, wurde er absurderweise von RAF-Terroristen umgebracht. Hätte er überlebt und sich in seinem Amt gehalten, würde man ihn heute in der Reihe der hochrangigen Kronzeugen finden, die attac in wichtigen Punkten bestätigen.

Man sieht: Die Globalisierungskritiker befinden sich in einer ganz anderen Lage als die antikapitalistischen Rebellen Ende der 60er. Sie rennen nicht gegen die unentbehrlichen Institutionen zur Steuerung der Globalisierung an, noch weniger gegen die Führungsfiguren. Denn hier treffen sie eben auch auf solche, die gern im Sinne ihrer Kritiker mehr täten, wenn sie nur könnten. So spricht Harald Schumann, Co-Autor von »Die Globalisierungsfalle«, sinnigerweise vom *»Protest gegen die Ohnmacht der Mächtigen«*. Befreit vom Ministeramt kann Lafontaine offen sagen, was er denkt. Es nimmt da auch nicht wunder, dass Ministerpräsident Jospin und Kanzler Schröder schon auch mal ein Wort fallen lassen, dass es sich über eine Besteuerung von Devisengeschäften nachzudenken lohne. Aber mehr wird daraus vorerst kaum werden, weil der Druck aus der Öffentlichkeit lange noch nicht ausreicht, um nachdenklichen Mächtigen aus ihrer relativen Ohnmacht herauszuhelfen.

Attac will nicht wie die 68er oder deren militante Nachfolger in der RAF den Kapitalismus stürzen, aber ihn reformieren, ihn humanisieren. Dazu sucht man sich konkrete Missstände aus, an denen man praktisch ansetzen kann. Ähnlich wie die soziale 70er-Bewegung achtet attac darauf, sich in den eigenen Strukturen an die Prinzipien zu halten, nach denen man die kritisierten Institutionen verändern will. Um Mitbestimmung nicht einzuengen, behilft man sich in der Leitung mit einem Koordinations-Ausschuss – vorläufig. Die Etablierung eines Vorstands-regimes hat man hinausgeschoben, sich auch nicht gleich als Verein eintragen lassen. Man will sich auch nicht an Vordenker hängen. Die Idee ist die gleiche wie in der sozialen 70er Bewegung: Wir alle wollen mitdenken. Wir wollen denen zuhören, die versuchen, unsere Ziele zu formulieren, und darüber diskutieren, welche Schwerpunkte wir uns setzen wollen. Aber wir suchen keine Ideologie. Wir sind uns einig, dass wir eine gerechtere Welt wünschen, und da fehlt es uns nicht an Punkten für Handlungsansätze.

Aber wie kann man erklären, dass sich die jungen Leute an einem scheinbar so allgemeinen und abstrakten Thema wie Gerechtigkeit ereifern? Die Grünen hatten um sich die verschandelte Natur – Ausrottung der Arten, überall Schadstoffe, sterbende Wälder usw. Die Friedensgruppen hatten die Atomraketen und einen drohenden Krieg mit diesen Waffen vor Augen. Aber was die Weltbank und der Weltwährungsfond tun und warum das z. T. so falsch ist, was sie tun, das ist doch vielen jungen Leuten, die zu den Globalisierungskritikern stoßen, zunächst kaum bekannt. Sie müssen sich erst bilden, um zu verstehen, wofür sie sich eigentlich engagieren. Aber das tun sie dann ja auch in großer Zahl mit viel Fleiß und Energie. Dennoch: Was ist es, das sie erst einmal anfeuert? Dass die Armen immer ärmer und die Reichen immer reicher werden, das wissen doch längst alle. Dass in Teilen der Welt die Schwächeren wehrlos ausgebeutet werden, weil die gewerkschaftlichen Rechte nicht globalisiert sind, ist auch bekannt und nicht neu. Dass die normalisierte kriegerische Gewalt mehr zerstört, als nachträglich wieder aufgebaut wird, und dass sie in der Regel der schutzlosen Zivilbevölkerung viel mehr Leid bringt als den bekämpften Schuldigen, ist auch geläufig. Woher kommt nun die enorme Anziehungskraft für die neue Bewegung, gerade jetzt?

Offenbar nicht durch dramatische äußere Ereignisse. Sondern aus dem Innern des Menschen. Die spüren – oder hören es sogar, wie erwähnt, aus dem Mund hoher Verantwortlicher, dass den Oberen das Steuer der Geschicke mehr und mehr aus den Händen gleitet. Das sich ausbreitende Misstrauen gleicht demjenigen der Kinder, die sich der Verlässlichkeit ihrer Eltern nicht mehr sicher fühlen. Schon seit geraumer Zeit belegen alle einschlägigen Studien, dass sich die Jugend vom offiziellen Politikbetrieb zunehmend abgestoßen fühlt. Sie sehen die Arbeit an den echten Problemen der Menschen ständig überschattet von taktischen Geplänkeln und Heucheleien. Sie erleben, wie Politiker auf jeder höheren Stufe der Karriereleiter ein Stück mehr von Aufrichtigkeit und Überzeugungsfestigkeit aufgeben. Man ahnt den Druck der korrumpierenden Lobbys, erkennbar an einer neuerdings schon gepriesenen Flexibilität von Führungsleuten – Flexibilität im Wortsinn des Sich-hin-und-her-Biegens und Biegen-Lassens. Seit vielen Jahren gibt die Jugend bei repräsentativen Erhebungen auf die Frage, ob die Politiker wüssten, wie die Menschen fühlten und dächten, mehrheitlich die Antwort: Nein. Aber die Konsequenz lautete lange Zeit nur: Dann müssen wir eben selbst sehen, wo wir bleiben. Um den Politikbetrieb kümmern wir uns nicht. Aber das hat sich nun geändert. Politik wird wieder wichtig. Aber nicht das Gerangel der Parteien oder wer kandidiert und wer nicht. Sondern man denkt gleich an das Ganze und stellt fest, dass sich nichts wesentlich bessern kann, wenn die Prinzipien der Globalisierung nicht den Bedürfnissen der Menschen entgegenkommen. Wenn z. B. die Gewinne der Globalisierung vielfach nicht reinvestiert werden, sondern in die Finanzmärkte abfließen, weil es profitabler ist, das Geld dort arbeiten zu lassen als etwa neue Arbeit für Menschen zu schaffen.

Gerechtigkeit soll herrschen. Aber die kann man nicht schaffen, wenn man sie nicht in sich hat. Wenn man nicht von ihrer Unerlässlichkeit durchdrungen ist. Und da kommt man nun dem

Verständnis der Motive des neuen Aufbegehrens näher. Man kann in diesem, so scheint es mir, Anzeichen eines Einstellungswandels lesen, der aus dem Innern der Einzelnen kommt. Nach dem jahrzehntelangen Trend zur Ich-Gesellschaft spüren die Menschen wieder stärker ihren Zusammenhang. Was wir in unserer letzten Deutschland-Umfrage des Gießen-Tests fanden, die Wiederbesinnung auf soziale Bedürfnisse und Gemeinschaftswerte, erweitert sich in den Köpfen der engagierten Globalisierungskritiker zu einer das Ganze umfassenden Vision. Es ist ein und dasselbe innere Menschenbild, das den Maßstab für das Gemeinschaftsleben im Kleinen wie im Großen liefert. In einer wachsenden Zahl überwindet ein unermittelbares Zusammengehörigkeitsbewusstsein das egozentrische Denken. Die im Aufbruch befindlichen jungen Leute können sich selbst gar nicht anders denken als in einer Existenz der Gegenseitigkeit bzw. der wechselseitigen Abhängigkeit. Sie raffen sich nicht zu einem moralischen Edelsinn auf, wenn sie die Sache der Landlosen in Brasilien zu ihrer eigenen machen. Es ist keine altruistische Selbstüberwindung, sondern sie fühlen sich mit sich selbst schlicht besser im Einklang, wenn sie sich für ihr Gerechtigkeitsgefühl einsetzen. Es ist überhaupt vor allem ein »Für«, das sie leitet. Die ruhige Sicherheit, die sie ausstrahlen, kommt aus diesem »Für«.

Viele von denen, die sich bei attac finden, bringen nach meinem Eindruck anfangs vor allem diese Hoffnung mit, für sich einen Sinn zu finden im Einsatz für Gerechtigkeit in einer Welt, die von der Rivalität eines letztlich ziellosen Erfolgswettbewerbs angetrieben wird, in dem alle nur aufpassen müssen, mitzuhalten und nicht verloren zu gehen. Dem Sog dieses im Grunde unfriedlichen Gegeneinanders zu entgehen und stattdessen daran mitzuhelfen, eine Kultur der Fairness zu fördern, das gibt den Menschen Auftrieb. Und so kommen sie, weil sie lernen wollen, wie sie sich dabei nützlich machen können.

Ohne sie meist zu kennen, beherzigen die jungen Leute die berühmte Theorie des Amerikaners John Rawls, die man als den wichtigsten Beitrag zur politischen Ethik des 20. Jahrhunderts bezeichnet hat: Das gesellschaftliche Wohl hängt nicht von beliebiger Befriedigung der Einzelnen ab, sondern davon, dass diese sich mit ihren Bedürfnissen nach den Grundsätzen der Gerechtigkeit richten. Die Philosophen David Hume und Adam Smith hatten sich mit der Frage beschäftigt, welchen Anteil Gefühl und Vernunft zur Hervorbringung der Tugend Gerechtigkeit beisteuern. Natürlich reichen für die Entscheidungen in den verwickelten Verhältnissen des Lebens Gefühle nicht aus. Zur vergleichenden Wertung der Gefühlsmomente muss klärende Vernunft hinzukommen. In letzter Instanz aber, lehrte Hume, verdanken die Willensentscheidungen für Gerechtigkeit den Gefühlen der Sympathie und nicht rationaler Überlegung ihre Durchschlagskraft. Ähnlich machte dann Schopenhauer die Sympathie, von ihm zu Mitleid eingedeutscht, zur Grundlage der Tugend der Gerechtigkeit. Nur der Rationalist Max Weber, auf den sich später der deutsche Kanzler Helmut Schmidt so gern bezog, konstruierte wieder einen unseligen Gegensatz zwischen Gesinnungs- und Verantwortungsethik, so als sei der Verantwortungssinn nicht schon selbst gefühlsmäßig verankert und nur eine Sache rechnerischer Abwägung. Dagegen kehrt nun der amerikanische Philosoph Rorty wieder eindeutig zu Hume und Schopenhauer zurück – mit folgenden eindrücklichen Aussagen in »Hoffnung statt Erkenntnis«:

Von seinem Standpunkt aus »beruht der moralische Fortschritt nicht auf einer Zunahme der Rationalität. Er beruht also nicht auf einer allmählichen Verminderung des Einflusses von Vorurteilen und abergläubischen Ansichten, durch die wir die Möglichkeit erhalten, unsere moralische Pflicht klarer zu sehen. Er beruht auch nicht auf dem, was Dewey eine Zunahme der Intelligenz nennt, also die immer größere Fähigkeit, Handlungsweisen zu ersinnen, die zu gleicher Zeit viele widerstreitende Forderungen erfüllen. Die Menschen können in diesem Sinne höchst intelligent sein, ohne dass ihr Mitgefühl weit reicht. Es ist weder irrational noch unintelligent, die Grenze der eigenen moralischen Gemeinschaft so zu ziehen, dass sie mit einer Grenze des Volkes, der Rasse oder des Geschlechts zusammenfällt. Es ist jedoch unerwünscht – in moralischer Hinsicht unerwünscht. *Daher ist es am besten, den moralischen Fortschritt im Sinne zunehmender Sensibilität und wachsender Empfänglichkeit für die Bedürfnisse einer immer größeren Vielfalt der Menschen und der Dinge zu begreifen.«*

Diese Auffassung, der ich mich selbst voll anschließe, passt auf die inneren Antriebe, die als Motor in einem Großteil der jungen Leute wirksam zu sein scheinen, die zu den Globalisierungskritikern stoßen. Es ist eine erwachte soziale Sensibilität, die sie in der Absicht eint, die Welt gerechter zu machen, so weit der Horizont ihrer Empfindsamkeit reicht, und der erstreckt sich nun, wie sich zeigt, auf den Gesamtbereich der Globalisierung.

***

Die neue Bewegung hat die Öffentlichkeit genauso überrascht wie manche sozialwissenschaftliche Experten. Dennoch sollen die Letztgenannten der Öffentlichkeit klar machen, was von der Sache zu halten sei. Die Deutsche Presseagentur hat einige befragt. Manche Antworten klingen eher wie solche auf einen projektiven Test. So findet der Züricher Philosoph Hermann Lübbe bei den Globalisierungskritikern u. a. »residuale Spätmarxisten, emanzipationsgeschädigte Jugendliche, ein paar kulturkritisch gestimmte Altkonservative«, ferner »Subjekte eines insbesondere kontinentaleuropäisch verbreiteten USA-Ressentiments«. Peter Glotz, inzwischen Professor für Medien und Gesellschaft in St. Gallen, entdeckt eine »Regenbogen-

Koalition«, in der katholische Gruppen neben Feministinnen, Schwulen und Dritte-Welt-Gruppen mitmischten.

Man sieht, mit Etikettierungen ist man schnell bei der Hand. Tatsächlich sind die meisten Aktiven der neuen Bewegung ganz normale junge Leute, die sich erstmalig politisieren und auf keine Weise ideologisch vorgeprägt sind. Gerade aber Ideologie, und zwar eine solche, die gewisse Ähnlichkeiten mit dem Nationalsozialismus habe, nämlich mit dessen Frontstellung gegen die »westliche Plutokratie«, diagnostiziert der konservative Bonner Politologe Karl Dietrich Bracher. Er hofft auf die Möglichkeit, dieser veränderten oder auch gesteigerten Variante der 68er mit Aufklärung und Vernunft entgegentreten zu können, während Lübbe rät, die Sache gar nicht so ernst zu nehmen und sie eher als Marginalität abzutun.

Andere sehen das Anliegen und die Bedeutung der Bewegung m. E. ungleich realistischer, so der Bielefelder Sozialhistoriker Hans-Ulrich Wehler: Wenn die konservativen Neoliberalen weiterhin ein glaubwürdiges internationales Regelwerk zur Vermeidung von tief greifenden Verarmungsprozessen verhinderten, dann werde der Protest mit Sicherheit bald noch beträchtlich zunehmen. Genauso urteilt Oskar Negt, Soziologe und Philosoph aus Hannover. Die Wucherungen kapitalistischer Globalisierung erzeugten einen »rebellischen Rohstoff« von historisch neuer Qualität und verbesserten die Chancen von Emanzipationsbewegungen, die freilich für das System noch keine bedrohliche Macht bedeuteten.

Auch von den Kirchen kommen Zeichen von Sympathie. Manfred Kock, Vorsitzender des Rats der Evangelischen Kirche, zählt die meisten Kirchen zu den so genannten Globalisierungsgegnern. Der prominenteste sei der Papst. Kardinal Lehmann, Vorsitzender der Deutschen Bischofskonferenz, verweist auf 1968. Die internationale Ökonomie und Politik müssten sich viel grundsätzlicher den Problemen politischer, ökologischer und kultureller Entgrenzung stellen. »Es entsteht eine neue soziale Weltbewegung, und das ist gut so!«, lautete das lapidare Urteil des CDU-Politikers Norbert Blüm.

Die meisten der Befragten hatten wohl noch kaum Gelegenheit, die Gruppen der Globalisierungskritiker näher kennen zu lernen. Dass diese möglichst marginal bleiben sollten, lässt sich bei Bracher und Lübbe heraushören. Die anderen scheinen insofern weitgehend einig, dass die Art, wie der »sich imperial ausbreitende Kapitalismus« die Globalisierung beherrscht, eine Gegenbewegung selber produziert. Denn die Widerstandsformen wachsen, wie Oskar Negt treffend feststellt, »gerade in den Modernisierungsmilieus«. Selbst wenn es attac nicht gäbe, müsste – das wäre der Schluss – irgendein ähnlicher Protest auf dem von den Verirrungen der Globalisierung produzierten Nährboden ohnehin wachsen. Aber nun ist schon etwas gewachsen. Und um die Stabilität des immer noch weiter zunehmenden Widerstandes einschätzen zu können, reicht es nun doch nicht aus, den ihn hervorbringenden ungezügelten globalen Turbokapitalismus zu betrachten. Sondern dazu bedarf es der näheren Kenntnis des Typs der Jugend, der die Hauptantriebskraft der Bewegung bildet. Und da führen die genannten, z. T. ganz falschen Klischee-Diagnosen in die Irre. Die Gruppen sind keine Ansammlungen von emanzipationsgeschädigten Ideologen, Amerika-Hassern oder Mitgliedern diskriminierter Minderheiten. Im Unterschied zu den 68ern, mit denen man sie gern vergleicht, sind sie zum großen Teil keine von antiautoritärem Hass besessene Rebellen, sondern überwiegend sehr besonnene, lernbereite junge Leute mit dem zuvor beschriebenen Merkmal einer kritischen sozialen Sensibilität, aber zugleich zu engagierter Einmischung fest entschlossen. Das ist, was die Prognose der Durchhaltefähigkeit anbetrifft, von erheblicher Bedeutung. Denn wenn viel Hass von innen kommt, dann wird das Aufspüren, jagen und

Demolieren von Gesellschaftsfeinden zu einem Antrieb, der seine weiter reichenden politischen Ziele aus dem Auge verliert. Und die Faszination der Macht, gegen die man zu Felde zieht, führt durch Verinnerlichung leicht zum späteren Schwenk auf die Gegenseite – Beispiele solcher Ex-68er sehen wir täglich im Rampenlicht. Denen blieb früher von den unentbehrlichen Feinden schließlich nur noch die prügelnde Polizei stellvertretend für die verhasste Staatsmacht übrig. Heute wünschen sich manche Alt- und nun Neu-Prominente mehr von dem Überwachungsstaat, dem sie damals mit der Revolution den Garaus machen wollten.

Wenn attac als Kerngruppe der Globalisierungskritiker das Heft in der Hand behält, kann man erwarten, dass die neue Bewegung weder als flüchtiges Strohfeuer verlischt noch – von Randerscheinungen abgesehen – in radikale Militanz ausartet. Die Spaltungsmechanismen der derzeitigen Form der Globalisierung arbeiten zu offensichtlich, als dass der Bewegung ihre Anhänger bald wieder davonlaufen könnten. Viel wird indessen auch von dem Grad der Unterstützung abhängen, die im Lager der Gegenseite die einsichtigen »ohnmächtigen Mächtigen« für sich noch werden gewinnen können.

24.
Afrika, Aids und eine Hoffnung*

Wer es absonderlich findet, dass sich neuerdings eine Bewegung junger Leute über die Ungerechtigkeiten in unserer scheinbar wohlgeordneten Welt auffallend aufregt, dem wird die Gegenfrage kaum in den Sinn kommen, die da lautet: Wie kann man nur so abgebrüht und zynisch sein, sich *nicht* darüber aufzuregen, dass es die westliche Zivilisation entgegen allen Beteuerungen so wenig fertig gebracht hat, die Welt wirklich nach den Prinzipien Ebenbürtigkeit und Gleichberechtigung zu ordnen?

Beispiel Afrika. Ein Kontinent mit Völkern, die durch Kolonialherrschaft und Einbruch der Verwestlichung ihre alte Identität verloren haben und nun um eine neue ringen. Was sie brauchen, ist Hilfe. Das weiß der Westen. Aber der rührt sich erst, wenn die Not so laut zum Himmel schreit, dass es mit der Verdrängung nicht mehr so recht klappt. 10 Milliarden Dollar müssten jährlich in die Länder südlich der Sahara fließen, um dort die weitere Verarmung aufzuhalten. Das fordert Rubens Ricopero, Generalsekretär der UN-Konferenz für Handel und Entwicklung (UNCTAD). Stattdessen registriert er einen Rückgang der auswärtigen Hilfe, weiterer Zuwachs der Auslandsschulden, Verfall der Rohstoffpreise, vor allem aber die fortgesetzte Praxis der reichen Länder, durch Spitzenzölle den afrikanischen Export von landwirtschaftlichen Produkten, Rohstoffen und Fertigwaren (vor allem Textilien) zu behindern.

---

* Wichtige Informationen zu diesem Kapitel verdanke ich meinem Sohn Dr. Clemens Richter, der an Planung, Organisation und Fortbildung der National Aids Control Programme von Tansania beteiligt ist.

Allein die Liberalisierung der westlichen Agrarmärkte würde den Afrikanern Export-Mehrerlöse von über einer Milliarde Dollar verschaffen, heißt es im UNCTAD-Bericht. Immer wieder versprechen die Industrieländer, so kürzlich wieder auf der UN-Rassismus-Konferenz in Durban, den Afrikanern zu einem Abbau ihrer Schuldenlast zu verhelfen. Aber wann und in welchem Umfang, darauf wollte man sich wieder nicht festlegen, laut Bericht von Jean-Pierre Kap in der »Süddeutschen Zeitung«. Wen wundert's, dass die Wechselwirkung von ökonomischer Misere und psychischer Verfassung der Menschen in diesen Ländern die Selbsthilfekräfte nicht gerade fördert? Natürlich kann man auch mit dem Finger auf Korruption, Organisationsdefizite und schleppende Modernisierung der Produktionsverhältnisse weisen. Aber man bedenke das Ausmaß der Not, die auf das Stimmungsklima drückt. Und man berücksichtige ein aktuelles Problem, das als zusätzliche Riesenlast die Menschen in Afrika beschwert: Aids.

Jeder neunte Mensch ist in Südafrika infiziert, in der produktiven Altersgruppe zwischen 15 und 45 ist es jeder vierte. Insgesamt zählte man im Jahr 2000 4,7 Millionen, davon 66 000 infizierte Kleinkinder. Mehr als 25 Millionen südlich der Sahara tragen das HIV-Virus in sich. 12 Millionen Aids-Waisen leben zumeist in verwahrlostem Zustand als Straßenkinder. 10 Milliarden Dollar pro Jahr hält UN-Generalsekretär Kofi Annan für nötig, um Aids in Afrika einzudämmen. Zugesagt bekommen hat er bisher gerade mal 1,9 Milliarden. Für den »Global Aids and Health Fund« haben die Vereinigten Staaten ganze 300 Millionen Dollar gespendet. Man vergleiche: 40 Milliarden hat sich Präsident Bush auf einen Schlag zum Kampf gegen den Terrorismus vom Kongress bewilligen lassen.

In den Industrieländern können HIV-Infizierte inzwischen – dank der Entwicklung wirksamer Präparate – über lange Zeit bei vollen Kräften weiterleben. Hier ist das Geld für die teure Therapie vorhanden. In Afrika mussten die Menschen bisher ohne Behandlungsmöglichkeiten sterben. Aber dieser Notstand ließ sich auf die Dauer nicht ähnlich vertuschen wie das verordnete Kindersterben im Irak. Aids ist als globales Problem in aller Bewusstsein. Die Seuche wütet außer in Afrika in lateinamerikanischen Ländern, in Asien, neuerdings auch in Osteuropa. Es bildete sich nun so etwas wie eine große Koalition der Armen gegen die großen Pharmakonzerne, die sich zur Verteidigung ihrer hohen Preise auf ihre Patente beriefen und sich zu einem gigantischen Prozess rüsteten, als eine indische Firma die Aids-Präparate weit unter dem offiziellen Preis verkaufte und als die brasilianische Regierung die Aids-Mittel gratis verteilte. Unter allen Umständen wollten die Konzerne ein südafrikanisches Gesetz zu Fall bringen, das unter Umgehung von Patentrechten die Einfuhr und Produktion von Billigpräparaten erlaubt.

Die Folge war eine spektakuläre Konfrontation: Auf der einen Seite das Patentrecht der kapitalistischen Ordnung, auf der anderen Seite der Anspruch auf menschliche Gerechtigkeit, nämlich auf Abwendung von Leiden und Sterben für ganze Völkerschaften, verordnet von der Macht des Geldes. Die Konzerne waren siegessicher. Aber es formierte sich ein wachsender moralischer Widerstand. Die Organisation »Ärzte ohne Grenzen« protestierte. Wichtige Medien verteidigten das mutige südafrikanische Gesetz. In jenem Land waren es vor allem zwei prominente HIV-Infizierte, die mit Kampagnen die Öffentlichkeit mobilisierten. Es waren Edwin Cameron, Richter am Obersten Gericht, und der Video-Händler Zackie Achmat, der selber demonstrativ Billigpräparate aus Thailand nach Südafrika schmuggelte. Er war es auch, der einen Massenprotest vor dem Parlament in Kapstadt organisierte und die »Treatment Action Campaign« gründete, die

219

ein gewaltiges Echo hervorrief. Viele sagen heute, es sei das Verdienst von Zackie Achmat, dass die um ihr Image besorgten Pharma-Konzerne schließlich nachgaben. Das Recht auf Leben hat über das Patentrecht gesiegt. Die Konzerne Abbott, GSK (Glaxo Smith Kline), BMS (BristolMyers Squibb), MSD (Merck Sharp & Dohme) sowie Boehringer Ingelheim geben ihre Präparate nunmehr unter Auflagen stark verbilligt an die armen Länder ab. La Roche unterstützt zumindest gezielt eine Reihe von Projekten.

Bemerkenswert ist nun, wie in einer Reihe afrikanischer Länder neue Hoffnung aufsteigt. Auf einer kürzlichen Aids-Tagung in Burkina Faso berichtete man über intensive Anstrengungen vieler Gruppen, die jetzt mögliche Pharma-Therapie neben verstärkter präventiver Aufklärung sorgfältig zu organisieren. Denn es genügt ja nicht, die Präparate billig in die Länder zu bekommen. Die Apotheken und das medizinische Personal müssen geschult werden. Die nationalen Gesundheitssysteme haben wichtige koordinierende Aufgaben zu übernehmen.

Tansania, wo über zwei Millionen Aids-Infizierte leben, hat z. B. die Realisierung eines differenzierten »National Aids Control Programme« in Angriff genommen. Personal wird zum Teil in Kooperation mit holländischen Kliniken mit Unterstützung des holländischen Staates fortgebildet. NGOs, Nichtregierungsorganisationen, beteiligen sich. Am erfreulichsten aber ist das Anwachsen von Zuversicht in den am schwersten heimgesuchten Ländern, der tödlichen Plage nicht länger hoffnungslos ausgeliefert zu sein. Spürbare Erfolge werden noch auf sich warten lassen. Und es ist nur zu hoffen, dass u. a. unter dem Einfluss der neuen globalisierungskritischen Bewegung der Westen damit aufhört, Afrika wie eine bankrotte Firma zu behandeln und stillschweigend abzuschreiben. Wiederum ist es eine Probe, wie die Gerechtigkeitsbewegung der

Globalisierungskritiker zu einem Bewusstseinswandel beitragen kann. Die konstruktive Lösung des Konflikts mit der Pharmaindustrie zeigt, dass die Macht der Moral gegenüber der Macht des Geldes nicht chancenlos ist. Die Pharmaindustrie muss verdienen, damit sie Mittel wie die Anti-Retroviral-Präparate gegen Aids in der Forschung entwickeln kann. Aber wenn eine Krankheit wie Aids sich als eine terroristische Geisel über die Welt verbreitet, dann trägt die Industrie eine wichtige Mitverantwortung zum Schutz des Lebens aller. Ob die Vorstände der fünf Konzerne nun eher dem Druck von außen oder eigenen Gewissensbedenken gefolgt sind – wichtig ist das Signal, dass Gerechtigkeit nicht nur als ohnmächtige Idee dasteht und dass zivile Widerstandsinitiativen nicht immer auf verlorenem Posten kämpfen müssten.

Der erste Lichtblick im Falle der Aids-Bekämpfung heißt freilich noch nicht, dass das westliche Gewissen energischer für die Rettung Afrikas zu schlagen begonnen hätte. Vielleicht kann die neue globalisierungskritische Bewegung helfen, das westliche Bewusstsein nachhaltig aufzurütteln. Nur dann werden die Appelle Kofi Annans und Rubens Ricoperos die Unterstützung finden, die sie nötig haben.

25.
Die Frauen und der männliche Gotteskomplex

Gegen Ende einer Rede über »Pessimismus heute« 1971 in Frankfurt sagte der Philosoph Max Horkheimer: »Mit theoretischem Pessimismus könnte eine nicht unoptimistische Praxis sich verbinden, die, des universalen Schlechten eingedenk, das Mögliche trotz allem zu verbessern sucht.« So könnte man auch die Ausführungen dieses Buches verstehen. Pessimistische Befürchtungen weckt in der westlichen Kultur das immer noch vorwiegende Bestreben, über das menschliche Maß hinauswachsen zu wollen und alle Erfolge des Bemächtigungswillens als Rechtfertigung dieser Tendenz zu loben. Doch diese »Fortschritte« entfremden den Menschen immer weiter von sich selbst und von seinen sozialen und natürlichen Verbindungen. Er verwechselt sich überheblich mit seinen grandiosen technischen Prothesen und erkennt sich als das zerbrechliche, bindungsbedürftige Wesen, das er eigentlich ist, nicht mehr wieder. Dass er seine manische Selbsterhöhung mit der Erniedrigung und Entwertung der anderen erkauft, die zu überholen sein ständiges Bestreben ist, beschwert ihn nicht. Dies zu beobachten, lässt pessimistische Befürchtungen aufkommen, weil eine Korrektur dieses Kurses außerordentlich schwierig ist. Der Bruch mit Gott eröffnet, so scheint es, vielen keine andere Erlösung mehr als die durch sich selbst bzw. durch die egomanische Erwartung, mit ewigem Machtfortschritt irgendwann eine unendliche Freiheit erringen zu können, etwa nicht mehr altern zu müssen und alle leidbringenden Ursachen beherrschen zu können.
Es ist genau die krankhafte Illusion, vor der Pascal vor dreieinhalb Jahrhunderten gewarnt hatte, als er vorhersagte, dass die

Menschen im Drang nach dem Unendlichen einen gewaltig aufragenden Turm bauen würden, der schließlich zusammenbrechen müsste. Wer denkt da nicht an die gerade eingestürzten Türme im Land der scheinbaren Unbegrenztheit?

Um dem Pessimismus zu widersprechen, hat sich der vorliegende Text an die Hoffnungen einer historischen und einer aktuellen Gegenströmung angeheftet, teils aus der Sicht des Betrachters, teils aus derjenigen eines engagierten Beteiligten »in nicht unoptimistischer Praxis«. In den vorliegenden Ausführungen wird man immer wieder ein Plädoyer für die Zuversicht herausgehört haben, dass den noch so mächtigen Gegenkräften am Ende dennoch eine fortschreitende Humanisierung abgerungen werden könnte. Der gefährlichste Widerstand kommt von der zu einem Glauben verhärteten Phantasie her, nirgends mehr aufgefangen, getröstet, versöhnt werden zu können, weil man aufgebrochen ist, keine Macht mehr über sich zu dulden. Nun weiß man nicht mehr, wen man noch anrufen könnte. Auf dem Wege des »Gotteskomplexes« hat man viele Arten von Mut erprobt: die Überwindung jeglicher psychischer Abhängigkeit und physischer Schwerkraft. Man ist ähnlich wie der Hans im Märchen ausgezogen, der das Fürchten lernen wollte – diesmal aber, um die Furcht endgültig zu besiegen. Je mehr indessen das Gefühl von der Vergeblichkeit dieses Bemühens anwachsen muss, um so hektischer steigert man das Tempo des Wettlaufs, als könnte oder müsste gerade diese heute lebende Generation noch das Ziel der unverletzbaren Omnipotenz erreichen, was eigentlich gar kein inhaltlich definiertes Ziel ist, denn das Vorne-an-Sein in dem Rennen ist schon alles, was man erstrebt. Es gibt gar keine ausgefüllte Phantasie des Ziels zum Gewinn höchster Genugtuung, eines erlösenden Glücks. Nur den anderen voraus sein, daher auch der zitierte unausrottbare Zwang zum Doping in jeder nur denkbaren Form.

Ein Rezept, das der alte Freud 1930 zur Sicherung des kulturellen Fortschritts vorgeschlagen hatte, war sicher das denkbar falscheste, nämlich dass die zur Kulturarbeit prädestinierten Männer sich möglichst die liebeshungrigen und familiengebundenen Frauen vom Halse halten sollten, um die eigene Energie für kulturelle Tätigkeit zu sparen. Vielmehr ist, wie unlängst auch die Shell-Jugend-Studie ergeben hat, gerade die vorrangige Wertedimension, die man unter dem Titel Menschlichkeit subsumieren kann, eine ausgeprägte Frauendimension. Die von den Shell-Forschern dazu erfragten Einstellungen beziehen sich auf:

– Hilfsbereitschaft gegenüber anderen,
– teilen und abgeben können,
– das Anderssein von Menschen akzeptieren,
– sich für die Gesellschaft einsetzen
– und offen sein für andere Kulturen.

Das heißt: Mehr als die Männer bergen die Frauen die Leitvorstellungen für eine weniger egozentrische, dafür sozial offenere und sensiblere Einstellung in sich. Das bestätigt nur, was man zwar längst weiß, aber nach dem Kriterium des idealisierten männlichen Bemächtigungswillens nur negativ eingestuft hatte.

Freuds Rezept findet heute schwerlich noch offen eingestandene Sympathie. Frauen machen Karriere in Wirtschaft, Wissenschaft, Politik und zum Teil in der Kirche, obwohl sie, wo immer sie auch amtieren, von der politischen Durchsetzung der gerade beschriebenen humanistischen Wertedimension noch weit entfernt sind, erst recht jetzt, da die Normalisierung des Kriegsgeistes wieder gefeiert und der Begriff Verantwortung täglich zur moralischen Legitimierung von Militäreinsätzen missbraucht wird.

Es reicht nicht aus, dass Frauen vermehrt in Führungspositionen aufsteigen, wenn sie nicht gleichzeitig die mit ihnen besonders verbundene Wertewelt auf der Karriereleiter mit nach oben nehmen können. Gelingen dürfte ihnen das auf Dauer nur, wenn auf der anderen Seite immer mehr Männer den Mut aufbringen, sich der eigenen unterdrückten und entwerteten Sensibilität als Richtschnur für ihr Planen und Handeln anzuvertrauen. Denn nur die »Vernunft des Herzens«, von der Pascal sprach, liefert die letzten Maßstäbe für die Humanisierung des Zusammenlebens in Gerechtigkeit, genau wie neuerdings Richard Rorty einzig die steigende Reichweite des Mitfühlens als Bedingung für jeden moralischen Fortschritt nennt. Man sollte sich vermehrt Frauen und Männer zum Vorbild nehmen, die unter der Leitvorstellung Gerechtigkeit sowohl mitfühlen wie kämpfen können. Unter den Mitgliedern der Basisbewegungen für Frieden, Umwelt und Gerechtigkeit scheint dieser Typ immerhin an Einfluss zu gewinnen.

***

Vermutlich war der Psychoanalytiker Erik H. Erikson – einer der wenigen seines Faches, der sich auch politisch engagierte – auf der Suche nach Vorbildern, als er mehrere Jahre dem Studium der Biographien von Martin Luther und Mahatma Gandhi widmete. Jeder von diesen beiden ein Homo religiosus und zugleich ein erfolgreicher politischer Kämpfer. Von beiden biographischen Analysen, die Erikson erstellte, sei nur festgehalten, dass sie die Verbindung einer tiefen, komplizierten Menschlichkeit, einer außergewöhnlichen Glaubenskraft und einer mitreißenden politischen Energie beschreiben. Von dem jungen Luther zeichnete Erikson das Bild eines melancholischen, sensiblen jungen Mannes, der an seiner Umgebung litt, aber schließlich in seinem antiautoritären Kampf mit der Kirche eine ungeheure Widerstandskraft entwickelte, die Erikson auf ein von der Mutter früh gewonnenes Urvertrauen zurückführte. An Gandhi faszinierte Erikson besonders dessen offen demonstrierte weiblich-mütterliche Seite. Der Mann, der das Riesenvolk der Inder in jahrzehntelangem Kampf vom britischen Joch befreite, saß in seiner Freizeit gern an einem typischen Frauenarbeitsgerät, am Spinnrad. Er strebte geradezu danach, schreibt Erikson, Frauen mit seiner mütterlichen Seite noch zu übertreffen. Erleichtert wurde ihm solches Streben nach einer ganzheitlichen Identität durch seine enge Verbundenheit mit der alten Mutter-Religion, die in der tiefsten Schicht der indischen Religiosität lebendig geblieben ist. Erikson: »Unbezweifelbar erkannte er eine Art sublimierten Maternalismus als notwendigen Bestandteil eines ganzen Menschen und vor allem eines Homo religiosus.«

Im Westen ist Gandhi schon halb vergessen, obwohl sein Wirken noch über den Tod Hitlers hinausreichte. Er ist neu zu entdecken. Denn wenn *eine* Idee wegweisend in unsere Zeit der Erfindung immer neuer Massenvernichtungswaffen hineinreicht, so ist es seine Idee des zivilen Ungehorsams. Es ist durchaus angemessen, sein Beispiel des gewaltlosen Widerstandes, für den er Hunderttausende von Mitkämpfern gewann, selber mit Hungerfasten und Gefängnisstrafen schwere Leiden auf sich nehmend, als die herausragende Friedensleistung der ersten Hälfte des 20. Jahrhunderts zu würdigen. Sie wurde von einem Antihelden vollbracht, dessen geistige Kraft und dessen Verantwortungssinn bezeichnenderweise durch die Verbindung von Merkmalen bestimmt waren, deren Aufspaltung unter den beiden Geschlechtern sich in der Tradition schon als ein vermeintliches Naturgesetz verfestigt hat.

Vielleicht ist es aber gerade diese Beimengung von weiblich-mütterlichen Zügen, die es erschwert, Gandhi als Identifikationsfigur im Kopf zu behalten. Es herrscht immer noch verbreitete Furcht nicht nur vor der Destabilisierung der klassischen Geschlechterordnung, sondern darüber hinaus vor einer totalen kulturellen Desorientierung. Denn es ist nun einmal der manische Bemächtigungswahn des männlichen Gotteskomplexes, der die westliche Fortschrittsmaschine am Leben, genauer: in Betrieb hält. Diesen Betrieb halten die Männer in Gang, die immer bessere Apparate erfinden, um menschliche Arbeit überflüssig, dafür Aktionäre reicher zu machen. So sind wir in die Falle eines ökonomischen Systems hineingelaufen, das sich, nach den Worten des Ex-Managers von VW, Daniel Goeudevert, »von allen gesellschaftlichen Bindungen und Bändigungen ›befreit‹ hat außer von der nur beschränkt haftenden Gesellschaft der Aktionäre«. Aber Goeudevert sagt dazu: Es ist unser System, das wir so gemacht haben, es ist unsere Ordnung, der wir uns in demonstrativer Selbstbestimmung unterworfen haben: »Es ist unsere Welt, es sind unsere Politiker, es sind unsere Medien.« Doch er hätte hinzusetzen sollen: Das Wir, das sind wir Männer, die wir unsere lange unbestrittene Vorherrschaft ausgenützt haben, um die weibliche, das heißt die menschlichere Wertedimension als hemmend und fortschrittsfeindlich zurückzudrängen– siehe Freud.

***

Die Globalisierungskritiker sind auf der Spur der weiblichen Wertedimension. Deshalb schließen sich ihr auch Gruppen der Frauenbewegung an. Aber das von den Männern erfundene System, das immer größere Zahlen von Menschen aus der Arbeit hinauswirft und dass nach wie vor alles tut, um ganzen Völkerschaften eine ebenbürtige Verfügung über die Ressourcen der Welt zu verwehren, wurzelt in einer immer noch ungebrochenen Mentalität. Selbst Massen der Verlierer haben paradoxerweise das Prinzip des Gotteskomplexes verinnerlicht und mythisieren die Tycoone am kapitalistischen Himmel wie Heilsfiguren. Es ist, als vereinigten die Sieger des Systems alle, die diesem huldigen, zu einem gemeinsamen triumphalen Riesen-Ego. Ein Weg, der bis zur unmittelbar bevorstehenden Möglichkeit der Selbsterschaffung des Menschen geführt hat, kann doch nicht falsch sein – so flüstert die Egomanie, so flüstern die Konzernmanager der Gen-Industrie ihren Millionen Gläubigen in die Ohren.

***

Ein markantes Symptom der inneren Widersprüchlichkeit unserer Gesellschaft sind die Erfolge der technischen Reproduktionsmedizin einerseits und die abgesunkenen Geburtenziffern andererseits. Die Reproduktionsmedizin verbreitet mit ihren laut gepriesenen Errungenschaften den Optimismus, durch künstliche Befruchtung könnten immer mehr Kinder zur Welt kommen. Tatsächlich tragen die verbesserten künstlichen Hilfen nur 1,25 Prozent zu den Geburtenzahlen bei. Nach einer Übersichtsstudie von Elmar Brähler und Yve Stöbel-Richter, auf die ich mich nachfolgend berufe, hat Deutschland im europäischen Vergleich eine der geringsten Geburtenraten. Seit dem »Pillenknick«, dem Geburtenrückgang durch die Einführung empfängisverhütender Medikamente in den 60er Jahren, kommen in der Bundesrepublik immer weniger Kinder zur Welt. Der Abfall ist dramatisch. Seit 1965 ist die Zahl der lebend geborenen Kinder von 2500 auf 1000 Frauen bis unter 1500 im Jahre 2000 abgesunken. Die Zahl der gewollt kinderlos bleibenden Frauen ist in stetigem Anstieg begriffen. Vom Geburtsjahrgang 1965 wird erwartet, dass über ein Drittel der Frauen kinderlos bleiben werden, die allermeisten davon mit Absicht. Deutschland steht ganz vorn bei den Aufwendungen für technische Fortpflanzungshilfe, dagegen ganz am Ende bei den Geburtenzahlen. Warum wollen die Frauen keine Kinder mehr?

Für sozial schwache Familien bedeuten Kinder immer noch ein Armutsrisiko. Überall fehlt es an Kinderbetreuung. In der Bundesrepublik gibt es nur für jedes 30. Kind einen Krippen-, für jedes sechste einen Ganztagskindergarten- und für jedes 25. einen Hortplatz. Zwischen 2,3 und 3,7 Milliarden Euro müsste Deutschland mehr ausgeben, um die Kinderbetreuung angemessen auszubauen. Dringender Bedarf besteht an Ganztagsschulen für Schulkinder. Das Wort von der kinderfeindlichen Gesellschaft macht seit langem die Runde. Kinder haben keine Lobby, heißt es. Aber warum laufen Politikerinnen, Eltern, Kinderpsychiater, Jugendberater nicht Sturm gegen die Verhältnisse? Vermutlich ist die mangelnde Geburtenfreudigkeit jedoch gar nicht einseitig die Folge der mangelnden Betreuungsangebote und auch nicht der verlängerten Ausbildungszeiten für beide Geschlechter. Wäre der Wille stärker, Kinder zu haben, hätte die Gesellschaft die fälligen Milliarden für den Ausbau der Betreuung längst aufgebracht. Und viel mehr junge Frauen würden trotz widriger Verhältnisse Kinder zur Welt bringen, weil sie darin eine unentbehrliche Lebenserfüllung erkennen würden. In der gewollten Kinderlosigkeit steckt gewiss auch eine heimliche oder offene *Verweigerung*. Nicht, weil gar kein Kinderwunsch vorhanden wäre, aber weil andere Bedürfnisse vorwiegen oder weil viele junge Frauen und auch Männer sich innerlich mit 30 noch zu unfertig fühlen. Die Untersuchungen von Bowlby, Erikson und meine eigenen haben ja immer wieder das Unvermögen sehr vieler Mütter und Väter nachgewiesen, ihre Kinder aufzuziehen, ohne diese durch mitgeschleppte Defizite oder Konflikte aus der eigenen Kindheit zu irritieren oder zu überlasten. Das Gefühl, der elterlichen Verantwortung nicht gewachsen zu sein, ist kein platter Egoismus.

Aber in psychoanalytischen Therapien erfährt man zugleich auch etwas von einem *Ur-Misstrauen* zahlreicher Frauen in die Verlässlichkeit der Welt. Mögen unsere Untersuchungen auch zeigen, dass die Menschen hier zu Lande wieder anfangen, sich mehr umeinander zu kümmern und Verlässlichkeit in ihren Bindungen nachzuweisen, so bleibt doch noch eine Grundangst spürbar. Kann man Kinder hoffnungsvoll in eine Welt hineinlassen, die sich ganz auf die Gegenwart und auf das Kurzfristige konzentriert und wenig für die Zukunft vorsorgt?

Mit viel Sympathie wurde hier die Aufbruchsstimmung der neuen globalisierungskritischen Bewegung beschrieben. Aber diese ist noch ein erhebliches Stück davon entfernt, mit ihrer sozialen Sensibilisierung reformierend in die Strukturen hineinzuwirken. Ihre Idee von einer gerechteren Welt ist noch weit davon entfernt, auch die Gerechtigkeit zwischen den Generationen ins breite Bewusstsein zu rücken, die in der Theorie der Gerechtigkeit von John Rawls eine wichtige Rolle spielt. Wie weit bedenken die heute Lebenden die Ansprüche der künftigen Generationen? Betrachten sie es überhaupt als Aufgabe, über das eigene Leben hinauszudenken? Benimmt die heutige Gesellschaft sich nicht oft so, als glaubte sie allen Ernstes, die Vorgänger über viele Jahrhunderte hätten die Welt mit ihren Ressourcen einzig zur Beglückung dieser jetzt lebenden Generation vorbereitet?

Gerechtigkeit als Fairness heißt, in Gleichberechtigung und Ebenbürtigkeit untereinander zu teilen, aber auch die Bedürfnisse der Kommenden mit zu berücksichtigen, zunächst aber dafür zu sorgen, dass es die Kommenden überhaupt geben wird. Mit einiger Phantasie kann man an die Möglichkeit denken, dass die gebärunwilligen Frauen den Männern signalisieren: So lange ihr nicht mitmacht, die Welt friedlicher und humaner zu gestalten, verweigern wir die Fortpflanzung. Das würde auch treffend zu der Strategie der Lysistrata in dem Aristophanes-

Stück passen, die den Athenerinnen anriet, sich den Männern so lange zu verweigern, bis diese dem unseligen Peleponnesischen Krieg ein Ende machen würden. Wäre es nicht denkbar, dass es zurzeit auch einen mehr oder minder unbewussten weiblichen Widerstand gegen eine aus den Fugen geratene egomanische Männerwelt gibt, die der Dimension Menschlichkeit zugunsten von Geld, Machtwahn und Krieg zu wenig Raum lässt, einen Widerstand, der bei der Unwilligkeit zum Kinderkriegen eine Rolle spielt?

***

Zweifellos sind zahlreiche ungewollt kinderlose Frauen dankbar, wenn ihnen die Reproduktionsmedizin mit technischen Mitteln zu einer Schwangerschaft verhelfen kann. Aber es wird bald noch viel mehr Frauen geben, die sich *gegen* eine Entwicklung sträuben, »welche Männer bei der Fortpflanzung zu Statisten, Frauen zu Objekten der Zucht und Kinder zu qualitätsgesicherten Produkten degradiert« (Brähler und Stöbel-Richter). Das hört sich nach einer negativ-utopischen Horrorvision an. Aber der Weg ist bereits gebahnt. Die Angst vor kranken Genen könnte bald schon der zuvor erläuterten Prä-Implantations-Diagnostik Auftrieb geben. Diese verlagert die Fortpflanzung von der sexuellen Vereinigung eines Paares ins reproduktionsmedizinische Labor, wo dann ein Spezialist die Befruchtung des mütterlichen Eis instrumentell vornimmt. Es ist kein Zeugungserlebnis mehr, das zwei Menschen miteinander verbindet. Sondern beide sind in dem entscheidenden Moment voneinander getrennt. Aber wenn man durch dieses Verfahren testen kann, ob die Gene des Embryos in Ordnung sind, dann werden zahlreiche Frauen der Strapaze wohl zustimmen. Bei anderen wird der Widerwille, sich dieser Prozedur auszuliefern, die Oberhand behalten. Aber der Druck auf die Frauen wird zunehmen, weil sich schon jetzt die irrige Meinung verbreitet, genetische Defekte trügen die Hauptschuld an kindlichen Behinderungen. Tatsächlich haben die allermeisten kindlichen Behinderungen gar nichts mit den Genen zu tun, sondern rühren von Schädigungen in der Schwangerschaft oder während des Geburtsvorganges her.

Im Umgang mit Behinderungen, die trotz aller fortschrittlichen medizinischen Entdeckungen menschliches Schicksal bleiben werden, offenbart sich ein weiteres Mal der Gegensatz zwischen dem manischen Anspruch auf Aufstieg zu maximaler Leidfreiheit einerseits und der grundsätzlichen Anerkennung von Leiden und Helfen als existentiellen Grundlagen der menschlichen Gemeinschaft andererseits. Wer das Leiden endgültig abschaffen will, der will sich auch das Mit-leiden ersparen, und für den sind Behinderungen Denkmäler versäumter Verhütung oder medizinischen Versagens. jedenfalls passen sie – in dieser Sicht – nicht mehr in eine Zeit, in der alle perfekt funktionieren sollen. »Kinder müssen funktionieren, damit ihre Mütter funktionieren können«, so lautete das Resümee Eva Schindeles auf einer Tagung »Der (Alb-)Traum von der leidensfreien Gesellschaft« im November 2000.

Leicht vergisst man, dass die Massentötung von geistig Behinderten und chronisch psychisch Kranken in diesem Land noch nicht weit zurückliegt und von allen Direktoren psychiatrischer Universitätskliniken, die voll informiert waren, praktisch unterstützt wurde. Die Erinnerung beweist, dass die Menschen anfällig für eine Pervertierung ihrer moralischen Maßstäbe sind. Es müssen nicht rassistische, sondern es können auch ökonomische oder sonstige biologische Argumente sein, mit deren Hilfe Menschen die Pflicht eingeredet wird, Leben mit »schädlichen« Genen zu verhüten. Die Prä-Implantations-Diagnostik ist die letzte Schranke zu selbstkritischer Besinnung oder zum Durchbruch einer nur sehr schwer nachträglich zu stoppenden Versuchung zum Missbrauch menschlicher Macht. Daher noch einmal diese Ergänzung zu dem schon zuvor angeschnittenen Thema. Regine Kollek, wohl die bedeutendste Frau auf dem einschlägigen Forschungsgebiet, gelangt zu einem klaren und überzeugenden Urteil:

»Die Prä-Implantations-Diagnostik an Embryonen ist nicht nur aufgrund der zu ihrer Durchführung notwendigen In-vitro-Fertilisation ein medizinisch und ethisch riskantes, ineffizientes Untersuchungsverfahren, das neben einem Vorteil – der möglichen Vermeidung von Abtreibungen – zahlreiche unmittelbare und mittelbare Nachteile für Individuum und Gesellschaft mit sich bringt.« So könne »mit guten Gründen für einen Verzicht auf die Etablierung dieses Verfahrens plädiert werden«.

Natürlich erhebt sich gegen diese vernünftige »Bedenkenträgerin« sogleich die Front der männlichen Kollegen, die eine »Schöne Neue Welt« á la Huxley nicht für einen Horror, sondern in moderner Ausgestaltung für eine wunderbare Heilshoffnung halten. So tönt der Biophysiker Gregory Stock: »Jetzt, da wir unsere eigene Biologie entschlüsseln, ergreifen wir die Macht über unsere eigene Evolution.« Er sieht voraus: »Wenn ein Ehepaar aus Berlin eine romantische Hochzeitsreise in die Karibik unternimmt und neun Monate später eine ungewöhnlich aufgeweckte Tochter zur Welt bringt, was soll die Regierung dann tun? Wird sie die Familie zu einem Gentest zwingen und die Eltern ins Gefängnis werfen, wenn sie beim Kind Anzeichen für gentechnische Manipulationen entdeckt? Wird sie den Eltern das Kind wegnehmen?« Sicherlich nicht. Stock vermutet eher einen Druck der Ärmeren auf die Kassen, solche Manipulationen auf Krankenschein zu gewähren.

Adornopreisträger Zygmunt Bauman teilt Stocks Vermutung, dass demnächst viele Gutsituierte nicht zögern würden, ihre Kinder durch Manipulation des Gen-Menüs maßschneidern zu lassen; »und da wir jetzt die Mittel haben, das Ungeplante zu verhindern, dürfte wohl alles, was als körperliche Deformierung oder bloße Abnormität definiert ist, kriminalisiert werden, während die Liste der Deformitäten und Abnormitäten unaufhaltsam weiter anwachsen wird, je schneller das Verzeichnis der Chromosomen voranschreitet«.

Den Philosophen Dieter Birnbacher finde ich mit der Auffassung zitiert: »Mit unseren Kindern verbringen wir in der Regel mindestens 20 Jahre unseres Lebens. Warum sollte es Paaren verwehrt sein, ihren Nachwuchs nach Charaktereigenschaften, Begabungen und bestimmten Körpereigenschaften auszusuchen?« In liberalen Gesellschaften könne sich jedes Individuum ja auch seinen Ehe- oder Lebenspartner frei wählen.

Das sind keine Visionen abenteuerlicher Phantasten, sondern Prognosen von seriösen Geistern, im Falle Baumans allerdings aus kritischer Distanz. Kinder nach Maß zu 20-jähriger Befriedigung der Eltern, Wunschkinder in einem neuen Sinn, nämlich programmiert nach Wunschliste. Die Frage nach der Gerechtigkeit zwischen den Generationen taucht gar nicht mehr auf. Kinder sind für die Eltern da, basta! Selbst wenn Eltern sich danach richteten, was wohl für das Kind gut wäre – was ist, wenn das Kind später lieber ganz anders geworden wäre oder wenn heute vorteilhaft scheinende Eigenschaften morgen zu einem negativen Stigma werden würden? Man stelle sich vor, es hätte bereits unter Hitler eine gentechnische Kinder-Programmierung gegeben und Massen von Eltern hätten kleine Hitler-Soldaten maßschneidern lassen wollen. Ist hier nicht ein Punkt, der ein tiefes Erschrecken herausfordert? Dennoch kann man daran zweifeln, ob die sich regenden gesunden Widerstandskräfte ausreichen werden, eine größenwahnsinnige menschengemachte Evolution aufzuhalten. Einer gentechnischen Programmierungsindustrie winken enorme Profite. Bestimmt wäre die Werbewirtschaft sofort zur Stelle, um einen neuen Markt für

Maßschneiderung von Kindern hochzuziehen. Die Reichen könnten hoffen, der Klasse der Verlierer noch weiter zu enteilen. Ein Massentourismus in Länder mit freizügigen Gesetzen wäre schnell zu organisieren. Polizei und Staatsanwälte könnten sicherlich nicht viel ausrichten, wenn nicht im Inneren Alarmglocken schrillen und die Einsicht in die Krankhaftigkeit solchen Allmachtswahns offenbaren würden.

Hier taucht wiederum die Frage des Psychoanalytikers auf, ob nicht überhaupt die Art des Spielens mit den Genen wie zuvor mit den Energien des Atomkerns Symptome einer bedenklichen Unreife unseres Geschlechts, zumindest des männlichen, sind. Aus der Jugendpsychiatrischen Praxis kennt man die Unbedenklichkeit des waghalsigen Herumexperimentierens so mancher labiler Jugendlicher. Die Unbedenklichkeit einiger Pioniere, die sich wie Schöpfer neuen, besseren Lebens vorkommen, ähnelt verdächtig den unverantwortlichen Waghalsigkeiten ödipaler Krisenjahre. Man könnte tatsächlich denken, dass die Psychoanalyse wohlweislich mit ihrer Entwicklungspsychologie beim Erreichen der vollendeten Genitalorganisation Schluss gemacht und die generative Phase nur noch am Rande behandelt hat. Der Wissenstrieb aus dem Bemächtigungswillen, der bei Freud als Kulturantrieb übrig bleibt, wird nicht mehr durch die Analyse der Verantwortlichkeiten in höheren Lebensphasen aufgefangen. Das ist nur logisch, wenn man sich klar macht, dass unsere Kultur im Grunde in der Ablösung von der Gottesbindung auf halbem Wege stecken geblieben ist. Der egomanische Machtdrang hat das Bindungsbewusstsein mit seinen emotionalen Grundlagen überwuchert. Wenn man nicht mehr weiß, vor welcher Instanz man noch verantwortlich ist außer vor dem eigenen Ego, dann glaubt man sich natürlich frei zu allem und jedem. Und die Ängste und Schuldgefühle, die trotzdem auftauchen, die tut man als Infantilismus oder Gutmenschen-Kitsch ab oder delegiert sie an die Praxis der Psychotherapeuten. Sich

Regungen aus dieser psychischen Region anzuvertrauen, macht Angst – solange die männliche Manie sich für gesund und die weibliche Sensibilität für defizitär hält. Haben wir nicht in der Führungsmacht unserer Zivilisation täglich ein Beispiel von egozentrischem Übermut, halsbrecherischem Abenteurertum und Missachtung internationaler Verpflichtungen vor Augen? Müssen nicht erst die neuen globalisierungskritischen Jugendlichen kommen, um die regierenden Älteren zur Wahrnehmung ihrer Verantwortlichkeiten in Sachen Friedensschutz, Gerechtigkeit und Umweltschonung anzuhalten? Was ist es denn anderes als unreife phallische Protzerei der Männer, immer nur mit neuen Typen von Raketen und Bomben um sich zu feuern und damit eine endlose Kette von Gewalt und Gegengewalt zu produzieren?

Die Produktion ewig neuer technischer Risiken ist kein echtes Vorwärts, sondern ein Zurück oder zumindest die Stagnation auf der Stufe psychischer Unreife. Bei manchen riskanten Schritten speziell auf dem Gebiet der Gentechnologie hört man bezeichnenderweise in diskretem Gespräch das Eingeständnis einiger der gleichzeitig Mächtigen wie Ohnmächtigen: Eigentlich sollten wir diesen oder jenen riskanten Schritt noch nicht wagen, sondern erst noch lange vorsichtig prüfen, ob wir damit nicht versehentlich eine schreckliche Lawine lostreten könnten. Aber wenn wir es nicht machen, machen es die anderen, weil die wieder denken, dass wir ihnen zuvorkommen könnten.

Genau das ist doch das Porträt einer im psychologischen Sinne blinden Waghalsigkeit – auf der Stufe unverantwortlicher Tollheit von Halberwachsenen ähnlich dem Muster aus dem James-Dean-Film »Denn sie wissen nicht, was sie tun«. Das Beispiel der geplanten gentechnischen Kinder-Programmierung ist nur ein, wenn auch besonders markantes und fatales unter vielen anderen für einen so genannten Fortschritt, der in die Irre führt. Es ist hoch an der Zeit, nicht mehr den Mut zu egomanischen Pionierleistungen zu prämieren, sondern einen ganz anderen Mut zu lehren, nämlich innezuhalten, wo technische Möglichkeiten das Menschliche unterdrücken, statt es zu erweitern. Die neuen Helden dürfen nicht mehr Generäle, Bombenbauer oder etwa gar Pioniere der Menschenzüchtung oder -umzüchtung sein, sondern Humanistinnen oder Humanisten, die das Humane aus der Herrschaft vor Gewalt und egomanischer Risikoblindheit befreien. Dazu sind vor allem solche Frauen berufen, die die Dimension Humanität unkorrumpiert überallhin mitnehmen, wo sie sich verantwortlich einmischen können, und Männer, die nicht mehr siegen müssen, um sich selbst und ihrer Mitwelt ihre Vollwertigkeit zu beweisen, sondern die im Kampf um Besserung der Zustände Mitfühlen, Gerechtigkeit und Gewaltfreiheit obenan stellen.

26.
Vor dem anderen ist das Ich
unendlich verantwortlich

Als Arzt habe ich öfter miterlebt, wie von einer Krankheit oder einem Unfall schwer getroffene Menschen eine bemerkenswerte Wandlung durchmachen. Die Phantasie von der Unsterblichkeit, die insgeheim das Selbstbewusstsein stützt, fällt in sich zusammen. Schlagartig wird den Menschen ihre Zerbrechlichkeit bewusst. Es ist anfangs nur eine Kränkung, eine Niederlage. Aber in manchen wächst gerade daraus eine Kraft, die sie sich oft vorher gar nicht zugetraut haben. Sie verlieren die Angst, mit der sie bislang das Bewusstsein ihrer Verletzbarkeit niedergehalten haben. Sie können sich mit ihrer Schwäche aussöhnen, sich an der Erhaltung ihres Lebens mehr freuen als zuvor. Diese Fähigkeit, die eigene relative Ohnmacht anzunehmen, verleiht ihnen zugleich die Bereitschaft zu erhöhter Toleranz mit den anderen. Sie können mehr mitfühlen als zuvor und auch in den anderen leichter die Versöhnlichkeit wecken, die in ihnen selbst gewachsen ist. In Familien, die mit einem schwer chronisch kranken oder behinderten Mitglied leben – für mich ein langjähriges Forschungsthema –, habe ich oft eine besondere Menschlichkeit wachsen sehen. Man muss nicht mehr so sehr hassen, wenn man gelernt hat, Leiden zu tragen oder mitzutragen. Ich habe meinen Medizinstudenten gern Videos vorgeführt, die das Leben solcher Familien dokumentierten, damit sie ihren Beruf nicht nur als Kampf gegen das Böse der Krankheit, sondern zuallererst als Beistand für die Heilkräfte der Natur, aber gleichzeitig für die Verarbeitung unabwendbaren Leidens begriffen.

Es erscheint weit hergeholt, diese Erfahrungen mit der Verarbeitung des Schocks vom 11. September 2001 in Verbindung zu bringen. Die Anschläge in Amerika waren kein Unfall und keine Krankheit, sondern das Werk von Terroristen. In einem Punkt kann man indessen an eine Parallele denken: Die Angriffe trafen ein amerikanisches Selbst, das ebenfalls mit der Phantasie der Unzerstörbarkeit lebte, in diesem Fall durch Aufbau einer unüberwindbar scheinenden militärischen Kampf- und Abwehrkraft. Auch hier war die massive Verdrängung einer eigenen Verletzbarkeit am Werke, entsprechend erfolgte der Einbruch in das Sicherheitsbewusstsein mit katastrophaler Wucht. Auch hier war das Selbst gefordert, ein bisher unterdrücktes Schwächebewusstsein zu erlernen. Denn es wurde eine Anfälligkeit bloßgelegt, die nun grundsätzlich nicht mehr zu beheben ist. Kein Abwehrsystem der Welt ist dem Angriff von Menschen gewachsen, die sich persönlich als selbstmörderische Waffe einsetzen. Das hat das grausame Duell zwischen dem bis an die Zähne gerüsteten Israel und dem fast wehrlosen Palästina, wo alle Militäraktionen nur das Nachwachsen immer neuer jugendlicher Selbstmordtäter bewirkt haben, über Jahre der Welt vor Augen geführt.

Das amerikanische Selbst ist herausgefordert, den Schlag vom 11. September nicht als prinzipiell verhinderbares Trauma, sondern als Bloßlegung einer eigenen fortbestehenden partiellen Ohnmacht zu begreifen, also das Leiden, das mit der unerwarteten Versehrbarkeit verbunden ist, zu akzeptieren. Sich mit der eigenen Schwäche auszusöhnen, könnte dann ja auch dazu führen, sich mehr als bisher in die anderen in der Welt einzufühlen und nicht nur zu erwarten, dass alle anderen »Guten« am eigenen Leid Anteil nehmen. Es könnte sogar hoffentlich dazu ermutigen, über die Quelle des Hasses in jenen nachzudenken, deren Opfer man geworden ist und jederzeit wieder werden kann.

Im ersten Schock nach den Anschlägen befiel die Amerikaner Angst vor Vereinsamung. Daher die hektische Anstrengung, sich auf der Stelle des Beistandes der Alliierten zu versichern. Es tat gut, dass sie alle gleich am Krankenbett erschienen und uneingeschränkte Solidarität gelobten. Aber nun musste man eine gemeinsame westliche Isolation von einer Gemeinschaft von Menschen feststellen, die sich ausgerechnet in derjenigen Wertewelt tödlich gekränkt fühlen, in welcher der Westen die absolute Führerschaft beansprucht. Aus dem Vermächtnis des Haupttäters Atta lässt sich eine religiöse Märtyrer-Mentalität herauslesen, zwar Besessenheit, aber keine Psychose. Was allein die empfundene Entweihung der heiligen Stätte Jerusalem für viele fromme Muslime bedeutet, davon weiß der Westen wenig, weil er auf diese Art von Religiosität wie auf ein anachronistisches Stück Mittelalter hinabblickt.

Aber gerade auf dieses Mittelalter würde es sich lohnen, zurück und weniger hinabzuschauen. Als noch im 13. Jahrhundert die schrecklichen Kreuzzüge tobten, waren es nämlich Araber, die über den Schlachtfeldern die Suche nach einer Gemeinsamkeit der drei monotheistischen Religionen einleiteten. An der Spitze war es Ibn Ruschd, auch als Averroes bekannt, der Aristoteles als geeigneten Wegweiser für eine allen Menschen gemeinsame Vernunftreligion entdeckte. Der bedeutende jüdische Philosoph Maimonides teilte seine Auffassung, dass es neben den jeweils unterschiedlichen Offenbarungen einen Grundbestand von allgemein gültiger religiöser Wahrheit gebe. Der christliche Scholastiker Albertus Magnus reihte sich ein und sprach von einem natürlichen Licht, einem lumen naturale, das allen Menschen zur Erkenntnis einer gemeinsamen Wahrheit zur Verfügung stehe, von wo ab dann die Offenbarungen sich verzweigten. Fazit: Es gibt ein geistiges Band zwischen den Kulturen, fundiert durch eine gemeinsame, natürliche neben einer geoffenbarten Religion. Übrigens wirkte der Araber Averroes in der Bewegung des Averroismus weit nach Frankreich und Italien bis ins 16. Jahrhundert hinein.

Wo sind denn heute in der christlichen, in der jüdischen und der arabischen Kultur die Denker, die sich ähnlich wie damals anstrengen würden, eine geistige Brücke über den Abgrund der Verfeindung zu schlagen? Könnten jene führenden jüdischen, arabischen und christlichen Geister des Mittelalters vom Himmel herabschauen, was würden sie wohl über uns sagen? Müssten wir nicht eine verheerende moralische Verurteilung befürchten, die unseren Fortschrittsglauben erschüttern würde?

Was würden sie wohl dazu sagen, dass es angeblich nur noch die Guten und die Terroristen geben soll? Und dass ein mutiger deutscher Bundespräsident Stirnrunzeln hervorruft, als er nach dem 11. September nur ganz vorsichtig davon spricht, dass wir im Westen stärker als bisher bereit sein sollten, auch die kulturellen Identitäten anderer Nationen und Völker und ihrer Gestaltungsideen zu achten; und dass andere Kulturkreise Vorstellungen und Forderungen an uns hätten, unser Verhalten zu ändern, was wir akzeptieren müssten? Ist es etwa keine sinnvolle, ja notwendige Aufgabe, künftig intensiver als bisher die vergessenen *Gemeinsamkeiten* der Wertewelt des Islams, des Judentums und der christlichen Kultur wieder stärker bewusst zu machen? Sind nicht heute die Intellektuellen dringend dazu aufgerufen, nach dem Beispiel ihrer philosophischen Vorgänger die verschütteten geistigen Brücken dem Vergessen zu entreißen, um zu einem konstruktiven Dialog unter den Mehrheiten der verschiedenen Seiten zu drängen, denen ohnehin die Perpetuierung der Gewalt unerträglich ist? Der Araber Averroes musste zeitweise Verbannung als Abtrünniger hinnehmen, und auf das Grab des Maimonides schrieben Gegner das Wort Ketzer und warfen seine Bücher ins Feuer. Aber ihrer Courage verdankten sie eine lang nachwirkende Ausstrahlung. – Eine bedeutende versöhnende Gestalt gibt es heute immerhin, die trotz

ihrer Gebrechlichkeit mit großem Engagement für den Pazifismus und für das Verbindende unter den drei monotheistischen Religionen eintritt. 2000 betete Papst Johannes Paul II.
an der Klagemauer in Jerusalem. 2001 besuchte er als erstes
katholisches Kirchenoberhaupt die Omaijaden-Moschee in
Damaskus. Für eine Beendigung des Embargos gegen den
Irak und Kuba sprach er sich ebenso entschieden aus wie gegen eine Ausdehnung der Verfolgung der Terroristen auf
Nationen, Ethnien oder Religionen, denen diese angehören.
Dafür erfährt er heute weder Verketzerung noch Verbannung, aber in der römischen Kurie offenen Widerstand und
Anstrengungen, ihn zu isolieren.

Kein vernünftiger Mensch kann der Barbarei des 11. September ihren verbrecherischen terroristischen Charakter aberkennen oder gar der Bestrafung der wirklich Schuldigen widersprechen. Aber von den Intellektuellen ist mehr Mut gefordert, dem blinden Kriegsgeist mit einem ähnlichen Verstän-
digungswillen entgegenzutreten, wie er einst die ebenfalls
unüberbrückbar scheinende Verfeindung im Kalten Krieg aufzulösen geholfen hat. Alle Verfemung dieses Willens als unpat-
riotisch, als feige, als antiamerikanisch oder sonstwie böse darf
nicht davon abhalten, das Gespräch über die Grenzen der Kulturen wieder zu knüpfen und den unterdrückten Friedensbe-
wegungen in Palästina, Israel, in den USA und Europa Freiheit
für ihre Arbeit zu geben. Die Überwindung einer tiefen Ent-
fremdung wird Zeit brauchen. Aber es müssen wieder Gespräche gepflegt werden, wie sie jetzt zwischen israelischen und
palästinensischen Friedensaktivisten unter Zustimmung großer Kreise auf beiden Seiten, die ein Ende der Gewalt erseh-
nen, eingeleitet worden sind. Wenn die Menschen erst wieder
die Begegnung suchen, sich wieder gegenseitig in die Augen
schauen, dann ist es unumgänglich, wieder die anderen mitzudenken und das Aufeinander-Angewiesensein zu begreifen.

Der französische Philosoph Emmanuel Lévinas sagt dazu: »Dem anderen von Angesicht zu Angesicht gegenüber stehen – das bedeutet, nicht töten zu können.« Und er sagt noch mehr: »Vor dem anderen ist das Ich unendlich verantwortlich.«

Literaturhinweise

ANDERS, GÜNTHER: Die atomare Drohung. München
(Beck) 1981

DERS.: Hiroshima ist überall. München (Beck) 1980

DERS.: Die Antiquiertheit des Menschen. Bd. II.
München (Beck) 1980

BACON, FRANCIS: Neu-Atlantis. Stuttgart (Reclam) 1982

BALINT, ALICE: Psychoanalyse der frühen Lebensjahre.
München/Basel (Reinhardt) 1966

BALINT, MICHAEL: Die Urformen der Liebe und die Technik
der Psychoanalyse. Bern-Stuttgart(Huber, Klett) 1966

BARBER, BENJAMIN: Offener Brief an den Präsidenten.
Süddeutsche Zeitung 24.9.2001

BAUMANN, ZYGMUNT: Biologie und das Projekt der Moderne.
Mittelweg 36, 2, 1993

BAUR, E., E. FISCHER u. F. LENZ: Menschliche Erblehre und
Rassenhygiene. München (Lehmann) 1921

BECKMANN, DIETER u. HORST-EBERHARD RICHTER:
Der Gießen-Test. Bern (Huber) 1975

DIES.: Selbstkontrolle einer klinischen Psychoanalytiker
gruppe durch ein Forschungsprogramm. Zeitschrift
für Psychotherapie und medizinische Psychologie
18, 6, 1968

BERNDT, HEIDE: Nachträgliche Bemerkungen zur Unruhe
der Studenten. Psyche 27, 1973

BINSWANGER, LUDWIG: Erinnerungen an Sigmund Freud.
Bern (Francke) 1956

BIRNBACHER, DIETER: zit. nach Kuhlmann, A.: Politik des
Lebens – Politik des Sterbens. Berlin (Fest) 2001

BLOOM, ALLAN: Der Niedergang des amerikanischen Geistes.
Hamburg (Hoffmann und Campe) 1988

BOWLBY, JOHN: Mütterliche Zuwendung und geistige Gesundheit. München (Kindler) 1973

DERS.: Mutterliebe und kindliche Entwicklung. München-Basel (Reinhardt) 1995

DERS.: Das Glück und die Trauer. Stuttgart (Klett-Cotta) 1980

DERS.: Bindung. Eine Analyse der Mutter-Kind-Beziehung. München (Kindler) 1975

BRÄHLER, ELMAR u. HORST-EBERHARD RICHTER: Wie haben sich die Deutschen seit 1975 psychologisch verändert? In: Horst-Eberhard Richter (Hg.): Russen und Deutsche.

DIES.: Deutsche Befindlichkeiten im Ost-West-Vergleich. Aus Politik und Zeitgeschichte, B 40–41, 1995

DIES.: Das psychologische Selbstbild der Deutschen im Gießen-Test zur Jahrtausendwende. Psychosozial 23, 80, 2000

BRÄHLER, ELMAR u. YVE STÖBEL-RICHTER: Soziologische, epidemologische und politische Aspekte der Reproduktionsmedizin. Mskr. 2001

BUBER, MARTIN: Die Chassidische Botschaft. Heidelberg (Lambert Schneider) 1952

DERS.: Ich und Du. Heidelberg (Lambert Schneider) 1974

DERS.: Pfade in Utopia. Heidelberg (Lambert Schneider) 1985

DERS.: Begegnung. Heidelberg (Lambert Schneider) 1986

BURCKHARDT, JACOB: Die Kultur der Renaissance in Italien. Stuttgart (Kröner) 11. Aufl. 1988

BUTLER, LEE: Sind Kernwaffen notwendig? Rede, gehalten für das Canadian Network to Abolish Nuclear Weapons am 11.3.1999

DERS.: Death by Deterrence. 04.05.2001 http://www.gn.apc.org/resur-gence/issues/butle/193.html

CARUS, GUSTAV: Psyche. Stuttgart (Scheitlin) 1851

CHARCAFF, ERWIN: Zeugenschaft. Stuttgart (Klett-Cotta) 1985

CONZEN, PETER: Erik H. Erikson. Stuttgart-Berlin-Köln (Kohl-
hammer) 1996

DESCARTES, RENÉ: Die Prinzipien der Philosophie.
Philosophische Werke, Bd. II. Leipzig (Meiner) 1911

DERS.: Abhandlung über die Methode, Bd. I. ebd.

DERS.: Über die Leidenschaften der Seele. Bd. II. ebd.

DERS.: Meditationen über die Grundlagen der Philosophie.
Bd. I. ebd.

DIJKSTERHUIS, EDUARD JAN: Die Mechanisierung des
Weltbildes. Berlin-Göttingen-Heidelberg (Springer) 1956

EINSTEIN, ALBERT: Frieden. Bern (Lang) 1975

ELIAS, NORBERT: Über den Prozess der Zivilisation. Frankfurt
a. M. (Suhrkamp) 1976

ERDMANN, JOHANN EDUARD: Grundriss der Geschichte der
Philosophie. Bd. i. Berlin (Hertz) 1896

ERIKSON, ERIK H.: Kindheit und Gesellschaft. Zürich-Stuttgart
(Pan) 1957

DERS.: Identität und Lebenszyklus. Frankfurt a. M.
(Suhrkamp) 1959

DERS.: Einsicht und Verantwortung. Stuttgart (Klett) 1966

DERS.: Gandhis Wahrheit. Frankfurt a. M. (Insel) 1971

FARREL, THOMAS: zit. nach Lifton, Robert J. u. Eric Markusen:
Die Psychologie des Völkermordes – Atomkrieg und
Holocaust. Stuttgart (Klett-Cotta) 1992

FERENCZI, SÁNDOR: Bausteine zur Psychoanalyse. z. Bd.
Leipzig-Wien-Zürich (Int. Psychoanal. Verl.) 1927

FRANK, MANFRED: Der kommende Gott. Frankfurt a. M.
(Suhrkamp) 1982

FREUD, ANNA: Die Schriften der Anna Freud. Bd. 9. München
(Kindler) 1980

FREUD, SIGMUND: Die»kulturelle« Sexualmoral und die
moderne Nervosität. Ges. Werke Bd. VII. Frankfurt a. M.
(S. Fischer) 1999

DERS.: Die Disposition zur Zwangsneurose Bd. VIII

DERS.: Die zukünftigen Chancen der Psychoanalytischen Therapie. Bd. VIII

DERS.: Jenseits des Lustprinzips. Bd. XIII.

DERS.: Das ökonomische Problem des Masochismus. Bd. XIII.

DERS.: Das Ich und das Es. Bd. XIII.

DERS.: An Romain Rolland. Bd. XIV

DERS.: Die Zukunft einer Illusion. Bd. XIV

DERS.: Das Unbehagen in der Kultur. Bd. XIV

DERS.: Über eine Weltanschauung. Bd. XV

DERS.: Warum Krieg? Bd. XVI.

DERS.: Die Natur des Psychischen. Bd. XVII.

FRITZSCHE, YVONNE: Moderne Orientierungsmuster: Inflation am »Wertehimmel«. In: Jugend 2000. 13. Shell Jugendstudie. Opladen (Leske u. Budrich) 2000

GANDHI; MAHATMA: Worte des Friedens. Freiburg-Basel-Wien (Herder) 1984

GOEUDEVERT, DANIEL: Mit Träumen beginnt die Realität. Berlin (Rowohlt) 1999

GORBATSCHOW, MICHAIL: Für die Unsterblichkeit der menschlichen Zivilisation. Moskau (APN-Verlag) 1987

GRIMM, RUDOLF: Globalisierungskritik. dpa-Umfrage 10.9. 2001

HAFFNER, SEBASTIAN: Anmerkungen zu Hitler. München (Kindler) 1978

HOBBES, THOMAS.: Vom Menschen zum Bürger. Hamburg (Meiner) 1959

DERS: Leviathan. Frankfurt-Berlin-Wien (Ullstein) 1976

HOLMSTEN, GEORG: Jean-Jacques Rousseau. Reinbek (Rowohlt) 1972

HORKHEIMER, MAX: Sozialphilosophische Studien. Frankfurt a. M. (Fischer) 1972

HUININK, JOHANES u. ELMAR BRÄHLER: Die Häufigkeit
gewollter und ungewollter Kinderlosigkeit. Mskr. 2001

HUME, DAVID: Abriss eines neuen Buches: Ein Traktat über
die menschliche Natur, etc. (1740) – Brief eines Edelman-
nes an seinen Freund (1745). Hamburg (Meiner) 1980

HUXLEY, ALDOUS: Schöne Neue Welt. Frankfurt a. M.
(Fischer-Tb.) 1953

IALANA (Hg.): Atomwaffen vor dem Internationalen
Gerichtshof. Münster (LIT) 1997

JONAS, HANS: Das Prinzip Verantwortung. Frankfurt a. M.
(Insel) 1979

KANT, IMMANUEL: Kritik der praktischen Vernunft. Bd. VI.
Darmstadt (Wissenschaftliche Buchgesellschaft) 1983

DERS.: Der Streit der philosophischen Fakultät mit der
juristischen. Gesammelte Werke, Bd. IX. Darmstadt
(Wissenschaftliche Buchgesellschaft) 1983

KEKULÉ, ALEXANDER S.: Menschenrecht auf Erbgut.
Der Spiegel 46, 2001

KENNEDY, PAUL: In Vorbereitung auf das 21. Jahrhundert.
Frankfurt a. M. (S. Fischer) 1993

KOHUT, HEINZ: Narzissmus. Frankfurt a. M. (Suhrkamp) 1973

DERS.: Die Heilung des Selbst. Frankfurt a. M. (Suhrkamp)
1979

KOLB, STEPHAN u. a. (Hg.): Medizin und Gewissen.
Frankfurt a. M. (Mabuse) 1998

KOLLEK, REGINE: Präimplantationsdiagnostik. Tübingen-Basel
(A. Francke) 2000

KOPP, JEAN PIERRE: Afrika kann sich nicht selbst helfen.
Bericht der UNCTAD. Süddeutsche Zeitung 12.9.2001

LÉVINAS, EMMANUEL: Die Spur des anderen. Freiburg-
München (Karl Alber) 1999

LIDZ, THEODORE: Das menschliche Leben. Frankfurt a. M.
(Suhrkamp) 1968

LIFTON, ROBERT J. u. ERIC MARKUSEN: Die Psychologie des
    Völkermordes – Atomkrieg und Holocaust. Stuttgart
    (Klett-Cotta) 1992

LIFTON, ROBERT J. u. GREG MITCHELL: Hiroshima in Ameri-
    ca – Fifty Years of Denial. New York (Putnam's Sons) 1995

LÖB, HORST: Die zweite Schöpfung. München
    (Langen Müller) 2001

LORENZ, KONRAD: Durch Domestikation verursachte Störun-
    gen arteigenen Verhaltens. In: Zeitschrift für angewandte
    Psychologie und Charakterkunde 59, 2, 1940.

LUKÁCS, GEORG: Die Zerstörung der Vernunft.
    Bd. 2. Darmstadt-Neuwied (Luchterhand) 1983

MANDELA, NELSON: Der lange Weg zur Freiheit.
    Frankfurt a. M. (S. Fischer) 1994

MARCUSE, HERBERT: Triebstruktur und Gesellschaft.
    Frankfurt a. M. (Suhrkamp) 1970

DERS.: Konterrevolution und Revolte. Frankfurt a. M.
    (Suhrkamp) 1973

MASSON, JEFFREY: Was hat man dir, du armes Kind getan?
    Reinbek (Rowohlt) 1984

MEYER-ABICH, KLAUS-MICHAEL: Aufstand für die Natur.
    München-Wien (Hanser) 1990

DERS.: Praktische Naturphilosophie. München (Beck) 1997

Ministry of Health Programme for Care and Drug Access
    Initiative for Tanzania: People living with HIV/Aids in
    Tanzania. o. J.

MÜLLER-HILL, BENNO: Tödliche Wissenschaft. Reinbek
    (Rowohlt) 1984

NIETZSCHE, FRIEDRICH: Also sprach Zarathustra.
    Bd. 2. München (Hanser) 1977

DERS.: Zur Genealogie der Moral. Bd. 2. München
    (Hanser) 1977

DERS.: Der Antichrist. Bd. 2. München (Hanser) 1977

DERS.: Aus dem Nachlass der achtziger Jahre. Bd. 3. München
(Hanser) 1977

PAMUK, ORHAN: Gering geschätzt, mit Mitleid vertröstet.
Süddeutsche Zeitung 28.9.2001

PARKES, COLIN MURRAY: Vereinsamung. Reinbek (Rowohlt)
1974

PASCAL, BLAISE: Gedanken. Stuttgart (Reclam) 1979

PETERSON, JORDAN P. u. a.: Letter to G. W Bush and
the Members of the U.S. Congress. 13. 9. 2001

PISAR, SAMUEL: Of Blood and Hope. Boston 1980

POSTMAN, NEIL: Wir amüsieren uns zu Tode. Frankfurt a. M.
(Fischer Tb.) 1988

DERS.: Das Verschwinden der Kindheit. Frankfurt (S. Fischer)
1982

RAU, JOHANNES: Wenn andere an unserem Fortschritt
verzweifeln. Süddeutsche Zeitung 15./16.12.2001

RAWLS, JOHN: Eine Theorie der Gerechtigkeit. Frankfurt a. M.
(Suhrkamp) 1975

RICHTER, HORST-EBERHARD: Eltern, Kind und Neurose.
Stuttgart (Klett) 1963

DERS.: Die Gruppe – Hoffnung auf einen neuen Weg, sich
selbst und andere zu befreien. Reinbek (Rowohlt) 1972

DERS.: Lernziel Solidarität. Reinbek (Rowohlt) 1974

DERS.: Flüchten oder Standhalten. Reinbek (Rowohlt) 1976

DERS.: Der Gotteskomplex. Reinbek (Rowohlt) 1979

DERS.: Alle redeten vom Frieden. Reinbek (Rowohlt) 1981

DERS.: Wer nicht leiden will, muss hassen. Hamburg
(Hoffmann und Campe) 1993

DERS.: Wanderer zwischen den Fronten. Köln
(Kiepenheuer & Witsch) 2000

DERS.:Heilung einer Krankheit. In: Horst-Eberhard Richter
(Hg.): Kultur des Friedens. Gießen (Psychosozial Verlag)
2001

RORTY, RICHARD: Hoffnung statt Erkenntnis. Wien
(Passagen Verlag) 193

ROUSSEAU, JEAN-JACQUES: Gesellschaftsvertrag. Stuttgart
(Reclam) 177

DERS.: Politische Schriften Bd i. UTB. Paderborn
(Schöningh) 1977

ROY, ARUNDHATI: Wut ist der Schlüssel. FAZ 28.9.2001

SARTORIUS, PETER: Der Kampf, die Würde und der Tod.
Süddeutsche Zeitung 19.6.2001

SCHELER, MAX: Abhandlungen und Aufsätze. Das Ressentiment im Aufbau der Moralen. Leipzig
(Verlag der weißen Bücher) 1915

SCHINDELE, EVA: Weibliche Lebensentwürfe und moderne
Reproduktionstechnologien. Vortrag auf der Tagung
»Der (Alp-)Traum von der leidensfreien Gesellschaft«.
Mskr. 4.11. 2000

SCHINDHELM, MICHAEL: Zauber des Westens. Stuttgart-
München (DVA) 2001

SCHOPENHAUER, ARTHUR: Die Welt als Wille und Vorstellung.
Bd. II Ergänzungen zum 4. Buch: Zur Ethik. Leipzig
(Reclam) 1940

DERS.: Die beiden Grundprobleme der Ethik. Berlin
(Deutsche Buchgemeinschaft) o. J.

SCHUMANN, HARALD: Protest gegen die Ohnmacht der
Mächtigen. http://wwwspiegel.de/druckversion /0,1588,
146534,00.html

DERS.: attac – »Bewegung im Aufbruch«.
http://www.spiegel.de/druckversion/0,1588,
163689,00.html

SEHNETT, RICHARD: Der flexible Mensch. Berlin
(Berlin Verlag) 1998

SMITH, ADAM: Theorie der ethischen Gefühle.
Hamburg (Meiner) 1994

SPITZ, RENÉ A.: Vom Dialog. Stuttgart (Klett) 1976

STADELMANN, RUDOLF: Vom Geist des ausgehenden Mittelalters Stuttgart-Bad Cannstadt (frommann-holzboog) 1987

STOCK, GREGORY: Der Geist ist aus der Flasche. Der Spiegel
10.4.2000

TELUS, MAGDA: Zwischen Trauma und Tabu.
Deutsches Ärzteblatt 51/52, 24.12.2001

VIDAL, GORE: Amerika braucht Feinde. FAZ 18.10.2001

VERSCHUER, OTMAR VON: Erbpathologie. Dresden-Leipzig
(Steinkopff) 1934

WANGH, MARTIN: Weitere klinische Überlegungen zum
psychologischen Fallout der nuklearen Bedrohung.
Psyche 48, 1994

WEBER, MAX: Gesammelte politische Schriften. (Politik als
Beruf). Tübingen (Mohr) 4. Aufl. 1980

WEIZENBAUM, JOSEPH: Die Macht der Computer und die
Ohnmacht der Vernunft. Frankfurt a. M. (Suhrkamp) 1977

WESS, LUDGER (Hg.): Schöpfung nach Maß: perfekt oder
pervers? Publik-Forum spezial. Oberursel 1995

WINDELBAND, WILHELM: Lehrbuch der Geschichte der
Philosophie. Tübingen (Mohr) 1935

Hörig und machtbesessen

Erich Schaake

Die Frauen der Diktatoren

Hitler, Mussolini, Ceausescu, Mao Tse-tung, Milosevic, Idi Amin – die Namen gefürchteter Diktatoren brennen sich im Gedächtnis der Öffentlichkeit ein. Fast unbekannt sind jedoch die Frauen an ihrer Seite. Was bringt eine Frau dazu, sich mit einem Tyrannen zu verbinden? Erich Schaake skizziert in anschaulichen Porträts die Vertrauten der Despoten und arbeitet Prototypen weiblicher Komplizenschaft heraus: etwa die Muse, die Lolita, die Domina oder die Stellvertreterin.

Knaur